끝맺음에 서툰 당신을 위한 심리학

THE POWER OF CLOSURE
Copyright © 2024 by Gary McClain
All rights reserved.
Korean translation copyright © 2025 by Wisdom House, Inc.
Korean translation rights arranged with InkWell Management,
LLC through EYA Co.,Ltd.

이 책의 한국어판 저작권은 에릭양 에이전시를 통한
InkWell Management, LLC와의 독점 계약으로 ㈜위즈덤하우스에 있습니다.
저작권법에 의하여 한국 내에서 보호를 받는 저작물이므로
무단 전재와 무단 복제를 금합니다.

끝맺음에 서툰 당신을 위한 심리학

잘 끝내고, 잘 잊고, 다시 시작하는 법

The Power of Closure

게리 매클레인 지음
신동숙 옮김

위즈덤하우스

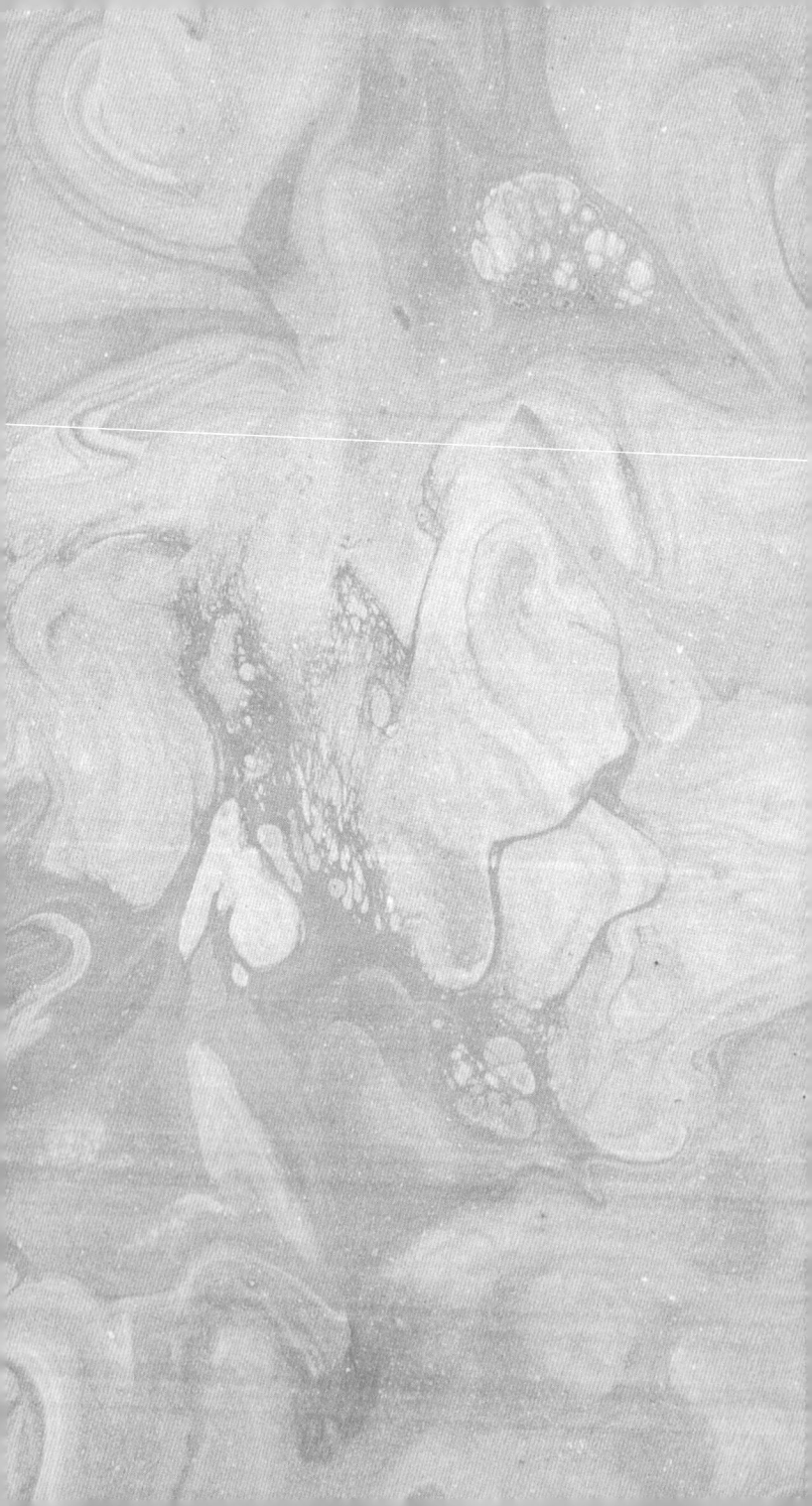

끝맺음에 성공한 사람, 실패한 사람,

그만 포기하고 떠날 때가 됐다는 걸 받아들인 사람 등,

누군가와 종결하려 애써본 모든 사람에게 이 책을 바친다.

나의 이야기가 앞으로의 여정에 지침과 격려,

얼마간의 위로가 되기를 바라며.

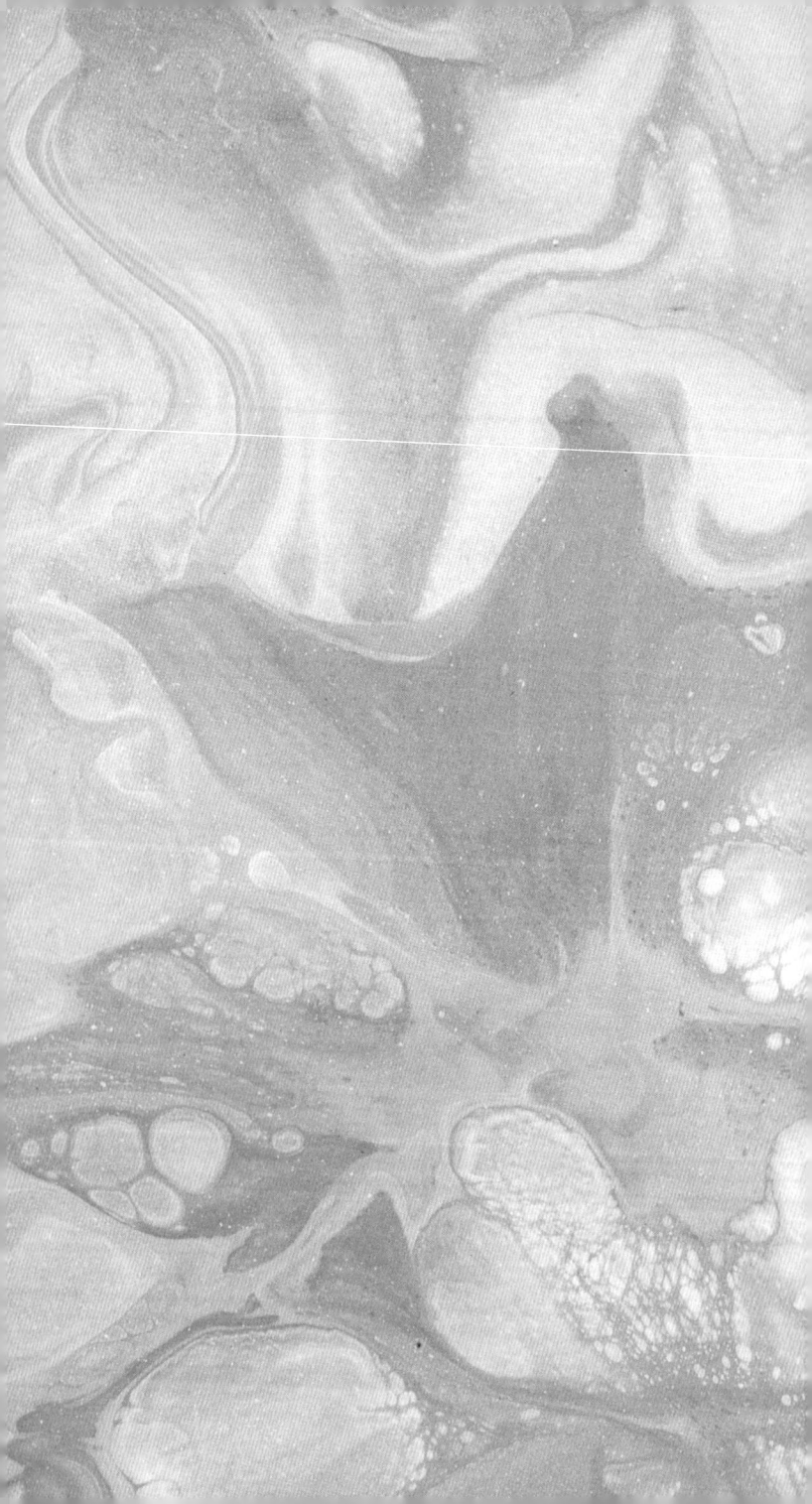

들어가며

"어떤 식으로든 종결지을 수만 있다면……."

최근에 누군가 이렇게 말하는 걸 들은 적 있는가? 아니면 스스로 이렇게 말한 적은 없는가? 아마도 있으리라 생각한다. 이 책을 집어 든 이유도 아마 그 때문일 것이다.

실은 나도 그런 말을 했던 일이 있다. 그리고 내가 정신건강 전문가로 20년 넘게 일하면서 가장 자주 듣는 말 중 하나도 바로 그런 말이다. 상실의 슬픔, 실직, 이별, 가정 문제, 심각한 질병 진단을 비롯한 문제로 가슴앓이하다 나를 찾아온 사람들은 하나같이 이렇게 묻는다.

"어떻게 하면 이 상황을 종결지을 수 있을까요?"

종결을 생각하면 무엇이 떠오르는가? 연인과 결별하는 상황이 그려질지 모른다. 이별하기로 했을 때 마지막으로 하고 싶었던 말을 짧게 전하고, 기분이 어떤지 이야기하고, 벌어진 일을 이해하려 애쓰면서 관계를 '최종적으로' 정리하거나 이어갈 여지가 있는지 확인하고 싶어 하는 건 인간의 일반적인 특성이다. 가족이나 가까운 사람의 죽음을 겪으면서 종결의 문제와 맞닥뜨리기도 한다. 주변 사람이 세상을 떴을 때, 관계가 순탄했는지 아닌지에 상관없이 그에게 미처 못 한 말이나 마무리하지 못한 일은 당연히 있을 수밖에 없다. 이처럼 도리가 전혀 없을 때면 더더욱 상황을 종결지을 방법을 바라게 된다.

나는 나 자신의 삶을 겪고 내담자들의 삶을 들으며 종결의 이런 근본적인 진실을 알게 됐다. 물론 때로는 우리가 바라는 대로 상황을 종결지을 수도 있지만 때로는 마음을 비우고 그냥 넘어갈 줄도 알아야 한다. 종결에 대한 집착을 내려놓고, 상황을 종결짓는 일이 다 우리 마음대로 되지는 않는다고 깨닫는 데서 우리는 힘을 얻을 수 있다! 종결은 이뤘을 때와 이루지 못했을 때 모두 우리에게 영향을 미치며, 그것이 바로 종결이 가진 힘이다.

내가 이 책을 쓴 이유도 거기에 있다. 종결이라는 주제를 여러 해 동안 다뤄온 끝에, 거의 모든 사람이 인생의 어느 시점에 종결에 집착하게 되지만 정작 이 문제를 제대로 이해하는 사람은 아무도 없다는 사실을 깨달았다. 그래서 종결이란 실제로 무엇인지, 우리는 왜 종결을 원하는지, 어떻게 종결을 이룰 수 있는지, 이룰 수 없을 때는 어떻게 대처해야 하는지를 여기서 다루려 한다(미리 한 가지 일러두자면 종결은 이룰 때보다 이루지 못할 때가 더 많다).

　마음 편히 기분 좋게 읽을거리가 필요해 이 책을 고르지는 않았을 것이다. 그보다는 인생에서 종결이 필요한 어떤 일로 힘겨웠기 때문에 이 책을 집어 들었으리라 생각한다. 실제로 그렇다면 당신에게 깊이 연민을 느낀다. 그리고 내 책을 선택해줘서 대단히 영광스럽다. 바라건대 이 책을 다 읽고 나면 자신에게 소중한 무언가를 얻게 되길 바란다. 이를테면 각자의 삶에 적용할 수 있는 생각, 사례, 통찰을 얻고, 그런 것들을 바탕으로 의연히 종결을 찾아 나서게 됐으면 한다. 아니면 이제는 상황을 뒤로하고 떠날 때라는 사실을 깨닫게 돼도 좋다. 인생이 늘 우리가 원하는 것만 가져다주지는 않지만 무엇이든 배울 수 있을 거라는 열린 마음으로 다가서면 필요한 걸 얻게 되는 경우가 많다.

　그동안 내가 종결에 관해 나눴던 대화는 훈훈하고 따뜻하면서도 가슴 아팠으며 슬픔, 좌절, 분노, 두려움 같은 어두운 감정과 안도감, 행복, 순수한 기쁨, 희망 같은 밝은 감정이 공존했다. 부디 이 책을 읽으면서 자신의 삶에서 종결 혹은 종결 부재의 경험을 헤쳐나가는 데 힘이 될 실질적인 조언과 도움을 찾았으면 한다. 내가 쓴 글이 사람들에게 도움이 될 수도 있다는 사실 자체가 나에게는 평생의 꿈을 이루는 일과 같다. 사람들에게 어떤 도움이 됐는지 언젠가 전해 듣는다면 나도 내가 바랐던 종결을 이룰 수 있을 것이다.

차례

- 들어가며 … 7

사람들은 종결의 의미를 오해한다

1장) 종결이 필요한 순간 … *16*

"어떻게든 이 상황이 끝났으면 좋겠어요" … *19* | 의도하지 않은 결말 … *22* | 불확실성이 고통이 되는 이유 … *25* | 불완전한 이별이 남기는 것 … *27*

2장) 이것은 종결이 아니다 … *33*

복수는 헛된 승리다 … *34* | 통제는 비현실적인 기대다 … *39* | 수용은 최선의 선택지가 될 수 있다 … *43*

우리는 왜 종결을 원할까

3장) 마음의 고통을 덜기 위해 … *48*

상실의 고통 … *51* | 트라우마 고쳐 쓰기 … *55* | 스토리의 힘 … *62* | 고통은 인간 본연의 특성이다 … *66*

4장) 분노에서 벗어나기 위해 … 68

> 분노는 감정의 방어막이다 … 70 | 분노가 진짜 원하는 것 … 73 | 위험성 따져보기 … 78 | 분노의 대상을 정확히 알고 있는가 … 81 | 더 좋은 결말을 선택하기 … 83

5장) 무력감에서 빠져나오기 위해 … 85

> 아무렇지 않은 척 회피하는 사람들 … 90 | 인정받지 못하는 기분 … 93 | 이해할 수 없는 상황 앞에서 … 98 | 종결을 무기로 사용할 때 … 103 | 쓸데없는 싸움을 멈추면 새로운 힘이 생긴다 … 105

6장) 용서하고 용서받기 위해 … 108

> "미안해"라고 말하기가 힘든 이유 … 109 | 죄책감과 수치심 … 111 | 사과받고 싶은 마음 … 114 | 힘의 역학 … 120 | 용서가 중요한 쟁점일 때 예상해야 할 것 … 123 | 죽음 이후의 용서 … 126 | 용서는 여전히 고려할 가치가 있다 … 130

7장) 반복되는 문제를 끊기 위해 … 131

> 애증의 관계에 갇히다 … 134 | 애증의 직업에 갇히다 … 138 | 가족 간의 악순환 … 143 | 아는 곤경 … 147 | 관계의 공평함에 대한 잘못된 믿음 … 149 | 당부의 말 … 155 | 모든 관계가 운명적인 것은 아니다 … 158

3부
현명한 끝맺음을 위한 연습

8장) 의도 파악하기 … *162*

　　　　의도는 생각보다 중요하다 … *163* | 내 감정 살피기 … *166* | 명확히 전달하기 … *168* | 떠나겠다는 결정 … *173* | 오해 없는 소통을 위한 지침 … *174* | 준비하되 예행연습은 하지 않는다 … *178*

9장) 대화하기(또는 하지 않기) … *182*

　　　　대화 제안하기 … *183* | 단계별 대화 지침 … *186* | 종결을 무기로 사용하지 않는다 … *197* | 비언어적 의사소통, 무언의 종결 … *199* | 마음을 드러낼 용기 … *212*

10장) 점검하기 … *214*

　　　　기분은 어떤가? … *215* | 무슨 생각이 드는가? … *220* | 합리적 마음의 힘 … *224* | 끝맺음에 실패했다면 … *226* | 관계는 하루아침에 정리되지 않는다 … *229* | 상대방의 마음 살피기 … *230* | 교훈 찾기 … *232* | 그때 우리는 최선을 다했다 … *235*

4부
원하는 종결을 얻지 못했을 때

11장) 떠나야 할 때 … *238*

　　　　내 정신 건강이 우선이다 … *240* | 불량배는 피하는 게 답이다 … *249*

| 희생은 연민이 아니다 … 252 | 그냥 내버려두기 … 253 | 직감에 귀 기울이기 … 256 | 포기하고 떠나는 과정 … 257 | 떠나야 할 때가 언제인지는 내가 제일 잘 안다 … 261

12장) 수용을 선택하기 … 263

수용은 힘이다 … 266 | 수용은 합리적이다 … 269 | 수용은 연민이다 … 272 | 인생의 숨은 교훈 … 273 | 인생의 모든 걸 이해할 필요는 없다 … 278 | 떠나려면 떠나기로 결심해야 한다 … 281 | 자유를 향한 첫걸음 … 288

13장) 죽음 이후의 종결 … 290

종결이 고통을 없애줄까? … 291 | 각자의 애도 … 299 | 부모님과의 이별 … 300 | 한 장이 끝나야 새로운 장이 시작된다 … 309

결론) 앞으로 나아가기 … 311

종결의 필요성 줄이기 … 311 | 나의 힘을 내 것으로 인정하기 … 313 | 타인의 경계를 존중하기 … 315 | 도움이 필요한지 파악하기 … 317 | 마지막으로 덧붙이고 싶은 몇 가지 조언 … 319

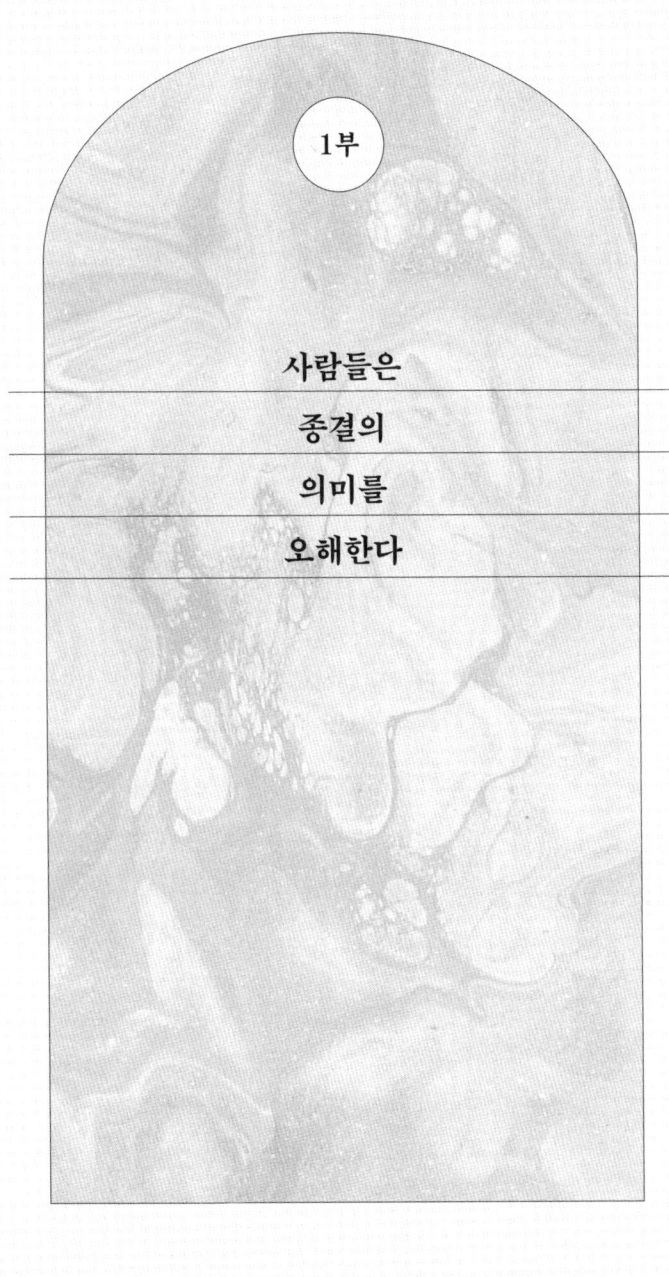

1부

사람들은
종결의
의미를
오해한다

1장

종결이 필요한 순간

나처럼 정신 건강 분야에서 일하다 보면 특정한 주제의 이야기를 꾸준히 다루게 된다.

　심리 상담을 받으러 찾아오는 이들에게는 저마다 인생 경험, 삶의 관점, 목표가 있지만 어떤 주제는 계속해서 중점적인 논의 대상이 된다. 이런 주제 중 하나가 바로 종결이다. 물론 각자 고유한 상황에 처해 있지만 내담자들은 똑같은 말을 꺼내는 경우가 많다.

　"어떤 식으로든 끝맺을 수 있다면……."

　"이 점은 그 사람이 확실히 마무리해줘야 해요."

　"그녀는 왜 상황을 종결할 기회를 안 주고 자꾸 저를 피하는 걸까요?"

그리고 무엇보다도 "제발 이 상황을 종결짓고 싶어요!"라는 말을 정말 자주 듣는다.

도대체 종결이란 무엇일까? 우리는 왜 항상 종결을 그토록 간절히 원하는 것처럼 보일까? 이처럼 자주 입에 올리는 말이지만 사실 종결을 정의하는 일은 의외로 까다로울지 모른다.

문자 그대로 생각할 때 종결이라는 단어는 연인 관계의 종결, 직업적 관계의 종결, 그리고 가장 가슴 아픈, 인생의 종결과 같이 무언가가 끝나는 상황을 나타낸다. 하지만 사실 종결은 이보다 복잡한 개념이다. 실제로 종결이 끝맺음과는 전혀 관계없이, 꾸준히 제기되는 듯한 문제에 대해 일종의 해결책을 제시하는 일을 뜻하는 경우도 있다.

상황을 종결짓지 못해 고통받고 있는지 어떻게 확인할 수 있을까? 이를 가늠할 기준이 되는 징후를 몇 가지 소개한다. 예를 들면 다음과 같은 행동을 하게 될 때다.

- 두 사람 사이에서 일어난 일에 관해 대화를 요청하려고 상대방에게 연락을 취한다.
- 상대방이 내 감정을 이해해줬으면 해서 그에게 하고 싶은 말을 연습한다(이때 상대방이 어떻게 반응할지, 혹은 어떻게 반응하기를 바라는지 떠올리면서 불편한 감정을 많이 느낀다).

- '중요한 이야기'를 나눈 뒤 상대방과의 관계가 어떻게 달라질지 상상한다.
- 상대방이 당신에게 한 행동에 대해 '복수'할 때 그가 어떤 기분을 느낄지 상상한다.

혹은 다음과 같은 마음이 들 때다.

- 바람직한 관계의 본질, 즉 양쪽이 공평하게 주고받는 관계로 돌아가고 싶다.
- 당신이 마땅히 받아야 했음에도 상대방이 의식적으로나 무의식적으로 보류했던 것을 반드시 얻어내고 싶다.
- 상대방에게 잘못한 일이 있을 때 어떻게든 용서받아 죄책감을 덜고 싶다. 혹은 반대로 상대방이 당신에게 용서를 구하기를 바란다(이때 당신은 상대방을 용서할 수도, 용서하지 않을 수도 있다).
- 자신이 기여한 부분을 상대방에게 인정받고, 존중받고 싶다.

이 중 마음에 와닿는 항목이 하나라도 있다면 현재 무언가에 대해 종결이 필요하다고 느끼고 있을지 모른다.

"어떻게든 이 상황이 끝났으면 좋겠어요"

때로는 구체적인 예를 살펴보는 것이 어떤 개념을 정의하는 가장 좋은 방법이 되기도 한다. 그래서 내게 상담받은 사람들이 종결을 바라는 이유로 들었던 것을 여기서 몇 가지 소개하려고 한다.

앨리는 남자친구와 2년 넘게 사귀다 헤어졌다. 두 사람의 관계는 몇 달 전부터 삐거덕거리기 시작했고, 왜인지는 지금도 잘 모른다. 결별의 순간은 갑작스럽게 찾아왔다. 그녀와 남자친구가 말다툼을 벌였고, 이를 계기로 두 사람 모두 헤어지기로 마음먹게 됐다. 앨리는 헤어진 날 밤 이후 전 남자친구와 문자를 몇 차례 주고받았지만 그저 서로 간단히 안부를 물은 것이 다였다. 한번 만나 둘 사이에서 있었던 일에 관해 이야기 나누자고 그녀가 말했지만 남자친구는 거부했다. 그녀는 자신의 심정을 내게 토로했다. "어떻게든 이 상황을 마무리 짓고 싶어요. 대체 왜 그럴 기회를 주지 않는 걸까요?" 앨리는 감정적 고통과 함께 그를 용서하고 싶은 마음이 들었지만 한편으로는 분노도 약간 느꼈다.

토미는 지난 5년간 근무했던 직장에서 최근 해고됐다. 일하는 동안 상사와 마음이 항상 잘 맞았던 건 아니며, 토미의 업무 성과에 불만족한 상사에게 몇 차례 질책받기도 했다. 하지만 토미는 상사와 대체로 원만한 관계를 유지해왔다고 생각했다. 그러던 가운데 갑작스럽게 인사팀에 불려가 해고를 통보받게 됐다. 그날 상사가 외근 중이라 토미는 상사와 인사도 못 나누고 짐을 챙겨 회사에서 나왔다. 그 이후 토미는 상사에게 여러 차례 이메일을 보내 그에게 벌어진 일에 대해 설명해달라고 부탁했지만 상사는 답하지 않았다. "최소한 제 자리에 어떤 일이 생긴 건지는 설명해줘야 하잖아요." 토미가 말했다. "이 상황을 어떻게든 종결짓고 싶은데 방법이 없을까요?" 토미는 좌절감, 미래에 대한 두려움, 심각한 부당함을 느꼈다.

어맨다는 만성질환을 앓고 있다. 그녀는 여러 해 동안 같은 의사에게 진료받으면서 그 의사를 진심으로 좋아하고 깊이 신뢰했다. 병으로 가장 힘들었던 시기도 그 의사와 함께 이겨냈다. 어맨다는 그에게 마음을 열고 자신의 생각을 솔직히 털어놓을 수 있다는 데 특히 감사했다. 그런데 지난주, 그 의사가 병원을 그만둬 다른 사람이 담당의로 배정될 거라는 편지를 받고서 어맨다는 큰 충격에 빠졌다. "말하기 솔직히 부끄럽지만……" 어맨다가 내게 말했다. "저는 의사 선생님이 병원을 떠나게 됐다고 제게 인사하고, 연락할 방법을 알려주실 줄 알았어요. 연락처를 받았다고 선생님을 떠나보내는 애석함이 덜해지지는 않았겠지만 적어도 상황을 제대로 정리한 기분이 들었을 거예요." 어맨다는 새로운 담당의에게 적응하는 과정에서 발생할지 모를 잠재적인 문제를 걱정하며, 서운함과 실망감을 느꼈다.

종결과 관련해 내가 알고 있는 사연은 이 외에도 무수한데, 일부는 내담자들에게서 들은 것이고 일부는 직접 겪은 일이다. 이 중에는 결과가 좋게 마무리된 경우도 있고 그렇지 않은 경우도 있지만 모든 사연에서 종결에 대한 인간의 근본적인 욕구를 찾아볼 수 있다.

우리는 살면서 겪는 이별, 실직, 죽음과 같은 큰 사건에서 상황을 종결짓고 싶은 욕구를 느낄 가능성이 가장 크다. 하지만 종결에 대한 본질적인 욕구는 워낙 강해 삶의 모든 측면에서 발생하는 비교적 사소한 일에서도 흔히 나타난다는 점에도 주목했으면 한다.

예를 몇 가지 들어보겠다.

정해진 일정에 늦어 시간에 쫓기는 상황에서 처방받은 약을 구입하러 약국에 잠시 들렀다고 가정하자. 당신은 처방전을 약사에게 제출하고 약이 나올 때까지 기다리다 약 봉투를 받아들자마자 약국 문을 열고 뛰어나온다. 그런데 웃으며 고맙다고 말하는 약사에게 아무런 인사도 없이 나왔다는 생각이 갑자기 든다. 약사가 당신을 무례한 사람으로 보지 않았을지 걱정하면서, 다음에 약국에 다시 들르게 되면 약사에게 특별히 예의를 갖춰 친절하게 대해야겠다고 마음먹는다. 한편으로 얼른 약국으로 되돌아가 무례했던 행동을 사과해야 하는 건 아닌가 하는 생각까지 든다. 이때 당신이 찾고 있는 것이 바로 종결이다.

이런 예도 있다. 어떤 프로젝트에 대해 동료들과 회의를 열어 의견을 나누고 있다고 가정하자. 해결하려는 문제에 대해 설명하는데 누군가가 당신 말을 자르고서 당신이 방금 설명하던 것과 똑같은 해결책을 제시한다. 당시에는 대수롭지 않게 여기고 아무 말 없이 지나갔지만 동료에게 부적절하게 대우받은 것 같다는 생각이 자꾸 든다. 그 자리에서 바로 지적했어야 했을까? 아니면 나중에라도 회의 참석자들에게 얘기하거나 상사에게 보고해야 했을까? 다른 건 몰라도 어떤 식으로든 종결짓지 않고 이 상황을 그냥 넘길 수 없다는 사실만큼은 확실하다. 이때 떠오른 모든 질문은 당신이 상황의 종결을 원하고 있다는 의미다.

의도하지 않은 결말

앞서 언급했듯 종결의 의미를 정확히 밝히기는 어렵지만 지금부터 최선을 다해 한번 정의해보겠다. 내가 생각하는 종결은 최종적이고 명확한 느낌으로 규정되는 감정 상태다. 다시 말해 그 상황에 대해 모호하고 어정쩡한 느낌이 거의 들지 않는다는 뜻이다. 얻은 답이 탐탁지 않을지 몰라도 어쨌든 모든 의문은 거의 해소된 상태다. 반면 종결을 이루지 못했을 때는 그 문제를 자꾸 떠올리고 강박적으로 매달리면서 상황이 왜 그런 식으로 흘러갔는지 알아내려고 애쓰거나 다른 방식으로 대처했다면 결과가 어떻게 바뀌었을지 상상해보게 된다. 종결지었을 때의 결과적인 상황이 마음에 들 수도 있고 그렇지 않을 수도 있지만 모든 상황을 충실히 이해하기 때문에 더는 이에 막대한 시간과 정신적 에너지를 쏟아붓고 싶지 않다. 이제 이 문제를 내려놓고 다른 일들로 관심을 돌릴 수 있다.

가장 이상적이고 확실한 종결 방식은 솔직하게 대화하면서 갈등을 평화적으로 해결하는 과정이 중심이 되고, 이에 따라 전반적으로 만족할 만한 결과를 얻는다. 하지만 모든 종결이 이렇게 만족스러운 방식으로 이뤄지지는 않는다. 종결은 슬프거나 고통스러울 수 있다. 자기 자신과 상대방의 행동을 이해하면서도 여전히 유감스러운 기분이 들기도 한다. 얻어낸 답이 마음에 들지 않더라도 의문을 해소하려는 욕구가 충족돼서 더는 과거에 연연하지 않을 수 있을 것 같다면, 축하한다. 그것이 바로 종결이다.

예를 들어 지난 몇 년간 사귀던 연인이 최근 갑작스럽게 이별을 통보했다고 하자. 당신은 이런 일이 있으리라고는 전혀 예상하지 못했기에 크게 충격받는다. 아무 문제 없어 보였는데 일순간 엄청난 일이 벌어졌으니 말이다. 이렇게 되면 어떤 식으로든 상황을 종결짓고 싶어질 것이다. 그렇지 않겠는가?

헤어진 연인과 직접 만나 상황을 정리하는 것도 한 가

지 방법이다. 만나서 둘의 관계가 깊어지고 틀어지는 데 각자 어떤 영향을 미쳤는지 이야기 나눈다. 이렇게 대화한 결과 두 사람 모두 자신에 대해 더 많이 알게 되었다고 느낀다. 자신이 어떤 면에서 잘했고 어떤 면에서는 부족했는지 돌아보게 되기 때문이다. 대화를 마친 두 사람은 포옹하며 인사하고 그 자리를 떠난다. 눈물을 흘릴 수도, 미소 지을 수도, 이별에 회한을 느낄 수도 있지만 이제는 서로 왜 헤어졌는지 명확히 안다.

나는 이것이 연인과 헤어질 때 우리가 바라는 종결의 대표적인 예라고 생각한다. 그 구체적인 양상은 여러 영화에 아주 잘 묘사되어 있다. 경험상 종결에 관해 이야기 나눌 때 내담자들이 가장 간절히 바라는 것이 바로 이런 시나리오다. 이런 식의 종결이 아주 흔하지는 않지만 불가능한 일은 절대 아니며, 최소한 이별의 일부 유형은 이렇게 마무리된다.

하지만 이와 다른 시나리오가 펼쳐질 수도 있다. 헤어진 연인이 눈에 띄게 짜증스러운 얼굴로 약속 장소에 도착한다. 그리고 당신이 입을 열 틈도 없이 공격적인 말을 쏟아내기 시작한다. 둘의 관계가 틀어진 모든 원인을 당신 탓으로 돌리며, 당신을 지독히 나쁜 사람이라고 비난한다. 상대방이 워낙 드세게 나와서 한마디도 끼어들 틈이 없다. 결국 당신은 분에 겨워하는 옛 연인을 자리에 남겨두고 그 자리를 뜬다.

이렇게 되면 자신의 의견을 전할 기회를 전혀 얻지 못해 애석함과 분노, 좌절을 느끼겠지만 이 불쾌한 경험을 통해 그동안 품었던 의문이 해소될지도 모른다. 관계를 되돌릴 여지가 없는지 궁금했다면 이제 그렇지 않다는 사실이 확실해졌다. 혹은 옛 연인이 이성적이고 친절한 사람이 아니므로 헤어지는 게 낫다는 사실을 깨달았을지 모른다. 이런 경험은 모든 사람이 꿈꾸는 영화 스토리 같은 종결과는 차이가 있지만 상황을 이해하고 미련을 버리게 해주는, 그 나름의 의미가 있는 종결 방식이다.

종결은 다양한 방식으로 나타난다. 앞으로 이어질 장에서 논의하겠지만 종결을 이루는 한 열쇠는 기대했던 방식의 종결이 아니어도 종결에 실패한 게 아닐 수 있다는 점을 받아들이는 것이다. 꼭 필요하다고 생각하는 종결이 늘 우리가 바라는 방식으로 진행되지는 않지만 이상적이지 못한 방식의 종결이라도 모호하고 미진한 느낌을 해소해 구속에서 벗어난 기분이 들게 할 수 있다.

불확실성이 고통이 되는 이유

종결은 인간의 욕구와 어떤 관련이 있을까? 내담자들의 사례에 비춰 보면 '거의 모든 것'과 관련 있거나 최소한 정신건강, 행복, 자존감처럼 각자 중요히 여기는 몇 가지 가치와 연관된다. 종결에 대한 욕구는 자신의 기분을 표출하고, 그 일이 왜 일어났는지를 확실히 이해하고, 앞으로 나아갈 방법을 찾아야 할 필요성에서 비롯된다. 다른 이유에서 종결을 바랄 수도 있다. 예컨대 용서하거나 용서받기 위해, 오해가 생긴 부분을 명확히 밝히기 위해, 자신의 감정을 치유하기 위해 종결짓고 싶어 하기도 한다.

종결에 대한 욕구는 왜 이렇게 강렬할까? 인간에게는 불확실성을 피하려는 본능이 있다. 불확실한 상황이 닥치면 우리는 그에 맞서고, 거부하고, 도피하며, 그 결과로 고통스러워한다. 우리는 미진한 부분, 하지 않은 말, 남들에게 공유하지 않은 자신의 기분, 완수하지 않은 의무를 본능적으로 불편해한다. 인간은 알고 싶어 한다. 사건이 왜 일어났는지, 누군가가 왜 그렇게 행동하기로 선택했는지 모른 채 지내길 원치 않는다. 그리고 각자의 방어적인 성향에 따라 그 상황이 벌어지는 데 자신의 행동이 어떤 영향을 미쳤는지도 알고 싶어 한다.

인간의 알고자 하는 욕구는 상황을 이해하도록 이끈다. 하지만 이와 반대로 우리를 집착으로 이끌어 아무 도움도 안 되는 무력한 상황에 부닥치게 할 수도 있다. 게다가 확실한 정보가 없는 가운데 마음이 선뜻 개입해 고통과 괴로움을 더 많이 유발할 수 있는 스토리를 지어내게도 한다.

종결을 머릿속으로 상상할 때는 아주 간단해 보인다. 어른인 두 사람이 마주 앉아 필요한 이야기를 나눈다. 먼저 각자 관점을 설명하고, 상대방의 이야기를 듣고 이해한다. 그리고 상대방과 함께이든 혼자이든 새로운 삶을 살아나갈 방법에 대해 어떤 식으로든 합의에 도달한다. 그런데 잘 알다시피 인간은 상당히 복잡한 존재다. 심리치료사라면 누구나 말하듯 감정과 자아를 구분하는 일은 쉽지 않다. 그러려면 자신의 감정을 설명하고, 생각과 감정을 말로 표현할 수 있어야 한다. 그리고 방어적인 태도를 내비치지 않고 경청할 수 있어야 하며, 일종의 거래도 필요하다. 경험한 바에 따라 설명하자면 상대방과의 관계를 종결하려 할 때 상대방에게 마음을 열고, 취약함을 드러내고, 거리낌 없이 다가와 솔직하게 대화해달라고 요청하는 것이다. 그렇지만 양쪽 모두 능력, 결점, 모순점이 있는 각자의 인간성에 갇혀 있는 상황에서는 이 요청을 받아들이기 힘들 수도 있다.

불완전한 이별이 남기는 것

어머니는 자주 이렇게 말했다. "누군가가 ○○라고 말할 때마다 5센트씩 생긴다면 얼마나 좋을까." 나는 종결이라는 단어를 접할 때마다 어머니와 같은 기분을 느낀다. 심리치료사 가운데 나만 특별히 이런 기분을 느끼는 건 분명 아닐 것이다. 그렇지만 종결이라는 주제는 내 삶에서 여러 번 문제가 되었으며, 이 문제에 대처할 방법을 찾는 사람들을 내가 상담실로 끌어당기는 건 아닌가 하는 생각도 종종 든다. 이 책을 쓰기 시작할 때도 최근 일을 종결짓는 문제로 마음이 무거웠다. 여러 사연이 있지만 최근에 경험한 일은 다음과 같다.

내 친한 친구인 데이비드는 자랄 때 살았던 나라에 본인 명의 부동산을 소유하고 있다. 그는 지인 소개로 빅터라는 싹싹하고 부지런한 청년을 고용해 그 부동산을 관리하고 보수하도록 했다. 데이비드와 나는 빅터에게 상당한 잠재력이 있다고 생각했다. 그래서 데이비드는 빅터의 멘토가 되기로 결심하고 그에게 기본 생활비와 교육비를 지원했으며 그와 그 가족들을 여러 방면으로 도왔다. 나도 빅터와 친해져 가끔 돈을 보내거나 새 컴퓨터를 사주면서 그에게 도움을 줬다.

그런데 한두 해 뒤 데이비드는 대단히 실망스러운 사실을 알게 됐다. 빅터는 지원금을 데이비드에게 말했던 대로 사용하지 않았으며, 금전적 지원을 계속 받으려고 이야기를 꾸며내기도 했다. 빅터에게 상당히 많은 돈을 지원했던 데이비드는 경제적으로나 감정적으로 큰 타격을 입었다. 데이비드가 깊은 배신감을 느끼는 것을 곁에서 지켜본 나도 고통스러웠다.

신뢰가 완전히 무너져 데이비드가 빅터와의 관계를 완전히 청산한 이후 내게 그 나라를 다시 방문할 일이 생겼다. 그 일 뒤로 나는 빅터와 연락을 끊고 지냈었다. 빅터가 내게 연락해 저녁 식사를 함께할 수 있는지 물었고, 나는 그 요청을 받아들였다. 예상했겠지만 어떻게든 그 상황을 종결짓고 싶었기 때문이었다. 하지만 안타깝게도 그러지 못했다. 식사 내내 빅터는 자기 삶에 어떤 일이 일어났는지를 설명했는데, 나는 그의 설명이 진실이 아니라는 걸 알고 있었다. 배신감도 약간 들었지만 그보다는 염려가 앞섰다. 빅터가 내리는 결정과 그의 앞날이 걱정스러웠다.

내가 미국으로 돌아온 뒤에도 빅터는 계속 내게 문자메시지를 보냈다. 나는 데이비드 편에 서야 한다고 생각해 빅터 문자에 답하지 않았으나 답신 여부는 내 마음대로 결정하라는 데이비드 말을 듣고, 며칠 뒤 "별일 없이 지내길 바란다"라고 짧게 답장을 보냈다. 그리고 얼마 뒤 빅터는 내 연락을 차단했다.

빅터와 연락이 끊긴 뒤 나는 상황을 종결짓고 싶은 욕구가 점차 커졌고, 어떤 식으로 마무리할지 이미지를 아주 구체적으로 그렸다. 빅터가 거짓말했다는 점을 인정하고 내게 용서를 구하면 사과를 받아들일 생각이었다. 그런 과정이 빅터에게 성장의 기회가 될 거라고 명분을 내세웠지만 한편으로 내 자존심도 개입했다는 사실을 알았다(인간의 자존심은 언제든 관여한다). 빅터와 계속 연락하고 지내면서 필요하다면 그를 돕고 싶었지만 그러면 친구인 데이비드가 더 깊이 배신감을 느낄까 봐 조심스러웠다.

그렇게 2년이 흘렀다. 그동안 빅터가 무엇을 하면서 어떻게 지내는지, 무탈하게 잘 있는지 전혀 알 수 없었다.

그러던 어느 날, 일하던 중 데이비드의 전화를 받았다. 그는 울먹이며 빅터가 암으로 죽었다고 전했다. 데이비드와 나는 빅터가 암에 걸렸다는 사실을 전혀 몰랐다. 빅터가 주기적으로 병원비를 해결하기 위해 도움을 받았고, 자주 아픈 것 같아 보였다는 이야기가 떠올랐다. 마지막으로 만났을 때 작별 인사로 포옹하면서 그가 매우 수척해졌다고 느꼈던 기억도 났다. 예전에 답을 구하지 못했던 의문이 모두 풀린 기분이었다. 어쩌면 우리와 알고 지내는 내내 병을 앓았으면서도 우리에게 그 사실을 알리지 않았다는 걸 깨달았다. 이 젊은 이는 죽음에 대한 두려움을 비롯해 어떤 끔찍한 상황을 겪으며 살아왔을까? 왜 우리에게 사실을 말하지 않았을까? 어째서? 대체 왜? 우리에게 사정을 알렸다면 상황이 아주 달라질 수도 있었을 터였다. 우리가 그와 그의 가족에게 가장 필요한 방식으로 도움을 줄 수도 있었다. 나는 듣고 싶었다. 답을 들을 수 없다는 걸 이성적으로 알면서도 갈구했다!

며칠간 상담이 비는 시간마다 사무실에 앉아 나도 모르게 눈물을 흘렸다. 그리고 눈가가 붉어진 건 알레르기 때문이라고 사람들에게 말했다. 눈물을 흘리면서 종결에 대해 다시 생각했다. 데이비드와 함께 비행기를 타고 빅터가 있는 나라로 가서 빅터와 그의 가족에게 먹을 것을 가져다주고 그가 제대로 치료받고 있는지 확인하는 모습을 상상했다. 침대에 누운 빅터 곁에 앉아 지난 잘못은 이미 용서했으며 그에게 고맙고 내가 많이 아끼고 있다고 말하고, 그와 꾸준히 연락하면서 지내려고 노력하지 않은 데 용서를 구하는 내 모습을 머릿속으로 그렸다. 무엇보다 그를 꼭 한번 안아주고 싶었다.

나는 제대로 종결할 또 한 번의 기회를 간절히 원했다. 전형적인 영화 결말 같은 분위기의 아주 훌륭하고 기막히게 좋은 종결의 기회를 얻고 싶었다.

하지만 이번에도 그렇게 종결지을 수 없었다.

나와 데이비드, 안타깝게 세상을 뜬 빅터가 모두 측은했다. 지금껏 살아오면서 상황을 종결해야 했지만 그럴 수 없었던 다른 모든 순간이 애석했다. 모두 잊고 다시 삶을 살아가는 데 필요한 종결의 기회 없이 힘겹게 살아가는 모든 사람이 애처로웠다. 상담받기 위해 찾아온 고객들이 소파에 앉아 종결짓지 못한 사정을 토로하던 사례가 무수히 떠올랐다. 이별, 이혼, 퇴사, 전근, 질병, 사망과 관련된 이야기들이었다. 내담자 중에는 꼭 알고 싶다고 말하면서 양손에 얼굴을 파묻고 엉엉 우는 사람들도 있었다. 꼭 알아내야만 하고, 알아낼 자격이 충분한데도…… 알 수 없는 안타까움을 쏟아냈다.

종결에 대한 욕구는 인간의 고유한 특성이다. 종결짓기를 바라는 마음이 상황을 해결하고 성장하는 계기가 될 수도 있고, 반대로 좌절과 더 큰 고통을 초래할 수도 있다. 하지만 종결짓지 못한 데 따른 고통이라도 결국에는 개인적인 성장의 밑거름이 될지 모른다. 종결에 대한 욕구는 내 삶과 고객들의 삶에서 고통스럽지만 보람 있는 경험이었다. 당신에게도 그런 경험이 있지 않을까? 이제부터 종결의 여정을 함께 떠나보자.

2장

이것은 종결이 아니다

무엇이 종결인지를 더 확실히 이해하는 데 도움이 되는 한 가지 방법은 무엇은 종결이 아닌지를 알아보는 것이다. 종결이 최종적이고, 명확하고, 마음이 평화로운 상태라면 종결의 반대는 마음이 동요하거나, 집중하지 못하거나, 해로울 만큼 강박적으로 반추하는 일로 정의할 수 있을지 모른다. 그러나 다시 말하지만 종결의 정의는 이보다 복잡하다. 우리가 종결을 원할 때는 보통 어떤 특정한 결과를 염두에 두기 때문이다. 하지만 실제 결과가 근본적으로 긍정적이든 부정적이든 결과적인 상황은 예상했던 바와 매우 다를 가능성이 크다.

    이번 장에서는 종결로 흔히 오인되는 다음 세 가지 요소를 중점적으로 살펴보려고 한다.

복수는 헛된 승리다

가장 최근에 복수하고 싶은 기분이 들었던 때가 언제인가? 지난달? 지난주? 아니면 한 시간 전쯤? 만일 그랬더라도 마음 쓸 필요가 전혀 없다. 오히려 복수하고 싶은 충동을 전혀 못 느꼈다고 하면 그게 더 놀라운 일일 것이다. 부적절하게 대접받았거나 의도적인 행동으로 해를 입었다고 느끼면 그 책임이 있거나 책임이 있다고 판단하는 사람과 똑같은 방식으로 '앙갚음'하고 싶어진다.

그것이 인간의 본성이다. 하지만 복수는 종결이 아니다.

'그와의 관계에서 벌어진 상황을 건전하게 종결하고 싶은 것인가, 아니면 그저 내가 받은 상처를 그에게 똑같이 돌려주고 싶은 것인가?'라는 질문을 스스로 던져보면 자신이 바라는 것이 종결인지 아닌지 확인할 수 있다. 일정 수준에서는 복수가 종결의 이유인 경우도 많다. 이 경우 복수는 상대방에게 감정의 응어리를 남기는, 노골적이고 철저한 복수는 아닐 것이다. 하지만 상대방에게 안타까움이나 죄책감을 불러일으키고 싶어 하는 등의 사소한 복수심은 종결을 위한 계획에 포함될 수도 있다.

제임스와 애나의 경우를 살펴보자. 이들은 그들 자신도

대단하게 여길 정도로 각별한 연인 사이였다. 두 사람 모두 30대 초반이었고, 각자 분야에서 확실히 자리 잡았으며, 매력적이었고, 친구가 많았다. 완벽한 커플이라는 말이 전혀 과장으로 느껴지지 않을 정도였다. 그런데 그런 두 사람에게도 문제가 생겼다.

두 사람이 동거한 지 몇 년 지났을 때, 스타트업이었던 애나의 회사가 기대했던 목표를 마침내 달성하면서 크게 성공했다. 그에 따라 팀장인 애나가 맡은 업무가 기하급수적으로 늘었고, 근무 시간도 길어졌다. 애나는 자신의 분야에서 크게 성장할 수 있는 이 좋은 기회를 놓치지 않았다. 매일 아침 일찍 회사에 출근했고 밤늦어서야 집에 돌아왔다. 일주일에 한두 번은 집에도 못 들어간 채 사무실 소파에서 쪽잠을 자고 다음 날 저녁까지 계속해서 일에 매달렸다.

애나는 오랜 근무 시간 중 상당 부분을 CEO인 조너선과 장시간 회의하는 데 썼다. 제임스는 회사 행사에서 조너선을 몇 번 만났다. 조너선은 서글서글하고 좋은 사람 같아 보였지만 애나가 집 밖에 나가 있는 시간이 길어지고부터는 그를 신뢰하기 어려웠다. 한번은 파티에서 조너선이 대화하다 애나 어깨에 손 올리는 모습을 보고 심기가 불편해졌다.

어느 날 저녁 제임스는 집에 혼자 앉아 TV를 보면서, 애나가 회사 일에 시간을 너무 많이 쏟고 자신만 뒤처지는 것 같다는 생각에 잠겼다. 그는 애나가 올 때까지 기다리기로 마음먹었다. 자정 즈음 애나가 집에 들어오자 눌러왔던 불만이 목구멍까지 올라왔다. 제임스는 애나에게 조너선이 미덥지 않으며, 애나가 회사에서 시간을 너무 많이 보내는 게 불만이라고 이야기했다. 그러면서 애나에게 직장을 그만두든지 아니면 헤어지자고 잘라 말했다.

애나는 제임스가 자신이 외도했다고 의심한다는 사실에 크게 충격받았다. 또 자신의 삶을 통제하고 직업적으로 성장할 기회를 빼앗으려 한다는 데 분노하고 상처받았다. 그녀는 현재 심정을 전달하면서, 자신을 이렇게 불신하는데 앞으로 어떻게 둘이 결혼해서 함께 살 수 있겠느냐고 물었다. 이에 제임스도 격앙해 자신의 입장을 이해 못 한다면 그녀가 떠나야 한다고 말했다. 애나는 그날 밤 곧바로 가방을 꾸려 호텔로 갔다. 그리고 며칠 뒤 제임스가 회사에 있는 시간에 아파트에 들러 나머지 짐을 챙겨 갔다.

이별했다는 사실을 결국 인정해야만 했던 제임스는 이후 감정적으로 엄청나게 방황했다. 제임스는 애나의 반응을 잘못 판단했다. 그는 애나가 그날 그렇게 집을 나간 일을 사과할 거라고 생각했다. 그리고 마주 앉아 대화로 문제를 해결하려고 할 것이라 여겼다. 다시 말해 애나가 직업보다 두 사람의 관계를 더 소중히 여길 거라고 예측했다. 하지만 상황은 그렇지 않았다.

애나가 떠난 이후, 두 사람이 나눈 이야기는 계산해야 할 비용과 주소 이전에 관해 몇 차례 짧게 논의한 것이 전부였다. 제임스가 몇 차례 문자를 보냈지만 애나는 그저 "응, 난 잘 있어. 당신도 잘 지내"라고 짧게 답신했다. 제임스는 두 사람이 꽤 오랜 기간 만났고 결혼해서 함께 집을 지을 계획까지 세울 정도로 깊은 사이였으니 관계를 마무리하는 과정이 마땅히 필요하다고 생각했다. 그래서 애나에게 한번 만날 수 있겠느냐고 청했다. 그는 일어난 일에 대해 대화하는 것이 중요하다고 생각한다고 전했다. 이제 감정을 어느 정도 추슬러 그동안의 심정을 애나에게 전달하고 싶었다. 관계를 정리할 기회를 갖는 것이 두 사람 모두에게 좋을 거라고 말했다.

제임스는 애나와 만나 어떤 이야기를 나눌지 생각하고 또 생각했다. 만나서 할 말을 연습해보기까지 했다. 그는 마음에서 우러나온 말을 해야겠다고 다짐했다. 두 사람은 무언가 결론지을 때까지 충분히 대화한 적이 한 번도 없었다. 친구와 가족 들은 둘이 충분히 이야기 나누고, 상대의 입장을 이해하고, 포옹하며 서로 성공을 빌어줘야 한다고 제임스에게 조언했었다.

하지만 제임스가 생각한 '충분히 이야기 나누는 일'은 애나가 잘못했던 점을 알려주는 것이었다. 제임스는 애나가 두 사람의 관계에 얼마나 무관심했는지를 지적하고, 애나와 조너선이 바람피우지 않았다는 사실을 절대 믿지 않는다고 말할 작정이었다. 그리고 애나와의 섹스가 전혀 만족스럽지 않앉으며, 애나와 함께하는 동안 충분히 행복했던 적 없다고도 말할 생각이었다. 그는 머릿속으로 이렇게 생각하고 답했다. '애나에게 이 사실을 알릴 자격이 내게 있지 않은가?' '물론이다.' '그리고 이 사실을 아는 것이 애나에게도 이롭지 않을까?' '물론이다.' '내가 느낀 상처를 애나도 어느 정도는 느껴야 하지 않을까?' '물론이다.' 그는 이 사실을 모두 말하면 그에게 필요했던 종결을 마침내 이룰 수 있을지 모른다고 생각했다.

복수는 달콤하지만 그 끝은 쓰다. 정신 건강 전문가로 오랜 세월 일해오면서 상대방에게 앙갚음하고 난 뒤에 만족스럽다고 말하는 사람은 본 적 없다. 복수하는 순간에는 상대방이 상처받고, 굴욕감을 느끼고, 엄청난 충격을 받는 등 기대했던 효과가 제대로 나타날지 모른다. 하지만 상황이 종료된 이후 마음이 평온하고 모든 것이 명확해진 기분이 들까? 아마 그보다는 수치심, 당혹감, 공허함이 들 것이다. 복수는 결국 패배감으로 끝나기 일쑤인 일시적인 승리에 불과하다. 복수가 종결로 둔갑하면 자기 자신과 상대방이 입은 피해를 수습하고 용서를 구하느라 종결이 필요한 문제만 더 늘어날 뿐이다.

바로 그런 일이 제임스에게 일어났다. 애나에게 할 말을 모두 마친 뒤 제임스가 느낀 만족감은 잠시뿐이었다. 애나가 눈물을 흘리기 시작하자 제임스의 만족감도 사라지고 말았다. 제임스는 자신에게 아주 소중했던 사람이 상처 입은 모습을 보면서 더 많은 종결을 간절히 바라게 됐다. 이제 애나에게 사과하고, 실제로 그렇게 느꼈던 건 아니라고 말해주고 싶었다. 절대 그렇지 않았다. 그저 화가 나서 자신을 서운하게 만든 애나에게 앙갚음하고 싶었을 뿐이라고 말하고 싶었다.

하지만 그 후 애나는 제임스와 연락을 완전히 끊었다. 제임스는 애나와 마지막으로 대화하기 전과 마찬가지로 관계를 제대로 종결하기를 간절히 바랐으며, 아주 오랫동안 그 안타까움을 안고 살아야 했다.

자신이 원하는 것이 종결인지 복수인지 잘 모르겠다면 한 걸음 뒤로 물러나 자신의 감정을 진단하고, 종결을 원하는 이유가 무엇이며 잠재적으로 어떤 결과를 기대할 수 있는지 확인해보자. 물론 인간의 동기가 100퍼센트 순수한 경우는 거의 없지만, 모호함을 걷어내고 서로 이해하기를 바라는 것인지 아니면 상대방을 고통스럽게 만들려는 것인지는 판단할 수 있다. 설명되지 않은 지점을 확인하고 이해하려는 건 종결이지만 상대방에게 고통을 주려 하는 건 종결이 아니다. 복수심이 작용한 종결은 헛된 일이다.

통제는 비현실적인 기대다

나는 '어떻게 해야 누군가가 무언가를 하도록 만들 수 있느냐'는 질문을 대단히 자주 받는다. "어떻게 해야 그가 저를 똑똑하고 유능한 사람으로 볼까요?" "어떻게 해야 제가 그 사람을 위해 했던 수많은 일을 그가 인정할까요?" "어떻게 해야 제가 정말 많이 신경 쓰고 있다는 걸 그 사람이 이해할까요?" "그가 그런 식으로 행동한 이유를 제게 알려주게 하려면 어떻게 해야 할까요?" 사람들은 이렇게 질문하면서 상대방의 생각, 감정, 행동을 바꾸고자 하는 사연을 이야기한다.

부정하고 싶을지 모르지만 타인의 생각, 감정, 행동을 우리가 통제할 수 없다는 사실은 순전한 진리다. 우리는 타인을 우리 마음대로 좌지우지할 수 없다. 이 사실을 받아들이기만 해도 특히 종결의 문제 앞에서 심적 고통을 한결 덜 수 있다.

상담하면서 종결에 관해 이야기 나눌 때, 대부분은 어떤 식의 종결을 원하는지에 대해 아주 명확한 그림을 머릿속에 그려둔 상태다. 어떤 그림은 다른 것들보다 현실적으로 그려지기도 한다. 이런 그림은 상대방이 할 수 있다고 생각하는 것, 자신과 상대방을 위해 최선일 거라고 여기는 것, 그렇게 해야 마땅하다고 여기는 것을 바탕으로 그려질 수 있다. 어쨌든 중요한 건, 이루려는 종결에 대한 구체적인 이미지를 각자 마음에 담아두고 있다는 사실이다.

나는 종종 내담자들에게 잠재적으로 예상되는 결과들을 상상해보게 하면서 보통 이렇게 묻는다. "종결지으려는 당사자에 대해 당신이 알고 있는 점들을 고려해보면 당신 요청에 그 사람이 어떻게 반응할 것 같나요?" 이때 꽤 많은 사람이 대답을 피한다. 사실 종결 방식이나 상대방이 취해야 할 적절한 대응에 대해 자기 생각을 내려놓기는 쉽지 않으며, 이는 당연한 현상이다. 알다시피 인간이라는 존재는 결말지어지지 않은 상태를 지극히 싫어한다. 그래서 마음은 우리가 이해하지 못하는 것들을 이해하기 위해 온갖 시나리오를 생각해 낸다. 종결을 구상할 때 자신이 정당하다고 입증해주거나, 그리워했거나, 전반적으로 부담이 덜한 결론에 최대한 가까운 시나리오를 붙잡게 되는 건 당연한 일이다. 우리는 무의식적으로 우리가 원하는 방식으로 일이 진행되어야 한다고 생각한다.

원하는 대로 일이 풀릴 때도 있지만 그렇지 않을 때도 많다. 그리고 좋든 싫든 종결 방식이 우리가 상상했던 것과는 전혀 다를 수 있고, 심지어 종결짓지 못할 수도 있다.

지인이나 친구, 가족의 죽음을 경험해봤다면 종결을 이루지 못한 아쉬움을 어느 정도는 이해할 것이다. 생을 마감한 사람에게 해주고 싶었던 말 몇 마디를 전하지 못한 일을 안타까워하거나 엄청난 슬픔에 휩싸인 채 그에게 꼭 하고 싶었던 마지막 말을 전할 기회를 우주에 간청했을지 모른다.

예를 들어 청년 시절에 절친한 친구를 교통사고로 떠나보냈다고 하자. 당신은 극심하고 고통스러운 상실감을 느끼며 그 친구의 가족을 찾아가 조의를 표하고, 그와 함께한 추억을 가족들에게 이야기할 수도 있다. 물론 이 같은 상황에 아주 적절한 행동이다. 그 친구와 다른 친구들이 찍힌 사진을 그의 가족에게 보여주고, 역으로 친구의 가족이 그의 어린 시절 이야기를 당신에게 들려줄 수도 있다. 비통해 가슴이 아프지만 한편으로는 친구의 부모와 그 시간을 공유하면서 서로 고통과 슬픔을 달래고, 떠난 친구의 삶을 축복했다는 사실에 종결지었다는 기분도 느끼며 집으로 돌아갈 것이다.

상황이 이런 식으로 흐른다면 아주 좋은 일이다. 하지만 우리는 그 어떤 상황도 통제할 수 없다. 상실의 슬픔은 복잡한 감정이다. 가까운 사람의 죽음을 경험한 적 있다면 상실의 슬픔에 빠진 사람은 예측을 벗어나 비이성적으로 행동할 수도 있다는 점을 잘 알 것이다. 그래서 우리는 자신의 감정을 수습할 시간을 갖고, 다른 사람들에게도 그럴 시간을 줘야 한다. 앞서 가정한 상황에서 사망한 친구의 부모에게 찾아가겠다고 연락했을 때 그들이 별로 반기지 않는 상황도 전적으로 가능하다. 이때 친구의 부모가 짧게 감사하는 말을 전하며 가족의 사생활을 존중해달라고 부탁하고, 뜻이 있다면 자선단체에 기부하는 것으로 추억을 기려달라고 청할 수도 있다.

이렇게 되면 당신이 원했던 방식의 종결을 이루지는 못하겠지만 그렇다고 전혀 종결지을 수 없는 건 아니다. 친구들끼리 모여 떠난 친구와의 추억을 떠올리거나, 장례식에 참석하거나, 종교가 있다면 기도하거나 묵상하는 등 다양한 방법으로 종결지으려 노력할 수 있다. 하지만 자신이 원하는 종결 방식이 아니면 안 된다고 고집한다면 종결에 이르기까지 오래 기다려야 할 것이다.

그러면 어떻게 해야 상대방이 우리에게 종결의 기회를 주게 만들 수 있을까? 그렇게 할 방법은 없다. 인간은 예측과 통제가 불가능한 존재다. 상대방과의 관계에서 우리 몫은 절반뿐이다(나아가 여러 사람이 관련된 상황이라면 우리 몫은 절반보다도 적다). 삶이 늘 흥미로운 것도, 우리가 쉽게 좌절에 빠지는 것도 바로 그 때문이다. 그렇다고 종결지으려는 욕구가 적절치 못하다거나 종결을 추구할 가치가 없다는 말은 아니다. 다만 우리가 종결짓게 된다면 그 이유는 우리가 상황을 통제하거나 상대방이 우리가 원하는 대로 움직이게 만들 방법을 찾았기 때문은 아니라는 뜻이다. 이는 종결을 바라는 우리에게 나쁜 소식이자 좋은 소식이다.

수용은 최선의 선택지가 될 수 있다

주어진 모든 상황에서 통제할 수 있는 건 일부일 뿐이므로 우리는 결코 종결짓지 못할 수도 있다. 다시 말해 의문의 답을 구하거나 하고 싶었던 이야기를 전할 기회를 끝내 얻지 못할지도 모른다. 모호함과 의문은 계속 남을 것이다. 그럼에도 결국에는 현실을 받아들이고 상황을 있는 그대로 수용하며 앞으로의 삶을 살아갈 수 있다.

갑자기 직장을 잃었다고 가정하자. 예상치 못한 일이었다. 회사가 조직을 개편하면서 부서에서 당신이 맡았던 역할이 사라지게 됐다. 설상가상으로 이 소식을 통보받은 지 단 한 시간 만에 회사 조치에 따라 개인 물품이 담긴 상자와 인사팀에서 내려온 큰 서류 봉투를 든 채로 회사를 나가야 했다고 상상해보자. 내게 상담받은 사람 중 이런 상황에 처했던 이들은 보통 처음에는 크게 충격받고 곧이어 격렬한 슬픔과 분노를 느꼈다고 말했다. 대부분은 상사가 이에 대해 미리 언질해줬어야 마땅하다고 느낀다. 그리고 조직에서 자신의 역할이 왜 사라졌는지, 이런 일이 벌어지는 데 자신의 책임이 있는지 궁금해할 것이다.

만일 당신이 상담실에 찾아와 이 일을 종결짓고 싶다고 내게 말한다면 나는 당신이 어떤 종결을 기대하는지 물을 것이다. 사람들이 흔히 묘사하는 이상적인 종결의 시나리오는 이렇다. 퇴사한 회사의 상사와 카페에서 만나 당신이 지금까지 회사에 어떤 식으로 기여했는지에 대해 다정하게 대화한다. 전 상사는 당신이 재능 있고 훌륭하며 어디서든 환영받을 사람이라고 말해준다. 새로 일자리를 구할 때 도와줄 수 있는 사람들과 연결해주겠다고 제안할지도 모른다. 두 사람의 대화는 그가 회사의 결정에 유감을 표하고, 당신을 지켜주고 싶었지만 그러지 못해 미안하다고 말하며 눈물 흘리는 모습으로 마무리된다.

하지만 실제 상황은 이렇게 진행되지 않을 것이다. 아마도 전 직장 상사에게 연락하면 전 상사는 인사과에서 받은 각본대로 실직은 개인적인 결정이 아니라 사업상 결정이었으며 퇴직금에 대해 의문점이 있으면 먼저 알려준 번호로 연락하라고 알려줄 것이다. 아니면 상사에게 이메일을 보냈지만 아무런 응답이 없거나, 더 심각하게는 답장으로 받은 이메일을 열어보니 다시는 연락하지 말라는 한 문장만 적혀 있을지도 모른다.

앞서 논의했듯이 우리는 타인을 통제할 수 없으며, 예전 회사의 상사나 다른 누군가에게 우리 이야기를 들어달라거나 벌어진 일의 자초지종을 설명해달라고 강요할 수도 없다. 실직당했을 때는 상황을 종결짓고 싶은 욕구가 강박에 가까울 정도로 강렬해지기도 하지만 앞의 사례에서는 아마도 종결을 이루기 힘들 것이다.

그렇다면 평생 그 일을 씁쓸하게 되새기게 될 거라는 뜻일까? 그럴 가능성이 없지는 않다. 하지만 마음에 드는 직장을 새로 구해 새로운 동료들과 좋은 관계를 유지하며 경력을 계속 발전시켜나갈 수도 있다. 어째서 해고됐으며 상사가 왜 그런 식으로 대했는지에 대해 만족스러운 답을 끝내 얻지 못할지도 모르지만, 결국에는 그 경험을 삶의 미스터리 중 하나로 받아들이고 시간과 에너지를 자신이 원하는 방식으로 살아가는 데 쓸 수 있다.

이런 결과는 엄밀히 말해 종결은 아니다. 굳이 따지자면 수용하는 자세인데, 수용은 종결짓기 어려운 상황에서 우리에게 가장 건강하게 작용한다.

지금까지 종결을 잠정적으로 정의해봤다. 종결은 설명되지 않았던 지점이 풀렸을 때 느끼는 명확하고 평화로운 기분이다. 인간은 본능적으로 확실하게 마무리짓고 싶어 하는데, 우리에게는 모두 나름의 결점과 불완전함이 있어 종결지으려 시도할 때 이따금 동기와 수단이 건전하지 않을 수도 있다. 최선의 시나리오대로 진행된다면 사람들은 종결을 통해 정직하게 소통하고 상호 이해와 용서에 도달하게 된다. 반대로 최악의 시나리오가 펼쳐져 전혀 종결짓지 못한다 해도 마음의 평온을 얻고 앞으로 나아갈 다른 방법을 찾을 수 있다.

그럼 이제부터 종결이 무엇인지 이해하고 종결을 찾는 과정을 시작해보자.

2부

우리는
왜
종결을
원할까

3장

마음의 고통을 덜기 위해

무엇이 종결이고 종결이 아닌지를 어느 정도 확실히 이해했으니 이제 우리가 일반적으로 종결을 추구하는 이유를 자세히 살펴보자. 2부에서는 우리가 종결을 원하는 복잡하고 너무나 인간적인 이유이자 아마도 당신이 이 책을 읽기로 마음먹은 계기였을 이유들에 대해 구체적으로 살펴볼 것이다. 우선 가장 단순한 이유부터 짚어보자. 종결을 원하는 가장 기본적인 이유는 우리 마음이 아프기 때문이다.

    무엇이 강렬한 감정적 고통을 없애줄 수 있을까? 가늠할 수 없이 깊은 고통에 빠진 내담자들을 만날 때면 거듭 이렇게 묻게 된다. 이 질문을 마음에 품고 이 장을 쓰기 시작했다. 나는 그들이 고통을 헤쳐나오고, 고통의 반대편이라고 여기는 곳에 도달하도록 안내하고 지원하는 내 역할을 진지하게 받아들인다. 고통에 시달리는 사람들이 내게 가장 흔히 묻는 질문 중 하나는 바로 "어떻게 하면 이 상황을 종결지을 수 있을까요?"이다.

감정적 고통이 너무 깊으면 때로는 거의 육체적인 고통처럼 느껴지기도 한다. '실연의 상처로 죽음에 이르다'라는 개념이 여기서 나왔을지 모른다. 내가 그렇듯 인간의 몸과 마음, 영혼이 서로 연결되어 있다고 믿는다면 감정적 고통과 육체적 고통은 실제로 연결되어 있다고 말할 수 있다. 예전에 내과 의사들과 통증관리에 관해 이야기 나눴을 때, 환자가 자신의 신체적 고통을 적절히 묘사하기 힘들어하면 의사가 최적한 관리법을 결정하기 어려워 결국 시행착오를 겪으며 방법을 찾을 수밖에 없다는 말을 자주 들었다. 사실 환자가 경험하는 고통의 깊이는 정신 건강 전문가들이 더 쉽게 이해할 수 있을지도 모른다. 내가 내담자들에게서 실제로 들었던 표현을 몇 가지 말해보자면 이렇다. "너무 힘들어서 오늘 하루를 버텨낼 수 없을 것 같아요." "아픔의 무게에 짓눌려 쓰러질 것 같아요." "너무 고통스러워서 그냥 어딘가에 숨어들어 이 고통이 끝날 때까지 가만히 기다리고 싶어요." 이런 말을 들으면 그 환자가 대단히 깊은 고통을 겪고 있다는 걸 인식하고, 긴장하고 더 주의하게 된다.

깊은 고통은 인간관계에 지장을 줘서 사람을 기피하거나, 폭발하듯 분노를 쏟아내거나, 애정에 특히 굶주린 사람처럼 행동하게 만들 수 있다. 최악의 경우, 고통에 삶을 송두리째 잠식당한 기분이 들게도 한다. 즐겁고, 희망적이고, 뭐든 할 수 있을 것 같은 기분은 사라졌다. 이제 삶에서 감정적인 고통이 가장 중요한 문제가 된다.

이처럼 깊은 고통을 겪어본 적 있는가? 아마도 있을 것이다. 물론 나도 그런 경험이 있다. 그리고 그 과정에서 상황을 종결지을 방법을 찾는 것이 앞으로 나아갈 유일한 방법이라고 느꼈을 것이다. 종결이 고통을 없앨 수 있을까? 무슨 방법이 분명 있을 것이다! 그렇지 않겠는가?

전문가에게 도움받아야 하는 경우

감정적인 고통이 도무지 멈추지 않으면 정신 건강 전문가의 도움부터 받는 것이 좋을지 모른다. 종결이 필요한지에 관계없이 지속적인 감정적 고통은 우울증을 비롯해 한층 심각한 정신 질환의 징후일 수도 있다. 부끄럽게 여길 일이 아니다. 감정적 고통과 이와 연관된 모든 정신 질환은 치료할 수 있다. 그 첫 단계는 정신 건강 전문가를 만나 고통이 자신의 삶에 어떤 영향을 미치는지 이야기하고 함께 치료 계획을 세우는 것이다. 정신 건강 전문가가 종결짓는 데도 도움을 줄 수 있지만 종결은 한 단계씩 밟아나가는 과정이므로 종결보다는 치료 계획이 먼저 필요할지 모른다.

상실의 고통

우리는 흔히 깊은 감정적 고통이 상실의 고통과 관련 있다고 생각한다. 가족을 떠나보내거나, 일자리를 잃거나, 심각한 병에 걸려 건강을 잃거나, 연인과 헤어지거나, 자연재해나 재정적인 문제로 집을 잃은 경우처럼 말이다.

내가 상담했던 미구엘은 일생의 절친인 소중한 친구를 잃었다. 그 친구의 이름은 데미안이었다. 두 사람은 많은 20대 청년처럼 아파트에서 함께 자취하면서 친구들을 집에 초대하고, 서로 소개팅을 주선하기도 했다. 그런데 어느 주말, 데미안이 주말에 차를 운전해 부모님 집에 가던 중 맞은편에서 오는 음주 운전 차량에 치여 그 자리에서 목숨을 잃었다. 절친한 친구를 갑자기 잃은 미구엘은 그저 감정적으로 무너져 내렸다는 말로는 설명이 안 될 정도로 대단히 충격받았다. 그는 비탄에 휩싸여 헤어나지 못했다.

나와 상담하면서 미구엘은 데미안이 자신에게 정말 좋은 친구였다고 말했다. 그는 자신이 데미안에게 무척 많이 의지해왔다는 사실을 다시금 깨달은 듯했다. 함께 보내는 시간이 그저 즐겁기도 했지만, 가족처럼 함께 사는 친구들이 대개 그렇듯 이들은 서로 든든한 정서적 안식처가 되어주었다. 미구엘은 두 질문을 수없이 반복했다. "데미안에게 왜 이런 일이 일어난 거죠?" "제게 왜 이런 일이 벌어진 걸까요?" 물론 이런 질문에 답이 없는 건 미구엘도 잘 알았다. 우리는 삶의 불확실성에 대해, 그리고 그의 영적인 믿음에 대해 이야기했다. 미구엘은 데미안과 보냈던 가장 행복했던 순간의 추억을 내게 이야기해줬다. 그러면서도 여전히 괴로워했다.

대화 중 미구엘은 이 고통이 제발 사라졌으면 좋겠다고 말했다. 이 힘든 경험이 종결된 기분을 언젠가는 느낄 수 있을지, 과연 이 상황의 종결이라는 것이 가능하기는 할지 모르겠다고 했다. 덧붙여 어떤 종류의 종결이 이 고통을 극복하는 데 실질적인 도움이 될 수 있을지에 관해서도 언급했다. 복수가 해결 방법이 아니라는 건 그도 잘 알고 있었다. 설령 음주운전자에게 복수할 수 있다고 할지라도 결국 헛된 승리일 뿐 그런다고 데미안이 살아 돌아오지는 않을 터였다. 그러면 고통을 극복하는 데 도움이 되는 방법은 대체 무엇일까? 사고가 일어난 이유에 대해 설명을 들으면 도움이 될까? 어떤 설명을 들어도 이 비극을 이해할 수 없을 것 같은 기분이었다. 데미안의 죽음을 받아들이면 상황이 종결될까? 아직은 상실의 슬픔이 너무 커 현실을 받아들이려면 시간이 더 필요했다. 친구가 남긴 좋은 추억과 뜻을 기리며 살아가면 상황이 종결될까? 그럴지 모르지만 아직은 그렇게 할 수 없었다. 그에게 종결은 아직 요원한 일이었다.

다른 유형의 상실을 경험한 사람들도 미구엘과 비슷하게 마음의 깊은 상처로 힘들어한다. 가장 흔한 사례는 실직이나 실연의 경험이지만 병으로 인한 상실과 좌절도 그에 못지 않게 큰 상처를 안긴다. 실제로 나를 찾아온 내담자들 중에는 치료하기 힘든 심각한 병을 앓는 사람이 많다. 이들은 자신의 인생이 방해받고 급격한 변화를 겪게 됐다는 인식에서 비롯한 감정적 고통을 안고 산다. 미래 계획이 갑자기 틀어지면서 미래에 대한 불안감 속에 제약을 감내하며 사는 법을 배워야 한다. 그리고 건강 문제가 연인과 가족 등 가장 가까운 사람들에게 어떤 영향을 미칠지 두려워하게 된다. 혹시라도 연인이나 가족이 자신과 관계를 끊고 그들의 삶을 살기로 결정하지 않을까 걱정하게도 된다.

내게 상담받은 사람 중에는 자살로 가족을 잃은 사람들도 있다. 그들은 감정적 고통 탓에 그야말로 피폐해진 상태로 지내면서 상황의 종결을 간절히 원했다. 과거 일을 끊임없이 떠올리며 뒤늦은 추측과 후회에 빠져 세상을 떠난 가족에게 자신이 과연 충분히 친절하고 다정했는지, 힘이 되어줬는지 곱씹어보고, 그가 남긴 말을 되짚으며 혹시 그 말이 도움을 요청하는 외침이 아니었을지 두려워한다. 그들은 사랑하는 가족이 왜 그런 결정을 내렸는지 이해하고 깊은 죄책감에서 벗어나기 위해 어떻게든 종결짓고 싶어 했다. 이때 느끼는 고통은 견디기 힘들 정도로 극심하며, 종결지을 수 없는 현실은 이를 더욱 악화시킨다.

| 연습 | 내면의 목소리에 귀 기울이기

주의 집중을 방해할 만한 요소가 없는 조용한 장소를 찾는다. 등을 바로 펴되 너무 곧지도 구부정하지도 않게 편안한 자세로 깊이 호흡할 수 있도록 앉는다. 숨을 코로 들이마시고 입으로 내쉬어 몇 차례 호흡하면서 마음을 차분히 가라앉힌다. 이때 너무 빠르지도, 너무 느리지도 않게 평소와 비슷한 속도로 호흡하되 숨을 최대한 깊이 들이마시고 내쉬면 된다.

눈을 반쯤 뜬 상태로 정면에 있는 벽의 한 지점을 바라본다(다만 창문 밖을 내다보면 주의가 흐트러질 수 있으므로 시선이 창문을 향하지는 않도록 하자). 마음의 상처를 극복하도록 도와줄 수 있는 누군가와 대화한다고 상상해보자. 그 사람은 세상을 떠난 사람일 수도, 현재 당신 주변에 있는 현명한 사람일 수도 있다. 아니면 과거와 현재의 인연 중 당신이 특히 존경하는 사람일지도 모른다. 자신의 심적 고통을 그 사람에게 솔직하게 터놓는 모습을 머릿속으로 그린다. 지금 기분이 어떻고, 왜 그런 기분이 드는 것 같은지에 대해 생각을 주저 없이 털어놓는다.

당신이 말하는 동안 그 사람은 어떤 표정을 지을까? 어떤 힘이 되는 말을 건넬까? 그가 하는 말 중 상황을 종결짓는 데 도움이 될 만한 조언이 있을까? 자기 자신에게 이렇게 물어보자. '내 상처가 치유되도록 다른 사람이 어떻게 도울 수 있을까?' '그렇다면 나는 내 상처가 치유되도록 어떻게 도울 수 있지?' 잠시 시간을 내서 자기 자신에게 전하고 싶은 메시지를 적어보자. 내면의 목소리에 귀 기울이는 연습에서 무엇을 배웠는가?

트라우마 고쳐 쓰기

상처를 치유하는 수단으로서의 종결을 논하려면 어른이 된 뒤에도 여전히 남아 있는 어린 시절 트라우마의 고통을 반드시 다뤄야 한다.

우리는 어린 시절을 이상화하는 경향이 있다. 상상하고 발견하는 놀라운 경험, 다정하고 따뜻한 부모님, 친구들과의 생일 파티, 춤을 배우고 다양한 운동을 하면서 보낸 즐거운 시간. 생각만 해도 기분 좋지 않은가? 당신의 어린 시절도 그랬는가? 물론 상담실에 찾아와 티슈 상자를 사이에 두고 나와 마주 앉아 대화하는 사람들의 어린 시절은 그렇게 설명하기 힘들 것이다. 인생에서 성장기는 누구든 쉽지 않은 시기라 말해도 크게 무리 없을 것이다. 나 또한 그랬으며, 당신의 어린 시절도 마찬가지로 힘겨웠을지 모른다.

성장 과정에서 입는 많은 상처는 우리 안에 쌓이기도 한다. 정신 건강 전문가들은 부모의 죽음, 자연재해, 신체적 폭행이나 성폭행과 같은 충격적인 사건을 겪으며 생긴 심리적 상처에 대해 자주 설명한다. 나도 그런 일을 겪었다. 이처럼 충격적인 사건은 발달기의 뇌에 가늠하기 힘든 손상을 입히기도 한다. 하지만 이뿐 아니라 일상에서 꾸준히 접하는 언어적·신체적 학대, 경멸, 은근한 차별적 발언이나 행동, 인종차별, 동성애 혐오, 괴롭힘이 계속될 때도 발달기의 뇌에 잠재적인 손상을 미칠 수 있다. 우리는 이에도 주목해야 한다. 무정한 행동이나 노골적인 학대를 일상적으로 경험하면 그 종합적인 영향이 심각한 결과를 불러올 수 있다.

어린 시절의 트라우마가 어떤 형태로든 우리에게 정서적으로 심각한 상처를 남겼을 때, 상처를 없애기 위해 우리가 무엇을 할 수 있는지 궁금해진다. 이때 중요한 역할을 하는 것이 바로 종결이다.

인간의 마음은 각자의 상처를 바탕으로 이야기를 꾸며낸다. 마음은 그 이야기를 현재 시점에서 행복한 결말로 재구성하면 내면의 상처가 사라지고 우리가 겪은 일을 이해할 수 있을지도 모른다고 말한다. 과거 일은 돌이킬 수 없지만 벌어진 일을 지금 이 순간 바로잡는 건 가능할지 모른다. 그래서 어린 시절에 깊은 상처를 남긴 상황을 떠올리며 이번에는 모든 것을 '제대로' 고치겠다는 목표 아래, 어른이 된 이후 과거와 비슷한 상황을 무의식적으로 재연한다.

그러면 의식적으로든 무의식적으로든 종결지은 기분이 들 것이다. 마침내 상황이 어떤 식으로든 '고쳐질' 것이다. 하지만 실제로는 바라던 새로운 결말을 맞지 못하고 그동안 회피하거나 해소하려고 애썼던 감정을 계속 느낄 가능성이 크다. 그러면 우리는 또다시 해본다. 이번에는 부디 아주 만족스러운 결말에 이르러 모든 나쁜 경험이 희미한 기억으로 사라지고 다시는 고통받지 않기를 희망하면서 비극적인 사건과 학대, 그에 따른 충격과 고통을 새로운 방식으로 재연한다. 이렇게 되면 종결짓게 될 것이다.

정신 이상insanity의 정의는 '똑같은 행동을 반복하면서 다른 결과가 나오기를 기대하는 것'이라는 말을 어디선가 들어봤을 것이다. 이를 처음 들었을 때는 아마 꽤 우습다고 여겼을 테지만 정신 건강 전문가 입장에서 이 말은 우스갯소리가 아니라 내담자들의 삶에서 흔히 목격하는 아주 슬프고 안타까운 실제 사례다. 내담자들이 내게 들려준 이야기를 여기서 잠시 몇 가지 소개해보겠다.

○ 테오는 냉담하고, 무정하고, 사사건건 트집 잡는 아버지 밑에서 자랐다. 그런데 성인이 된 테오가 어떤 이성에게 끌렸을까? 예상했겠지만 냉담하고, 무정하고, 사사건건 트집 잡

는 여성이었다. 상담실을 찾아왔을 때 그는 최근에 사귀었던 여성에게서 있는 그대로 인정받거나 정서적으로 가까워지고 싶어 한다고 느낀 적이 전혀 없었다며 애통해했다. 그는 자신에게 항상 왜 이런 일이 일어나는지 설명해달라고 했다.

- 타냐는 학창 시절 공부에만 열중했고, 수줍음이 많은 소녀였다. 또래 친구 무리와 어울리지 못하고, 놀림받거나 괴롭힘 당했다. 그래서 성장기 내내 인기 있는 아이들에게 인정받고 싶다고 생각하며 지냈다. 성인이 되어 직장 생활을 시작하자 타냐는 회사에서 능력 있고 유망하다고 알려진 여자 직원들과 친하게 지내보려고 노력했다. 하지만 그들은 점심시간이나 휴식 시간에 타냐를 끼워주지 않았고, 심지어 헐뜯기도 했다.

- 셰리의 어머니는 딸이 최고가 되기를 바랐다. 어머니는 날마다 셰리에게 더 잘해야 한다고 말했다. 셰리가 B+를 받아오면 왜 A를 못 받았느냐고 나무라고, 2등을 하면 1등을 했어야 했다고 몰아세웠다. 성인이 되어 일하면서 셰리는 자신을 한계까지 밀어붙였다. 자기 자신이 대단히 훌륭하다고 생각한 적 없고, 다른 누구도 마찬가지로 훌륭하지 않다고 여겼다. 동료들은 셰리의 이런 생각을 부족하다고 여기며 상당히 불만스러워했다. 셰리는 직장에서 인정받으려면 어떻게 해야 하느냐고 내게 물었다. 이미 여러 번 그랬듯 그녀는 또다시 좌절감에 사로잡혀 회사를 그만둬야 할지 고민하고 있었다.

○ 돈은 지나칠 정도로 남성성을 중요시하는 사회적 환경에서 자랐다. 독서와 미술에 조예가 깊었지만 아버지와 형들, 학급 친구들은 돈이 사냥과 운동을 좋아하기를 바랐다. 그는 같은 반 친구들에게 지속적으로 괴롭힘당하고 공격받았으며, 형제들과 아버지에게 호되게 혼났다. 자신의 나약함을 끊임없이 질책하면서 자신은 학대당해 마땅하다고 생각했다. 돈은 최근 부하 직원들에게 고함을 지르고 위협해 직장 분위기를 험악하게 만들었다는 이유로 또다시 해고됐다. 그는 강하게 통솔했을 뿐인데 어째서 처벌받았는지 잘 모르겠다고 말했다.

지금 소개한 사례의 주인공들에게는 고쳐 쓰려는 스토리가 있다. '내가 이렇게 행동하고, 저렇게 말하고, 이러이러한 말을 들으면 내 지난날은 결국 진정한 과거로 남을 거야. 힘든 감정은 모두 사라질 거야. 끈질기게 계속되는 비판의 목소리, 괴롭힘, 거부, 고통, 죄책감은 끝내 잠잠해질 거야. 마침내 이 모든 상황이 끝날 거야.'

우리는 이렇게 과거의 스토리를 마음속에서 거듭 반복한다. 그러면서 쌀쌀맞고 냉담한 누군가가 우리에게 '당신은 정말 훌륭한 사람이며, 당신 없이는 살 수 없고, 당신과 꼭 함께하고 싶다'라고 말한다면 기분이 어떨지 상상한다. 혹은 우리가 아주 재밌고 유능한 사람이라는 걸 몰랐던 사람들이 자기들 무리에 꼭 들어왔으면 좋겠다고 제안하거나 진급으로 보상한다면 어떤 기분일지 상상한다. 우리를 잘못됐거나 비정상적인 사람으로 평하던 이들이 어찌된 일인지 우리에게 존경과 존중, 경의를 표한다면 기분이 어떨까?

남들보다 어린 시절을 조금 더 행복하게 보낸 사람들도 있겠지만 대부분 어릴 때 행복했던 기억이 조금씩은 있을 것이다. 하지만 이처럼 행복한 기억도 이야기를 고쳐 쓰려는 올가미에 걸려들게 만들 수 있다. 예를 들어, 예전처럼 다시 행복해지고 싶어서 어린 시절에 느꼈던 행복감을 연인과의 관계에서 다시 경험하려 애썼을 수 있다. '그때의 행복을 되돌릴 수는 없는 걸까?'라고 생각하면서 말이다. 이때 이런 식의 종결로 진정 행복을 누릴 자격이 있다고 재확인하거나 새로운 사람과의 관계에서 느낀 행복감이 과거 누군가와의 추억을 기억하는 데 도움이 되기를 기대할지 모른다. 혹은 그동안 마땅히 감사하지 못하며 살아왔다는 데 죄책감을 느껴 이번에는 행복한 순간이 훌쩍 사라지게 내버려두지 않고 그에 온전히 감사하기로 마음먹을 수도 있다.

나는 이런 현상을 '종결의 환상'이라 부른다. 어린 시절부터 쌓인 고통을 궁극적으로 보상받으려는 현상을 말한다. 치료에서 어떤 부분에 중점을 두느냐에 따라 이 용어에 이의를 제기하는 정신 건강 전문가도 있을지 모른다. 하지만 내가 볼 때, 어린 시절의 학대가 성인기에도 반복되는 악순환의 고리를 끊으려는 시도는 결국 종결의 문제다. 마침내 다 괜찮아지게 하려는 것이기 때문이다. 그런데 이건 우리가 종결을 통해 얻으려는 결과가 아닌가?

우리가 품은 종결의 환상에는 원초적이고 본질적인 특성이 있지만 한편으로는 어느 정도 단순하며 현실에 기초하지 않은 측면도 있다. 내담자들은 종종 종결이 마침내 이뤄져 존중, 사랑, 포용을 비롯해 지금껏 삶이 허락하지 않았던 것들을 얻을 때의 모습을 구체적으로 묘사한다. 환상 속의 이런 장면은 정서적인 건강을 유지하는 데 배치되는 불필요한 요소일 뿐 아니라 이로 인해 패배, 실망, 무력한 상태가 반복적으로 나타나 심적으로 더 큰 피해를 입을 수도 있다.

|연습| 내면 아이 달래기

우리는 대부분 동화처럼 이상적인 어린 시절을 보내지 않았으며, 많은 사람이 여전히 당시 입은 상처를 안고 살아간다. 어린 시절의 아픔이 다시 상기될 가능성이 가장 큰 상황은 언제인가? 무엇이 당신을 자극하거나 동요시키는가?

가장 최근에 감정적으로 통제되지 않는 기분이 들었던 때를 떠올려보자. 예전에도 이런 기분을 느낀 적 있는가? 그런 기분이 처음으로 들었던 때를 기억하는가? 잠시 곰곰이 생각해보면 통제되지 않는 지금 이 기분은 어릴 때 남에게 오해받았거나, 자신의 생각과 기분을 마음대로 표현할 수 없었거나, 누군가에게 벌을 받았거나, 다른 아이들에게 괴롭힘당했거나 어린 시절 겪은 그 밖의 경험이 현재 삶에 어떤 식으로든 영향을 미치는 상황이었을 것이다.

그렇다면 이런 기분이 들 때 마음을 어떻게 다스려야 할지 생각해보자. 마음이 차분하고 안정된 상태가 되려면 어떤 말로 자기 자신을 다독여야 할까? 내면의 중심과 연결되기 위해 내가 할 수 있는 일은 무엇일까? 누구에게 연락하면 이런 감정을 다스리도록 도움받을 수 있을까? 필요할 때 활용할 수 있도록 자기 자신을 다독이는 데 도움이 되는 방법들을 미리 잘 알아두자. 이 과정은 종결짓고 싶은 관계에 있는 사람에게 연락하기 전에 시작하도록 한다. 이 과정을 수행하는 동안 종결을 이룰 수 있을지도 모르니 말이다.

스토리의 힘

당신에게는 어떤 스토리, 즉 개인적인 사연이 있는가? 모든 사람에게는 각자의 스토리가 있다. 스토리는 인간이 경험하는 자연스러운 현상 중 하나다. 우리는 자신만의 스토리 덕분에 과거 경험을 반복하며 고통에 얽매여 피폐해지지 않고, 예전과 다른 삶을 선택할 힘을 얻을 수 있다. 스토리는 과거에 보고 겪은 친절한 행동이나 감화의 순간을 되풀이하도록 자극해 생산적이고 행복하고 성공적인 삶으로 나아갈 수 있게 한다. 하지만 반대로 자기 파괴적인 행동을 반복하는 악순환에 빠지게 만들 수도 있다.

그래서 나는 개인적으로 '똑같은 일을 반복하면서 다른 결과를 기대하는 것'을 정신 이상으로 규정하지 않는다. 그보다는 '스토리가 있는 것'으로 일컫는 쪽이 적절할 것이다. 스토리가 우리 삶에 끊임없이 끼어들어 똑같은 감정적 상처를 계속 자극하면 우리는 그 스토리에 익숙한데도 여전히 극심한 고통에 시달리고, 결국 트래드밀에 갇혀 제자리를 맴도는 것 같은 상태에 이르고 만다.

이런 현상은 정신 이상이 아니다. 그저 인간이기에 겪는 자연스러운 일이다.

여기서 내가 근본적으로 하려는 말은 지금 이 순간의 행동으로 과거를 치유하려는 시도는 성공하기 힘들며, 특히 남의 도움에 기대어 행동하려 할 때는 더더욱 그렇다는 점이다. 앞서 2장에서 우리는 다른 사람을 통제할 수 없고, 타인을 통제하는 방법으로는 절대 종결을 이룰 수 없다고 설명했다. 정신 건강 전문가로서 말하자면 과거의 상처를 치유하기 위해서는 과거에 있었던 일을 직접 다뤄야 한다. 즉 자신에게 일어난 일을 용감히 바라보고, 당시의 감정을 확인하고, 자신에게 고통을 안긴 사람들의 역할과 자신이 의도적으로나 비의도적으로 기여한 역할을 확인해야 한다. 이 작업은 힘들지만 진정한 종결과 수용에 이르는 데 꼭 필요하다. 이런 치유의 과정은 처음부터 끝까지 자기 자신의 일로, 과거의 경험을 현재에 재현해 과거의 상처를 치유하려는 시도는 아무 효용이 없다.

어린 시절에 겪은 마음의 상처를 치유하려고 종결을 모색하는 일이 헛수고라고 말하려는 건 아니다. 나는 내담자들이 예전과 다른 방식으로 살아가고, 예전과 다른 대접을 받고, 꿈꿔온 미래를 이룰 수 있다는 증거를 보여주는 관계를 마침내 찾는 모습을 본 적 있으며, 이는 충분히 가능한 일이다. 그들의 마음을 괴롭히는 과거가 여전히 배경에서 맴돌겠지만 그럼에도 그들은 현재를 충실히 살면서 꾸준히 잘 지내고 있다.

하지만 예전과 똑같은 불행한 결과를 끊임없이 반복하는 사람이 훨씬 더 많다. 내면의 문제를 다루지 않는 한 그들은 계속해서 타인에게 주도권을 넘기고 문제 해결을 요청하면서 제자리에만 머물 것이다. 당신이 그런 경우에 해당한다면 그런 싸움은 그만두고, '나는 쓸모없고 매력 없고 무능한 사람이다'라고 말하는 내면의 목소리를 이해하는 데 초점을 맞춰야 한다. 그리고 다음에 똑같은 음악이 다시 연주되기 시작하면 이제 다른 노래를 불러야 한다.

내담자들의 이야기를 들을 때 나는 보통 이런 스토리를

찾는다. 스토리가 겉으로 드러나 내가 내담자와 함께 문제를 확인할 수 있는 경우도 있지만 그렇지 않을 때도 있다. 어느 쪽이든 스토리를 찾는 과정은 자신을 방해하는 요인이 무엇인지 알아보는 데 도움이 되는 중요한 활동이다. 자기 스스로 불러들인 결과라면 모를까, 지난날에 얽매여 똑같은 과거를 끊임없이 반복해야 할 운명을 타고난 사람은 없다.

| 자기평가 | 종결을 모색하기 전에

나아질 기미가 도무지 없는 마음의 고통을 치유하기 위해 종결을 모색할 때의 잠재적 이점과 문제점을 파악하려면 다음 질문에 답해보자.

- 왜 이런 고통을 느낄까? 이 고통의 근원이 무엇이라고 생각하는가?
- 나는 지금 이 고통의 근원을 직접 다루는 종결 방식을 모색하고 있는가?
- 떠오르는 과거의 감정이나 기억이 있는가? 이것들은 지금까지 해온 것과 다른 방식으로 다뤄야 할 감정이나 기억인가?
- 주어진 상황을 고려할 때, 지금 느껴지는 감정의 강도가 적절한가?

- 고통을 줄이려면 정확히 어떤 방식으로 끝내야 할까?
- 계획한 방법을 따르면 내가 원했던 방식으로 끝맺을 수 있을까?
- 현실적으로 볼 때 상대방이 나의 요구에 협조할 수 있을까?
- 내가 모색하는 종결이 공허한 승리처럼 느껴질 수도 있을까?
- 이런 식의 종결로 모든 고통이 사라질까? 최소한 고통을 조금이라도 줄일 수 있을까?
- 내가 원하는 방식의 종결을 이루지 못할 경우 그에 대처할 준비가 되어 있는가?

시간 내서 이 질문들의 답을 곰곰이 생각해보면 기대할 수 있는 것과 기대해서는 안 되는 것을 더 명확히 인식하게 되어, 그 이상의 고통에 노출되지 않도록 자신을 보호할 수 있다.

고통은 인간 본연의 특성이다

〈오즈의 마법사〉의 등장인물인 양철 나무꾼을 다들 기억할 것이다. 영화 끝부분에서 도로시가 양철 나무꾼에게 시계를 선물하자 그는 마음이 이렇게 아픈 걸 보니 이제 자신에게 마음이 있다는 사실을 확실히 알겠다고 말한다. 이 영화 외에도 이별의 아픔을 그린 영화, 노래, 책이 무수히 많다. 이를 통해 확인할 수 있는 중요한 사실은 상실의 아픔이 인간 본연의 특성이라는 점이다.

마음의 고통을 느끼는 주요 원인 중 하나는 일어난 일을 받아들이지 못하거나 거부하는 것, 더 정확히 말해 현실을 받아들이지 않으려는 태도다. 주어진 현실을 직시할 수 없거나 직시하지 않으려 고집하면 마음속에서 싸움이 벌어진다. 마음의 순전히 감정적인 측면이 이성적인 측면에 대항해 싸우는 것이다. 그 결과 더 많은 고통이 생긴다. 현실을 수용하는 일에 어떤 의미가 있는지는 4장에서 더 자세히 살펴볼 것이다. 종결은 우리가 있는 그대로 받아들이고 앞으로 나아가도록 돕는 데 필요한 사실을 들려줄 수도 있고, 그렇지 않을 수도 있다.

　우리는 종결이 마음의 고통을 치유해주리라 기대한다. 그리고 말, 행동, 신의 중재로 고통이 사라지고 우리가 기도하고 바라는 미래가 시작되면서 그곳으로 나아갈 수 있기를 희망한다. 고통이 끝나기를 바라고, 종결을 기대하는 건 그저 인간적인 특성일 뿐이다. 우리 앞에 펼쳐지는 종결은 때로는 참으로 신비하지만 때로는 희망, 꿈, 환상의 수준에 그치기도 한다.

4장

분노에서 벗어나기 위해

분노의 감정은 고통과 밀접하며, 고통과 마찬가지로 종결을 모색하는 일반적인 동기가 된다. 누군가에게 감정적으로나 다른 어떤 방식으로 상처받았다고 느낄 때 아픔과 함께 분노를 느끼는 건 인간의 본능적인 작용이다. 사람은 누구나 가끔 혹은 자주 화낸다. 분노의 감정은 건전한 방식과 불건전한 방식으로 모두 종결 욕구를 자극할 수 있다. 화났을 때는 차분하게 이야기하면서 감정을 해소하고 싶기도 하지만 화가 얼마나 많이 났는지를 상대방에게 알리고 호통쳐서라도 마땅히 사과받아야 한다는 생각이 들기도 한다.

    분노와 종결의 관계를 논의하기 전에 잠시 한 걸음 뒤로 물러나 현대인의 삶에서 분노가 어떤 역할을 하는지 조금 더 자세히 살펴봤으면 한다. 나는 우리가 분노의 문화 속에서 살고 있다고 본다. 내 의견에 당신도 아마 동의할 것이다. 뉴스, 직장, 길거리, 상점과 식당, 차가 꽉 막힌 도로, 가족 모임 등등 어디에서든 화내는 사람을 본다. 나도 경험했지만 친절하고 점잖은 사람과 서로 깍듯이 예의를 갖춰 대화하다 정치적인 이슈나 사회적인 문제로 주제가 흘러가자 상대방이 분노해 잔뜩 일그러진 얼굴로 전혀 예상치 못한 욕설을 쏟아내는 모습을 목격한 일이 있을지 모른다. 직업 특성상 나는 일할 때도 분노를 자주 접한다. 내담자 중에는 다른 대상이나 자기 자신을 향해 끓어오르는 분노를 느껴 자신의 문제점을 개선하거나 분노를 다스릴 수 있게 도와달라고 부탁하는 사람들도 있다.

하지만 분노가 긍정적인 변화의 동력이 될 수 있다는 점도 염두에 두었으면 한다. 한 예로 분노는 사람들을 자극해 전 세계적으로 사회 개혁에 필요한 조직이 구성되는 데 이바지했다. 억압당하는 이들이 자신의 권리를 위해 싸우게 했으며, 자원이 필요한 사람들에게 전달되고 새로이 개발되도록 이끌었다. 경제적 환경이나 건강상 격차에 대해 인식이 높아진 것도 누군가가 이에 분노해 사회적으로 경종을 울렸기 때문이다.

분노는 개인적인 변화의 동기로도 작용한다. 이는 내가

목격한 사례에서도 확인된다. 내가 만난 몇몇 내담자는 자신의 상황에 분노하고 있다고 마침내 인정하고, 새로운 삶의 방식을 찾는 데 필요한 위험을 감수할 준비가 됐다고 느꼈다. 그들은 현재 직업이나 경력이 불행을 초래하고 있으며, 자신이 맺은 관계가 도움 되지 않거나 만족스럽지 못하거나 순전히 폭력적이거나 유해하다는 사실, 그리고 건강에 좋지 않은 식습관이나 약물 남용과 같이 해로운 생활 방식도 바꿔야 한다는 사실을 인정했다. 그들은 삶의 일부 측면에서 자신이 분노를 느끼고 있다고 감지하고, 그 분노를 긍정적인 에너지로 전환해 더 나은 방향으로 나아갈 수 있었다.

이처럼 분노에는 긍정적인 측면도 있다. 하지만 현대인의 일상을 들여다보면 사람들의 분노가 걱정스러울 정도로 심각하게 증가하고 있다. 비관적인 예언으로 겁을 주려는 건 아니지만 내가 관찰한 바로 분노의 전 세계적인 증가 추이는 끝없는 듯하다. 우리가 사는 이 세상에서 분노는 유일한 기본 감정까지는 아니더라도 기본 감정의 하나가 됐다.

분노는 감정의 방어막이다

대체로 분노는 분함이나 원망과 같이 작은 감정에서 출발한다. 예를 들어 승진하기 위해 오랫동안 정말 열심히 노력했는데 결국 다른 사람이 진급했을 때 드는 분한 마음, 동료의 부주의로 업무상 대단히 소중한 관계를 망치게 됐을 때 드는 원한, 자신의 노력에 비해 배우자의 노력과 헌신이 많이 부족하다고 느낄 때 드는 원망, 가족이나 친구 모임에 초대받지 못했다는 사실을 알게 됐을 때 드는 노여움 같은 것들이다. 분함은 시간이 흐르면서 서서히 쌓이기도 하고, 갑자기 폭발해 분노가 되기도 한다.

분노는 뭔가 하고 싶고, 본격적으로 행동하고 싶게 만든다. 화나 억울함에 대해 무엇인가 조치하고, 그 감정을 표출하고, 사라지게 하고 싶은 건 인간의 본능이다. 분노는 우리를 무자비하게 파괴하고, 생산성을 떨어뜨리고, 관계를 손상시키고, 사람들을 밀쳐내고, 몸과 마음의 건강을 해친다. 그러니 분노를 느낄 때 '이 감정을 없애도록 조치해야겠어'라는 생각이 들면서 종결을 구하게 되는 건 전적으로 이치에 맞는 일이다.

여기서 잠시 한 걸음 물러나 분노와 관련된 심리학적 배경 지식을 설명해두면 좋을 것 같다. 분노는 일차적인 감정으로, 본질적이고, 순간적이고, 본능적으로 나타난다. 즉 마음에 안 드는 일이 벌어지면 '욱!' 하고 화내게 된다.

하지만 이와 동시에 분노는 '덮어 감추는 감정'이기도 하다. 이 말뜻은 이렇다. 압도적인 슬픔을 느낄 때 그 감정에 짓눌려 있다가, 조금 뒤 그 슬픔의 깊이를 느끼지 않으려고 자기도 모르게 화낸 적이 있는가? 이것이 분노를 덮어 감추는 감정으로 사용하는 예다. 우리는 슬픔, 고통, 두려움처럼 특히 견디기 힘든 감정으로부터 자신을 보호하기 위해 분노를 사용한다. 다른 사람들이 우리의 연약한 측면, 즉 슬픔, 두려움, 상처를 느끼는 측면에 너무 가까이 다가오지 못하게 보호막을 치기 위해 화를 낸다.

한 예로, 연인과 이별한 내담자와 대화할 때면 그들이 느끼는 분노에 관해 자주 듣는다. 그들은 상처받아 슬픔에 잠겨 있지만 아직 그 사실을 알아차리지 못한다. 분노한 감정을 자세히 들여다보고 그 감정을 밖으로 표출하도록 유도해야 비로소 그들은 자신의 상처에 주목하기 시작한다. 또 다른 예로, 일자리를 잃었을 때도 자신의 두려움을 살피지 못할 수 있다. 생계 수단을 잃어 가족을 부양하지 못하는 상황에 크게 두려워하면서도 두려움과 그에 동반하는 무력감은 직시하기 힘들어한다. 이보다는 모든 상황을 예전 직장에 대한 분노로 표출하는 쪽이 훨씬 더 쉽다.

뉴욕에 있는 앨버트 엘리스 연구소Albert Ellis Institute에서 대학원 과정을 밟을 때 나는 분노가 덮어 감추는 감정으로 대단히 유용하게 쓰인다는 점에 주목하고, 어느 교수를 찾아가 분노가 항상 다른 감정을 덮어 감추는 수단으로만 쓰이는 건 아니냐고 질문한 적이 있다. 이때 교수님이 해주신 답변이 아직도 기억에 남는다. 교수님은 이렇게 물었다. "개리, 아기에게서 젖병을 빼앗아본 적 있나?" "아뇨, 전혀 없습니다." 내가 대답했다. 그가 말했다. "만약 그랬다면 엄청난 비명을 들었을 걸세. 아기가 몹시 화났을 테니 말이야." 분노는 덮어 감추는 감정으로도 많이 쓰이지만 교수님의 설명처럼 직접적인 자극에 대한 반응으로 나타나는 일차적인 감정이다.

여기서 내가 하려는 말은 종결을 모색하기 전에 자신의 분노를 살펴보는 일이 정말 중요하다는 것이다. 이는 분노의 근원을 이해하기 위해서다. 그리고 자신의 의도를 명확히 파악해 상대방에게 그 의도를 명확히 전달하기 위해서이기도 하다. (의도성에 대해서는 3부에서 더 자세히 살펴볼 것이다.) 자신이 무엇 때문에 화났는지, 종결해야 하는 것이 정말 이런 분노인지 아니면 자신이 자각하지 못하는 다른 감정인지 확인하지 않고 종결을 모색한다면 결국 두 사람의 관계나 자기 자신의 정서적 건강, 혹은 이 양쪽 모두 피해 입을지 모른다. 실제로 극심한 슬픔이나 두려움을 느끼고 있을 때 분노를 쏟아낸다고 해서 감정적으로 더 나아지지는 않는다고 말해도 크게 무리 없을 것이다.

분노가 진짜 원하는 것

가장 최근에 화났던 순간을 떠올려보자. 잠시 그 분노를 실제로 느껴본다. 약간 노력해야 할 수도 있지만 특별한 상황이 아니라면 살면서 크게 좌절했던 일과 그에 따른 분노를 쉽게 기억할 수 있을 것이다. 내담자들과 이야기 나누다 보면 너무 쉽게 화내게 되고, 분노했던 기억들이 항상 수면 위에 있다가 그 순간 일어나는 사건에 자극받아 시도 때도 없이 솟구친다고 말하는 사람이 많다. 그들 중에는 현재 큰 분노를 유발하는 상황에 처해 분노를 다스릴 일종의 종결을 모색하고 있는 사람도 있을 것이다.

분노를 느낄 때 스스로 이렇게 질문해보자. '어떤 식의 종결이 이 분노를 다스리는 데 도움이 될까?' 분노 때문에 종결을 이루려고 할 때 가장 일반적으로 바라는 결과를 몇 가지 짚어보면 다음과 같다.

① 이해받기

인생에서 가장 좌절감이 드는 상황 중 하나는 상대방에게 오해받는다고 느끼거나 더 심하게는 내 말이 전혀 전달되지 않는 기분이 드는 것이다. 상대방이 당신의 견해를 이해하지 못한다고 느끼면 그에게 자신을 '이해'시킬 방법을 당연히 찾고 싶어지는데, 이것이 심해지면 집착이 될 수도 있다. 이런 집착은 신경을 건드리고 마음을 초조하게 만든다. '내가 왜 화났는지 그 사람이 이해해야 해! 그래야 모두 끝났다는 느낌이 들 거야!'

이에 따라 종결에 대한 기대가 논의의 중심이 될지 모른다. 화를 돋운 사람과 마주 앉아 당신이 왜 이토록 화가 났는지 이야기하면 상대방도 자신이 느끼는 기분을 설명하고, 뒤이어 서로 대화를 주고받으며 이해해나갈 수도 있다.

모든 상황이 잘 풀리면 이해를 얻기 위해 종결을 모색하는 일이 관계 형성에 실제로 도움이 되기도 한다. 상대방이 분노에 어떻게 반응하는지, 나와의 관계를 유지하기 위해 얼마나 노력하는지 등 종결을 이루려는 상대방에 대해 알아낼 수 있다. 그리고 상대방도 당신에 대해 무언가를 알아낼지 모른다.

물론 상대방이 당신의 분노를 이해하지 못하는 상황도 펼쳐질 수 있다. 상대방은 당신이 과잉 반응하고 있으며, 상황을 분명히 이해하지 못하고 호들갑스럽게 군다고 말할지 모른다. 그러면 분노는 전혀 사그라들지 않고 그대로 유지되거나 오히려 처음보다 커질 것이다. 상대방에게 이해받음으로써 분노를 다스리기 위해 종결을 모색할 때는 실제로 이런 위험 요인이 있다.

② 사과받기

나의 내담자들은 사과가 분노를 가라앉히는 데 어떤 효과가 있는지에 대해 종종 이야기한다. "저는 그저 이해받고 싶을 뿐이에요……"라는 말 뒤에는 보통 "……그리고 그의 행동에 대해 사과받고 싶고요……"라는 말이 따라온다. 누군가가 감정적이거나 다른 방식으로 우리에게 해를 끼쳤을 때 우리는 그 사람에게 사과받고 싶어진다. 또 그가 책임을 느끼고, 자신의 행동이 우리를 화나게 했다는 사실을 인정하기를 바란다. 다행인 것은 사람들이 상대방의 분노한 감정을 수용하고, 이야기를 들어주고, 사과할 수 있으며, 경우에 따라 실제로 그렇게 한다는 점이다. 그들은 상대방이 얼마나 화났는지 눈으로 보고 자신의 행동이 의도하지 않은 결과를 불러왔다는 사실을 깨닫자마자 사과하기 시작할지 모른다. 아니면 무엇이 상대방을 화나게 했는지, 왜 이런 식으로 반응하는지, 자신의 말이나 행동이 상대방에게 어떤 영향을 미쳤는지 명확히 듣고 싶어 할 수도 있다. 어느 쪽이든 사과를 통해 두 사람은 더 가까워지고 관계를 돈독히 할 수 있다.

반면 이 모든 상황을 상대방 탓으로 돌리며 책임을 회피할 가능성도 있다. 혹은 자신이 보기에는 전혀 문제없어 보인다고 말하면서 "대체 왜 그렇게 화내는 거야?"라고 물을지 모른다. 아니면 모나리자처럼 웃으며 "네가 그렇게 느낀다니 유감이다"라고 말할 수도 있다. 이럴 경우 대화를 시작했을 때보다 오히려 더 화가 날지 모른다.

③ 복수하기

인간인 우리가 품는 동기는 항상 순수하지만은 않다. 감정의 버튼이 눌리면 이성적인 사고가 창밖으로 날아갈 수도 있다. 상대방이 화를 돋웠으니 되갚아주고 싶어진다. 이럴 때는 벌어지는 상황을 인식하지 못할지도 모른다.

예를 들어 친구의 생일 파티에 초대받지 못했다는 사실을 알게 되어 화가 났다고 가정해보자. 당신은 당신의 감정을 친구에게 말해야겠다고 생각한다. 그래서 생일 파티 전날 밤까지 기다렸다가 친구에게 전화를 걸어 생일 파티를 연다는 사실을 이미 알고 있으니 이제 더는 비밀이 아니라고 말한다. 그리고 자신을 이런 식으로 대하다니 아주 불쾌하고 화난다고 얘기한다. 그 친구가 예민하고 작은 문제에도 몹시 괴로워하는 성격이라 죄책감에 시달려 다음 날 파티를 즐기지 못할 게 분명하다는 걸 당신은 안다. 감정적인 수류탄을 던지면 당장은 기분이 좋아질지 모르지만 2장에서 살펴봤듯 복수는 종결이 아니다. 그리고 수류탄은 큰 피해를 남긴다.

| 연습 | 모든 분노를 쏟아내기

많은 사람이 평판이나 인간관계를 해치지 않으면서 마음속에 쌓인 분노를 해소할 방법을 궁금해한다. 분노를 해소하는 활동은 처음의 격한 감정에서 벗어나 불편한 상황을 조금 더 이성적인 관점에서 바라보도록 도울 수 있다. 요즘 당신을 화나게 하는 문제를 떠올려보자. 그리고 그 분노를 활동으로 방출한다. 그 활동의 예를 들면 다음과 같다.

- 실제로 보낼 의도 없이 편지에 분노와 원망을 쏟아내보기.
- 베개 세게 때리기.
- 비치볼을 벽에 차고, 공이 돌아오면 다시 걷어차기.
- 빠르게 걸으면서 마음속에 담아둔 사람에게 잔소리하기(주변에 사람이 있으면 속으로, 그렇지 않으면 소리 내서 말한다).
- 사람들의 이목을 끌지 않을 만한 장소를 찾아 큰 소리로 욕설하기.
- 자신에게 질문하기: 분노를 일부나마 표출하니 기분이 어떤가?

위험성 따져보기

이 시점에서 분노를 치유하기 위해 종결짓는 일이 관계를 형성하는 데 기여할 수 있다는 사실을 강조하고 싶다. 분노와 상처에 대해 알리면 두 당사자가 서로 더 잘 이해할 수 있다. 그러면 상대방의 감정에 더욱 신경 쓰고, 상대방의 욕구와 취약성을 더 잘 인식하게 된다. 하지만 분노 탓에 좋지 않은 결과가 생길까 두려워 종결로 분노를 치유함으로써 얻는 성장을 놓치는 경우가 많다. 다시 한번 강조하자면 종결은 분노를 치유하는 아주 효과적인 수단이 될 수 있다.

심리치료사로 일하면서 나는 내담자들이 친구, 배우자, 가족, 동료와 마주 앉아 그들에게 자신의 분노를 용기 있게 알려 결국 종결짓고, 감정이 치유되었다고 느끼는 일을 자주 목격했다. 여기서 치유라는 단어에 중요한 의미가 있다. 분노가 정서적·신체적 건강에 미치는 영향을 느낀 적이 있다면 무슨 말인지 잘 알 것이다.

하지만 그 반대의 경우도 마찬가지일 수 있다. 대릴과 리베카의 경우를 예로 들어보겠다. 두 사람은 거의 떼려야 뗄 수 없을 정도로 절친한 친구였다. 날마다 전화로 통화하고 토요일 저녁마다 같은 식당에서 저녁을 함께했으며 직장, 가족, 연애 이야기를 포함해 말 그대로 모든 것을 공유했다.

대릴은 리베카가 가끔 까다롭게 군다는 걸 늘 알고 있었다. 리베카는 아주 직설적이고 때로는 냉혹하리만큼 차가웠지만 대릴은 리베카의 원래 성격이 그렇다고 여기고, 그녀가 간혹 모욕적인 말을 하더라도 자신을 걱정하는 증거로 받아들여야 한다고 되뇌었다. 리베카는 대릴에게 해야 할 일과 하지 말아야 할 일을 지시하고, 대릴이 자신의 조언을 받아들이지 않을 때 그를 비난하는 등 통제하는 듯한 태도를 보이기도 했다. 대릴이 잘못하고 있다고 생각하는 걸 빌미로 느닷없이 왈칵 성을 내기도 했다. 한번은 함께 볼 영화를 고르는데 대릴이 아무 의견을 내지 않은 일을 두고 둘 사이에서 자신이 무거운 짐을 혼자 짊어지고 있다며 그를 질책했다. 게다가 경쟁심이 강해서 대릴이 자신의 성과에 대해 말하거나 어떤 의견을 내면 늘 그보다 어떻게든 앞서려고 했다. 리베카가 남자친구를 새로 사귀기 시작했을 때, 새로운 남자친구 앞에서 대릴을 흉보고 놀린 적도 있다. 그러던 어느 날 리베카는 대릴에게 전화해 그가 자신을 지지해주지 않는다고 비난하며 친구 관계를 끊겠다고 말했다.

처음 그 말을 들었을 때 대릴은 슬펐다. 자신은 충실한 친구였다고 생각하는데 왜 그렇게 비난받았는지 이해할 수 없었다. 하지만 둘의 관계를 되짚어보니 리베카가 그를 실망시키고, 식당이나 상점 직원들에게 무례하게 굴어 당황시키고, 자신에게 이래라저래라 지시하고, 어떤 식으로든 그녀의 기대를 저버리면 우정을 끊겠다고 협박했던 기억이 떠올라 분해지기 시작했다. 그녀가 자신의 삶에 얼마나 해로운 존재였는지 깨닫고 강한 분노를 느꼈다. 더 정확히 말하면 리베카와 함께 보낸 시간과 그가 참아내야 했던 것들을 생각하자 분노가 치밀어 올랐다.

하지만 리베카와 대화하기는 망설여졌다. 대릴은 리베카가 자신보다 언변이 훨씬 뛰어나다는 걸 익히 알았고, 얼굴을 맞대고 이야기하면 그녀가 자신의 행동을 능란하게 부정하고, 그에게 심리적으로 문제가 있다고 훈계할까 봐 두려웠다. 서로 꽤 오래 알고 지내왔는데 이제 와서 그녀가 예전과 다르게 행동할 리는 없어 보였다. 두 사람이 관계를 허심탄회하게 대화로 풀어낼 가능성이 과연 얼마나 되겠는가? 이를테면 어떤 면에서 관계가 순탄했고, 사이가 틀어진 원인은 무엇이며, 두 사람이 각자 지금과 달리할 수 있었을 행동은 무엇인지 이야기한 다음, 행복한 추억을 나누고, 서로 성공을 빌어주는 식으로 말이다. 대릴이 보기에 이런 식으로 대화할 가능성은 별로 없었다. 그래서 결국 대릴은 리베카와 관계 종결에 대해 이야기하지 않기로 결심했다. 분노가 풀리지 않고 의문점이 해소되지 않더라도 있는 그대로 감수하며 잊고 넘어가기로 했다.

다른 사람과의 종결을 모색할 때 우리는 상대방에게 무언가를 요구하게 된다. 그것이 잠자코 듣는 일이든 어떤 식으로든 반응하는 일이든 말이다. 그리고 우리가 느끼는 감정의 치유는 적어도 어느 정도는 상대방이 우리에게 어떻게 반응하기로 선택하느냐에 달렸다. 이 선택이 두 사람을 화합시키고 관계를 더욱 돈독하게 할 수도 있고, 사이를 갈라놓거나 완전히 끝나게 만들 수도 있다. 그러니 이런 위험을 염두에 두고 종결 대화에 접근하는 것이 중요하다.

분노의 대상을 정확히 알고 있는가

일반적으로 분노를 다스리기 위해 종결을 모색할 때 우리는 분노의 근원, 즉 분노를 유발한 당사자로 보이는 사람을 곧바로 찾아가고 싶어진다. 그런데 당신이 생각한 그 사람이 실제로 분노를 유발한 사람인가, 아니면 당신을 분노하게 만든 조직을 대표하는 사람인가? 서비스 업무를 담당하는 특정 직원에게 화가 난 것인가, 아니면 은행이나 항공사, 병원에 화가 난 것인가? 다시 말해, 분노를 해소하려고 애먼 사람에게 화풀이하고 있지는 않은가? 고객서비스 담당자나 접수원에게 화낸 적 있다면 그렇게 이룬 종결은 기껏해야 아주 잠시 효과 있을 뿐 곧이어 후회가 몰려온다는 사실을 알 것이다. 내 내담자 중에는 서비스직에 종사하면서 이런 힘든 처지에 놓였던 사람이 꽤 있다. 그들 역시 고객에게 학대당해 생긴 상처와 분노로 결국에는 나름의 종결을 모색하게 된다. 여기서 중요한 점은 분노의 진정한 원인을 명확히 파악하고, 당신이 원하는 종결을 제안할 수 없는 위치에 있는 사람에게 모든 분노를 쏟아내고 있는 건 아닌지 확인해야 한다는 것이다.

| 자기평가 | 분노를 치유하기 위한 종결

화난 감정을 치유하기 위해 종결을 고려한다면 시간 내서 자신이 느끼는 분노를 확실히 파악하는 것이 중요하다. 다시 말해 자기 자신을 냉정히 들여다보고 답하기 힘든, 불편한 질문을 자신에게 던지면서 이성적으로 종결에 접근해야 한다는 뜻이다. 스스로 다음처럼 질문해보자.

ㅇ 나는 왜 이렇게 화가 날까?

- 여기서 내가 살펴보고 싶지 않은 역할을 하지는 않았는가?
- 내가 느끼는 감정이 실제로 분노가 맞는가? 슬픔, 실망, 두려움 등 인정하고 싶지 않은 다른 감정은 아닌가?
- 어떤 종류의 종결을 기대하는가? 이해? 용서?
- 내가 원하는 종결의 동기는 생산적인 동기인가, 아니면 상대방에게 피해를 주고 싶은 욕구에서 나온 것인가?
- 종결을 구하는 상대방에게 합리적으로 기대할 수 있는 건 무엇인가?
- 내가 느끼는 분노의 강도는 이 상황에 적절한가, 아니면 다른 방식으로 해결해야 할 과거의 감정이나 기억이 얽혀 있는가?
- 종결을 시도한 다음 더 크게 분노하게 될 가능성에는 대비했는가?
- 나는 분노를 유발한 사람과 종결지으려 하는가, 아니면 다른 방법으로 내 분노를 인식해야 하는 조직을 대표하는 사람과 종결지으려 하는가?

더 좋은 결말을 선택하기

우리는 보통 누군가에게 화났을 때 그 사람과 마주 앉아 대화로 풀어내는 것이 바람직한 대응이라고 배운다. 부모님과 학교 선생님에게서 이렇게 배우고, 대중매체에서도 이런 사례를 접한다. 돌이켜보면 내가 처음으로 종결을 이룬 경험은 어릴 때 학교에서 분노했던 상황을 해결한 일이다.

하지만 증오에 찬 소셜미디어 게시물, 상대방에 대한 복수, 직접적으로 피해를 입히는 일까지 종결로 간주한다면 모를까, 지금 우리는 분노가 늘 종결로 해결되지만은 않는 세상을 살고 있다. 세상에서 발생하는 분노의 상당 부분은 해결되지 않고 끊임없이 지속된다고 해도 과언이 아니다. 그런 건 당연히 종결이 아니다.

때때로 화내는 건 인간의 본능적인 반응이지만 그 화를 어떻게 처리할지는 우리가 선택할 수 있다. 자존감, 타인에 대한 존중, 진실한 관계를 저버리는 방식으로 분노를 다룰 수도 있지만 개인적으로 성장하고 관계를 구축하는 데 이로운 방향으로 분노를 다스리기 위해 종결짓기로 마음먹을 수도 있다.

5장

무력감에서 빠져나오기 위해

가장 최근 무력감을 느낀 때가 언제인가? 살다 보면 거의 날마다 무력감을 느낄 일이 생기는 것 같다. 무력감도 고통이나 분노와 마찬가지로 종결에 대한 집착까지는 아니더라도 종결하고자 하는 욕구를 불러일으킬 수 있다.

종결에 대해 알아보면서 비교적 일찍 무력감을 다루는 건 종결 문제로 상담할 때 사람들이 자주 무력감을 이야기하기 때문이다. 무력감은 종결과 어떤 관련성이 있을까? 이런 식으로 생각하면 된다. 우리가 종결을 바라는 이유는 대부분 주어진 상황을 통제할 힘이 우리에게 없었기 때문이다. 즉 상황이 원하는 대로 흘러가지 않았는데 우리에게 이를 바꿀 힘이 없었던 경우다. 근본적으로 통제력이 없는 이런 상황은 문제를 해결하고자 하는 욕망을 낳고, 해결책을 얻으려다 실패하면 자신에게 통제력이 없다는 사실만 다시 확인하게 될 뿐이다.

내 경우 내담자들과 무력감에 관해 이야기 나누지 않고 일주일을 넘기는 일이 없을 정도로 대화 주제로 무력감을 자주 다루는 듯하다. 나를 찾아오는 사람 중 상당수가 만성질환이나 중증 질환을 앓고 있으며, 삶의 막바지에 이른 사람들도 있다. 심각한 병을 진단받는 일은 삶에서 가장 크게 무력감을 느끼는 상황 중 하나일 것이다. 자신에게 대체 왜 이런 일이 벌어지는지 알 수 없는 가운데 그러고 싶지 않고 그럴 의사도 없는데 생활 방식을 대대적으로 수정해야 할 수도 있다. 그것이 자신의 미래에 어떤 의미가 있는지도 모른 채 말이다. 마치 초대하지 않은 손님이 들어와 내 집을 장악한 것 같은 상황이다.

이와 다른 상황에도 무력감이 들 수 있다. 지겹게 계속되는, 해결할 수 없어 보이는 돈 문제, 돌이킬 수 없을 정도로 망가진 인간관계, 잘못된 결정을 내리는 자녀나 다른 가족 구성원에 대한 걱정, 끔찍하게 싫은 일에서 벗어나지 못할 것 같은 기분 등 무력감이 느껴지는 상황은 다양하다. 인생은 우리에게 무력감을 느낄 온갖 이유를 선사하는 듯하다.

하지만 무력감을 두려워하는 건 우리가 인간이기에 갖

는 특성에 지나지 않는다. 우리는 모든 상황이 자신의 통제 하에 있기를 바라며, 최소한 일부 사항에 대해 결정권을 갖고 싶어 한다. 우리는 이것을 하면 저것을 얻게 되는지 확실히 알고자 한다. 노력한 대가가 주어지는 올바른 길을 가고 있으며, 옳은 일을 하면 원하는 보상을 받을 수 있다고 확신을 얻고 싶어 한다. 우리는 나쁜 일을 겪거나 나쁜 감정을 느끼는 일이 없기를 바란다. 우리가 답할 수 없는 질문의 답을 얻기 위해 종결을 모색하며, 그렇게 얻은 정보 덕분에 주도권을 쥔 기분을 느낄 수 있기를 희망한다. 또 바꿀 수 있으면 좋겠지만 그럴 수 없는 자신의 모든 과거 행동에 대한 책임을 종결로 면할 수 있기를 바란다.

그럼 무력감과 관련된 작은 예부터 살펴보자. 교통이 혼잡한 시간에 차를 타고 고속도로를 달려 출근하는 길이라고 가정하자. 갑자기 왼쪽 차로를 달리던 차 한 대가 당신 앞으로 끼어든다. 당신은 황당하다는 표정을 짓고는 그냥 잊은 채 속도를 조금 줄여 난폭한 운전자와 거리를 둘 수도 있다. 하지만 이 사건이 어린 시절의 기억을 자극해 괴롭힘당하고 멸시당하는 기분이 들면서 행동이 난폭한 사람에게서 자신을 보호하지 못하는 데 대해 무력감이 든다면 어떨까? 당신은 왼쪽 차로로 들어선 다음 상대방 차량 옆으로 다가가 난폭한 운전자에게 손가락 욕을 하고 그 차 앞으로 끼어든다.

세상에! 피해자였던 당신이 드디어 다른 사람에게 당하

기만 하지 않고 공격적으로 대응했다! 무력감에 동반했던 해결되지 않은 찜찜한 기분이 이제 확실히 해소됐다. 마침내 종결이었다. 그렇지 않은가? 기분도 물론 좋을 것이다! 잠시뿐이겠지만…….

무력감에서 종결을 구하게 되는 더 크고 중대한 예로는 어떤 것이 있을까? 주요 TV 뉴스 방송 채널 PD인 아멜리아의 사례부터 살펴보자. 그녀는 맡은 직책을 수행하기 위해 수없이 많은 세부 사항을 챙겨야 한다. 업무 중에는 미리 계획하고 처리하는 일이 많지만 상황이 닥쳤을 때 처리해야 하는 일도 꽤 있다. 그녀는 자신의 일을 아주 좋아하지만 일로 인한 스트레스가 때로는 감당하기 힘든 수준에 이르기도 한다. 종종 자신을 공격할 기회를 호시탐탐 노리는 사자들에 둘러싸여 현란한 쇼를 선보이는 서커스단의 무대감독이 된 기분이든다. 단 한 차례 실수로 실직까지는 아니더라도 평판이 훼손될 수 있다고 믿는다.

지난주 그런 두려운 순간이 찾아왔다. 일정이 아주 바쁜 날에 그녀가 작은 사항을 한 가지 챙기지 못한 탓에 방송 중이었던 기자가 중요한 정치인을 인터뷰할 수 있는 기회를 놓쳤다. 이는 그녀가 진행하는 프로그램에 큰 손실이었다. 모든 시선이 실수를 범한 그녀에게 쏠렸다.

이 일이 발생한 이후 아멜리아는 끔찍하게 나쁜 기분으로 며칠을 보냈고, 일주일 동안은 잠도 제대로 못 잤다. 그녀는 수치스럽고, 부끄럽고, 속상했다. 자기 자신에게 화가 났다. 실수가 영원히 잊히지 않고 용서받지 못할까 봐 걱정됐다. 이 일이 일어나지 않았다면, 전부 없던 일이 될 수만 있다면 얼마나 좋을까 싶었다. 평소 자기를 흐트러짐 없이 잘 관리한다고 자부해왔지만 이제 방송 프로그램과 자신에게 입힌 피해를 바로잡을 수 없을 것 같았다.

그녀의 멘토는 마음을 다잡고 다시 업무에 복귀하라고 조언했지만 아멜리아는 상황을 올바로 정리해 무력한 기분을 없애고 싶었다. 그녀는 실수가 발생하기까지 사건의 추이를 상세히 되짚어보기 위해 책임 PD에게 면담을 요청했다. 놓쳤던 세부 사항이 무엇인지 알아내고 싶었다. 그러면 이런 일이 일어난 이유가 밝혀지고, 정상적이지 않았을 것이 분명한 상황 조건이 무엇이었는지 분명히 확인할 수 있을 터였다. 내심 용서받거나, 최소한 그녀와 같은 입장에 있었다면 누구든 그런 실수를 저질렀을 것이 분명하다는 사실이 밝혀지기를 바랐다.

무력감이 느껴지면 덫에 걸린 기분이 든다. 종결은 그 덫에서 벗어날 방법으로 느껴지기도 한다.

| 연습 | 그동안 무력감에 어떻게 대처해왔는가?

인생에서 자신이나 다른 사람에게 일어난 일로 무력감을 느꼈던 때를 떠올리고, 다음 질문에 답해보자. 우리가 알고 있는 지식과 주어진 자원을 활용해 매 순간 최선을 다하고 있다는 사실을 기억하고, 이 활동을 자기비판의 기회로 삼지 않도록 한다.

- 이 상황에서 어떤 감정이 느껴졌는가?
- 그 감정에 어떻게 대처했는가?
- 그 감정이 마음을 닫게 만들지는 않았는가?
- 그 감정이 어떻게 조치하도록 이끌었는가?
- 돌이켜보면 무력감에 다른 방식으로 대응할 수 있는 여지가 조금이라도 있었는가?
- 무력감에 대처하는 방식에 대한 통찰을 조금이라도 얻었는가?

아무렇지 않은 척 회피하는 사람들

내담자들을 만나면서 나는 사람들이 어떤 식으로 무력감에 대응하거나 대응하지 않는지 잘 알게 됐다. 사람들은 흔히 이런 감정을 전적으로 부정하려 애쓴다. 내 일 특성상 자주 보게 되는 만성질환 환자들의 사례가 그 대표적인 예다.

어떤 사람들은 병의 진단을 받아들이고 적절한 치료를 받는 일 자체를 거부하고, 또 어떤 사람들은 처방받은 약은 복용하지만 건강을 지키는 데 꼭 필요한 생활 방식 교정에는 노력하지 않는다. 이 밖에 증거가 확실한데도 배우자가 바람피웠다는 사실을 인정하지 않는 사람들도 부정의 한 예다. '내가 거기에 없는 척하면 무력한 기분도 느껴지지 않을 거야'라며 현실을 부정해도 인생은 그런 식으로 흘러가지 않는다.

부정은 종결 욕구와 결부될 때가 많다. 이는 다음과 같은 단순한 논리에 기초한다. '당신이 내가 시키는 대로 말하거나 행동하면(그래서 내가 의도한 대로 결론이 나면) 나는 아무런 책임을 느끼지 않아도 될 거야. 혹은 이 상황을 바꿀 힘이 없다는 사실을 싫어도 인정해야 하는 일이 없을 거야.'

한 예로 내게 상담받았던 미나라는 여성은 남자친구인 도미닉이 뉴욕에서 로스앤젤레스로 이사하기로 결정한 일과 관련해 내게 이야기를 털어놓았다. 도미닉은 그녀에게 함께 가달라고 청하지 않았다. 그녀는 도미닉이 그의 경력에 집중해야 하고, 이번 제안은 거절할 수 없는 기회였으며, 직업적인 성공에 그의 시간과 에너지를 모두 쏟아부어야 마땅하다고 생각했다. 미나는 자신에게 어떤 방식의 종결이 필요한지 명확히 알았다. 그녀는 "그래, 로스앤젤레스에서 너와 함께 삶을 꾸리고 싶어"라는 말이나 "아니, 나한테는 지금 일이 우선이어서 내 인생에 네가 들어올 자리가 없어"라는 말을 대답으로 들어야 했다.

 내가 그녀와 연인에 관해 이야기 나눈 지는 꽤 오래됐다. 내가 보기에 도미닉은 주말에 집을 자주 비우는 건 물론 평일에도 약속이 있어 밤늦게 귀가하는 날이 꽤 많은 듯했다. 미나에게 들은 내용을 바탕으로 추측하면 그는 미나를 피하는 것 같았다. 하지만 미나는 둘의 관계에 문제가 생겼다는 사실을 전적으로 부인하고 있었다. 만일 미나가 두 사람 사이의 문제를 인정한다면 도미닉의 관심과 애정이 식은 것과 그 문제가 연관된다는 점도 인정해야 했다. 그렇게 되면 둘의 관계에 생긴 문제에 그녀 자신이 어떻게 기여했는지 원치 않아도 살펴봐야 했으며, 도미닉이 둘의 관계를 소중히 여기는 정도를 그녀가 통제할 수 없다는 점도 인정해야 했다. 둘의 관계가 점차 무너져가고 있었지만 그녀는 무력감을 받아들일 수 없었다.

 미나에게 필요한 방식으로 종결지으면 관계 악화의 책임을 도미닉의 경력에 도움이 될 새로운 일자리 탓으로 돌릴 수 있으니 둘 중 어느 쪽도 관계를 악화시키지 않은 게 된다. 그런 결말이라면 받아들일 수 있었다. 그러면 관계가 어떻게 무너지고 있는지, 그런 상황을 해결할 수 없는 자신이 얼마나 무력한지를 부정할 수 있을 터였다. 미나가 원했던 종결은 무력감에 대한 두려움이 가까이 다가오지 않게 막는 것이었다.

 상황을 바꿀 능력이 없는 자기 자신에게 본질적인 무력

감을 느끼는 일이 너무 두려운 나머지 무력감이 들지 않도록 상대방이 상황을 마무리해주기를 간절히 바란 적 없는가? 설사 그것이 언젠가는 마주해야 할 냉혹한 진실을 부인하는 셈이 되더라도 말이다.

만일 그런 적 있다면 그건 당신이 인간이라는 증거다. 무력감을 피하기 위해 무슨 일이든 하려고 나서는 건 인간 본성일 뿐이다.

인정받지 못하는 기분

인정받는다고 느끼지 못하면 무력감이 들 수 있다. 인정받지 못하면 영향력이 사라지기 때문이다. 잠시 시간을 내서 평소처럼 하루를 보내면서 사람들에게 어떻게 다양한 방식으로 인정받을 수 있는지 생각해보자. 예를 들어, 연인이나 배우자가 하루를 잘 보내라고 인사한다. 요청에 대한 답을 문자메시지나 이메일로 받는다. 직장에 들어설 때 누군가 앞에서 문을 잡아준다. 친구나 가족의 생일 파티에 초대받는다. 서비스 담당 직원이 당신의 용무에 감사 인사를 전한다. 이 예시를 읽으면서 머릿속에서 이런 사례가 더 많이 떠오를지 모른다.

어쩌면 '흠…… 지금까지 이런 경험이 인정받는 거라고 여겨본 적 없는데'라고 생각할지 모른다. 우리는 일상적으로 받는 이런 인정을 당연시하기 때문이다. 인정은 흔히 무의식적인 수준에서 이뤄진다. 우리는 의식하지 못하는 사이에 누군가를 인정하고, 누군가에게 인정받는다. 인정하거나 인정받았다는 사실을 알아차렸는지 못 알아차렸는지는 우리가 그 관계를 얼마나 소중히 여기는지, 그 순간 어떤 기분이었는지, 마음속으로 어떤 다른 생각을 했는지와 같이 여러 요인에 따라 결정된다. 우리는 다른 사람들을 어떻게 인정해야 하는지, 자신이 남들에게 인정받았는지 생각하려고 일부러 시간을 내지 않는다. 그런 부분은 그저 세상에서 상호작용 하면서 우리가 보내는 평범한 일상의 일부다. 의식적으로 인식하지는 못하지만 인정받는 느낌은 세상이 안전하고 따뜻하다는 증거와 마찬가지로 우리 삶이 정상적으로 흘러가고 있다고 느끼게 한다.

하지만 인정받아야 하는 상황에서 인정받지 못했다고 느끼면 상황이 달라지며, 그런 느낌은 상당히 미묘해서 가려내기 쉽지 않을지 모른다. 인정은 말, 표정, 몸짓, 친절이나 존중에서 느껴지는 행동 등의 형태로 우리에게 전달된다. 따라서 이런 요소 중 한 가지 이상이 고의적으로나 의도치 않게 전달되지 않으면 인정받지 못한다고 느낄 수 있다. 예컨대 동료가 다른 일에 정신이 팔려 있거나, 도움이 안 되는 사람이거나, 감사 인사에 소홀했다고 하자. 이럴 때 황당하다는 표정을 잠시 짓고서 그가 오늘 일진이 안 좋아서 그랬겠거니 하고 지나갈 수 있다. 아니면 그 동료와 대화를 시도하거나 당신의 생각을 그에게 전달할 수도 있다. 이처럼 설명되지 않은 부분을 어떤 식으로든 정리하고 넘어가려고 할 것이다.

사람들이 내게 주로 상담하는 문제는 일상에서 마주치는 이런 작은 일이 아니라 더 크고 중요한 일이다. 이를테면 배우자가 당신이 직장에서 일어난 일에 대해 이야기하는 걸 들어줄 시간이나 에너지가 없다고 말할 때, 친구의 생일 파티 초대자 명단에 자신의 이름이 빠져 있을 때, 가족 구성원이 당신을 어른으로 대접하지 않고 무시하거나 모욕하며 당신 처지가 형편없다고 상기시킬 때 우리는 심각하게 무력감을 느낀다.

로버트라는 40대 남성의 사연을 소개해보겠다. 그는 형제, 친척 들과 아주 가깝게 지내는 편이며, 가족과 친척 들이 서로 연락을 주고받으며 지내는 데 자신이 중요한 역할을 한다고 생각한다. 그는 명절에 가족들이 모일 장소를 늘 직접 정하며, 다른 사람들이 멀리까지 이동하기 싫어하거나 오기 힘든 상황일 때 다른 가족들이 있는 곳까지 찾아가는 일도 마다하지 않는다.

어느 해, 그의 누나가 7월쯤 가족 모임 날짜를 잡는 게 좋겠다고 말했다. 로버트는 누나의 의견을 듣고 반가웠다. 그는 몇 가지를 조사하며 상황을 파악한 다음, 할머니가 멀리 이동하는 건 힘들 테니 할머니 거주지에서 만나는 게 좋겠다고 결정했다. 할머니 댁 근처 공원에 지붕이 덮인 넓은 야외 홀이 있다는 사실을 기억하고 그곳을 예약했다. 그런데 약속 시간과 장소를 가족들에게 미처 공지하기도 전에 누나에게서 우편으로 카드가 도착했다. 모든 가족 구성원에게 발송된 그 카드에는 누나가 사는 도시에서 처음으로 가족 모임을 하기로 했으니 약속 날짜를 잘 기억해두라는 내용이 적혀 있었다.

누나가 그에게 의견조차 묻지 않았다는 사실에 로버트는 충격에 빠졌다. 누나와 다른 가족들에게 아무런 영향력이 없는 사람이 된 기분이었다. 지금까지 오랜 세월 모든 가족이 서로 친분을 유지하게 하려고 그가 노력해온 일이 그들에게는 아무 가치도 없었던 걸까?

가족, 친구, 연인을 비롯해 누군가에게 인정받지 못했다고 느낀 경험이 없는 사람은 지구 상에 아무도 없을 것이다. 나도 당연히 그런 경험이 있다! 이럴 때 어떻게 하면 찜찜한 기분이 남지 않도록 상황을 정리할 수 있을까? 그리고 장기간에 걸쳐 반복적으로 무력감을 느꼈던 관계는 어떻게 종결해야 할까? 이 장을 읽으면서 지난날 인정받지 못한 기분이 들었던 때와 인정받지 못할 때 흔히 들기 마련인 무력감을 느꼈던 기억이 떠오를 것이다. '나는 남들에게 투명 인간 같은 존재인가? 사랑받지 못하는 건가? 가치 없는 존재인가?' 이런 질문에 답하고 싶은 마음이 종결 욕구를 불러일으킨다.

|연습| 다른 사람들에게서 무엇을 얻어야 하는가?

주목받지 못하고, 인정받지 못하고, 다른 사람들이 자신의 의견을 귀담아들어주지 않는다고 느낀 적 있는가? 만일 그렇다면 이 장에서 다루는 많은 내용에 공감할 것이다. 그렇다면 자신이 원하는 바를 구체적으로 생각해보면 어떨까?

다른 사람들에게 정확히 어떤 식으로 인정받고 싶은가? 누군가가 나를 위해 문을 잡아주었으면 하는가? 내가 특히 잘하는 일에 동료가 도움을 청했으면 좋겠는가? 연인이나 친구, 가족이 건네는 따뜻한 말과 감사 인사를 받고 싶은가? 어떤 경험을 했을 때 인정받는 느낌이 드는지 잠시 혼자 앉아 곰곰이 생각하고, 떠오르는 내용을 목록으로 작성한다. 자신에게 다음과 같이 물어보자. '나는 주변 사람들이 실제로 해줄 수 있는 일을 기대하는가? 내가 너무 크게 기대하는 경우도 있는가? 반대로 너무 적게 기대하는 경우도 있는가?'

주변 사람들에게 기대할 수 있는 것과 기대할 수 없는 것에 대해 생각해본다. 합리적으로 느껴지는 수준으로 목록의 범위를 좁혀야 할 수도 있다. 그러고 나서 이후 몇 주 동안 짬을 내서 내가 인정받고 싶은 방식으로 다른 사람들을 인정하려 해보자. 타인을 인정하는 데는 나름의 보상이 따른다. 그렇게 했다면 이제 자신에게 어떤 결과가 돌아오는지 지켜보자.

이해할 수 없는 상황 앞에서

알고 싶어 하는 인간의 본질적인 욕구가 우리에게 무력감을 불러일으키기도 한다. 우리는 일이 예상대로 진행되지 않으면 그 이유를 알고 싶어 하며, 열린 회로를 닫아야 직성이 풀린다. 그래서 상황의 종결을 모색한다. 그런데 인간은 본질적으로 예측 불가능하다 보니 원인을 알고 싶어 하는 이런 고유한 성향이 당황스러운 결과를 초래하는 일이 빈번하다. 내담자들을 만나면서 나는 가장 평범한 부류의 사람들조차 좋은 쪽으로나 안 좋은 쪽으로 모두 뜻밖의 행동을 하기도 한다는 사실을 알게 됐다.

다른 사람의 행동을 이해하는 일은 종결을 모색할 때의 어려움을 배가시킨다. 상대방이 우리를 왜 그런 식으로 대우했고 어째서 감정적으로 상처 주는 행동을 했는지 설명을 듣고 싶을지도 모르지만 상황을 종결지을 방법을 찾을 때는 그 이유를 제대로 듣기 어려울 뿐 아니라 상대방의 반응에 더욱 혼란스러워진다! 이런 상황에 놓이면 열린 회로를 닫는 데 집착하기 쉽다. 그래서 끈질기게 상대방을 쫓아다니며 똑같은 대화를 반복하고, 모든 상황을 이해해보려고 애쓸지 모른다. "왜 그랬어?" "대체 무슨 생각으로 그런 거야?" "내가 어떤 영향을 받을지는 생각 안 해봤어?"

안타깝게도 이런 질문은 보통 더 큰 혼란과 좌절을 불러온다. 게다가 상대방의 해명에 목맬 수밖에 없어 무력한 입장에 놓이게 된다. 이는 사실상 우리 마음의 평화가 다른 사람의 행동에 좌우되도록 내버려두는 것이다. 그렇다고 종결을 모색하는 일이 본질적으로 우리 자신을 무력하게 만든다는 뜻은 아니다. 절대 그렇지 않다. 그저 여기서 주목할 점은 타인의 행동에 의존해 자신의 무력감을 해결하려 하면 오히려 더 큰 무력감에 빠질 수 있다는 사실이다.

예를 하나 들어보겠다. 매기와 수재너는 둘도 없는 친구 사이로, 밤낮으로 함께 일하며 사업을 준비했다. 물론 지금까지 두 사람 사이에 문제가 없었던 건 아니지만 그럴 때마다 항상 원만히 해결해왔다. 하지만 수재너가 매기를 배제하고 몰래 새로운 회사를 설립하는 사업 계약을 체결하면서 상황이 달라졌다. 매기로서는 전혀 상상하지 못한 엄청난 배신이었다. 매기는 수재너가 왜 그렇게 행동했는지 알아내기 전에는 절대 마음 편히 지낼 수 없을 것 같았다.

매기는 수재너에게 가서 몇 번이나 이 이야기를 꺼냈다. 수재너는 너무 좋은 기회라 거절할 수 없었다는 말만 반복했다. 매기가 "그럼 나는? 우리는?"이라고 묻자 수재너는 모르겠다는 뜻으로 어깨를 으쓱할 뿐이었다. 어떤 대답을 들어야 수재너의 예상치 못한 행동을 이해할 수 있을지는 매기도 알지 못했다. 매기의 마음은 진정되지 않았고, 좌절과 분노, 무력감이 더 깊어졌다. 그래도 매기는 포기할 수 없었다.

왜 그렇게 행동했는지 도저히 합리적으로 해명할 수 없을 것 같은 사람과 둘 사이의 문제를 정리하려 시도해본 적 있는가? 결국 무력감만 느끼게 되지 않았는가? 내가 내담자들에게 자주 말하듯 누군가가 우리를 속이거나, 배신하거나, 우리에게 거짓말하는 이유를 늘 이해할 수 있는 건 아니다. 자격이 충분한데 왜 채용되지 못했거나 수상하지 못했는지 항상 이해하기는 어려울 것이다. 또 신뢰할 수 있다고 생각했던 사람이 갑자기 등을 돌리고 예상치 못한 행동을 하는 이유도 항상 이해할 수는 없을 것이다. 누군가가 우리가 원하는 방식으로 우리를 사랑해주지 않는 이유도 항상 이해하기는 힘들 것이다.

그리고 정말 가슴 아프게도, 사랑하는 사람이 스스로 목숨을 끊은 이유도 항상 이해할 수는 없을 것이다. 나이가 많이 들어 세상을 떠나는 때처럼 논리적으로 타당한 경우에조차 죽음은 감정적으로 이해하기 힘들 때가 많다. 답을 구하지 못한 의문은 우리를 무력감에 빠뜨릴 수 있다.

인간인 우리는 이해되지 않는 상황을 견디지 못한다. 상황을 이해하는 것은 중요하나, 진의를 밝힐 준비가 되지 않은 상대를 계속 독촉하면 스스로 고통을 초래하고 무력감은 더 커진다는 것이 우리가 직면한 슬프고도 냉혹한 진실이다. 그런 면에서 종결 욕구는 덫이 될 수도 있다. 존재에 관한 이런 문제에 울분이 치밀어 바닥에 드러누워 발버둥치게 될 수도 있다. 그러면서 삶은 타당해야 하며, 의문점의 답을 들어야 하고, 평온하고 만족스러우며 깨우친 상태로, 그리고 무엇보다 더는 고통을 느끼지 않는 상태로 그 상황을 마무리할 수 있어야 한다고 요구할지 모른다.

존재에 관한 울분은 인생의 신비를 이해하는 일과 관련된 문제가 아니라 우리 아닌 다른 사람들의 잘못과 실수에 기초해 그들을 우리 자신의 입장에서 이해하는 것과 관련된 문제일 때가 많다. 냉혹하거나 비판적으로 말하려는 건 아니다. 저마다 허둥대며 최선을 다하려고 애쓰지만 결국 기대에 미치지 못한다는 사실 외에는 더 큰 의미가 없는 세상에서 존재에 관한 울분은 의미를 요구하는 일이라는 걸 지적하려는 것이다. 완벽히 해내지 못하는 건 당신을 포함해 모든 사람이 마찬가지다. 인간이 된다는 건 결함이 있는 채로 살아간다는 것이며, 결과적으로 다른 사람들에게 상처를 주게 된다는 뜻이다. 그리고 때때로 우리는 너무 무력해 그 사실을 이해하지 못하기도 한다.

| 자기평가 | **무력감**

자기 자신에게 질문해보는 방법은 통찰과 자기 인식을 얻는 데 좋다. 여기서는 무력감을 느끼는지, 이런 감정이 종결 욕구에

어떤 영향을 미치는지 파악하는 데 도움이 되는 질문을 몇 가지 소개한다. 이 중에는 깊이 고려하기 고통스러운 질문도 있을지 모른다. 공격하려거나 당신에게 감정적 대처 능력이 없다고 암시하려고 이런 질문을 제시하는 건 아니다. 그저 어려운 질문을 자신에게 할 수 있어야 한다고 굳게 믿을 뿐이다. 자기 인식은 힘이다! 이는 삶을 자기 자신과 주변 사람에게 유익하게 만드는 선택을 내리는 출발점이다.

○ 궁지에 몰리거나 갇힌 기분이 드는가?
○ 기분이 좋아지는 것만이 지금 이 순간 나에게 중요한 문제인가?
○ 내 기분을 좋게 만들 나만의 자원이 없다고 느끼는가?
○ "○○○만 된다면……"이라고 자주 말하지 않는가?
○ 실제 상황의 대안이 될 수 있는 시나리오들을 끊임없이 떠올리게 되는가?
○ 내가 희망을 되찾을 수 있도록 도와줄 열쇠가 다른 사람의 손에 들려 있는 기분인가?
○ 내게 필요한 결말을 얻지 못하면 삶이 더 나아지지 않을지도 모른다고 되뇌고 있는가?
○ 기분이 나아지는 데 도움이 될 타인의 말이나 행동을 나도 모르게 떠올리게 되는가?
○ 무력한 기분을 해소하기 위해 종결을 모색하는 일이 내 관계에 어떻게 도움이나 해가 될 수 있을까? 그런 위험을 감수할

의향이 있는가?
- 내가 무력감에 관해 대화하려고 다가가면 상대방은 어떻게 반응할까?
- 이때 상대방의 반응에 내가 감정적으로 대처할 수 있을까?
- 이런 무력감을 해소하기 위해 이 사람과의 종결을 모색하기보다는 내 안을 들여다봐야 하는 것 아닐까?

종결을 무기로 사용할 때

무력감을 부정하려는 욕구가 동기로 작용한 종결은 하나의 계획, 즉 자신에게 가장 이익이 되는 방향으로 상황을 이끌거나 다른 누군가가 내가 원하는 대로 행동하도록 신중하게 구상한 계획이 되기도 한다. 자신의 계획에 다른 사람을 끼워 맞추려는 시도는 상대방에게 해를 끼칠 수 있다. 그래서 관계가 단절되거나 처음보다 무력감이 심해지는 등 의도치 않은 결과에 이를 수 있으며, 나아가 상대방을 공격하는 무기가 될 수도 있다.

나는 이런 역학 관계의 양쪽에 있는 사람들, 다시 말해 종결을 무기로 사용하는 사람들과 무기로 사용된 종결에 공격당하는 사람들을 모두 상담해왔다. 어느 내담자는 과거 일에 관해 이야기 나누자고 요청받았는데, 결국 상대방이 그 대화를 더 많이 가해할 기회로 삼았을 뿐이라는 사실을 알게 됐다. 어떤 사람은 상대방이 마치 당근과 채찍을 번갈아 사용하듯 대화를 나누자고 했다가 다시 대화하지 않겠다고 거부하기를 반복하는 상황에 휘말렸다. 이루려는 종결이 자신이나 상대방을 공격하는 무기로 사용된다면 갈수록 더 무력해질 뿐이다.

한 예로, 나와 상담했던 탄은 고등학교 시절 '파벌'을 지어 다니는 아이들에게 괴롭힘당했다. 세월이 흐른 뒤, 괴롭힘의 주동자 중 한 명이 탄에게 연락해왔다. 그는 탄을 괴롭혔던 행동을 언급하며 용서를 구했고, 탄은 그를 용서했다. 그런데 나중에 생각해보니 모든 걸 고려했을 때 기분이 과연 나아진 건지 확신할 수 없었다. 한편으로는 자신이 마땅히 받아야 한다고 늘 생각했던 사과를 받았지만 다른 한편으로는 그와 대화를 나누면서 괴로운 기억이 많이 떠올랐고, 힘든 감정이 한꺼번에 밀려왔기 때문이었다.

그를 괴롭힌 가해자가 본인의 행동을 후회한다고 주장했지만 탄은 고등학교 때 겪었던 분노와 두려움, 자신을 방어하지 못하는 데서 오는 엄청난 무력감, 성인이 된 뒤로도 상처를 안고 살아왔던 기억을 붙들고 씨름했다. 탄은 이 일이 근본적으로는 가해자가 탄에게 과거 사건을 종결'해주기로' 결정한 입장이 됨으로써 그가 탄에게 힘을 행사하는 새로운 기회가 되지 않았을까 싶었다. 그저 실력을 또 한 번 행사한 것이었을까? 가해자의 진정한 의도가 무엇이었든 탄은 상대방이 내놓은 종결의 과정이 지난 상처를 각성시키는 무기 같다고 느꼈다.

탄을 괴롭혔던 그 동창은 이후 다시 연락해 같은 반이었던 다른 친구들도 탄과 연락하며 지내고 싶어 할 것이라면서 졸업한 고등학교의 페이스북 그룹에 탄을 초대했다. 그의 초대에 응해 페이스북 그룹에 들어가자 이제는 중년이 된 동창들과 고교 시절로 돌아간 듯한 기분이 들었다. 자신에게는 고통스러운 기억이었던 사건들을 동창들이 즐거운 추억으로 회상하는 게시글을 보면서 탄은 학창 시절 그들 패거리가 일삼았던 사납고 잔인한 말과 행동에 대한 기억에 휩싸였다.

그에게 연락을 취했던 가해자는 과거 일이 어느 정도 마무리됐다고 느낄지 몰라도 탄은 그렇지 않았다. 만일 가해자가 탄의 기억을 불러일으키고 탄을 페이스북 그룹에 초대한 일이 탄에게 어떤 영향을 미칠지 전혀 고려하지 않았다면 그가 이제 와서 탄에게 사과한 진짜 의도가 무엇인지 의심해야 했다. 탄이 겪었던 과거의 경험은 현재로 옮겨왔으며, 종결은 더 큰 고통을 주는 무기처럼 느껴졌다.

쓸데없는 싸움을 멈추면 새로운 힘이 생긴다

"사람은 계획하고, 신은 웃는다(Man plans. God laughs)"라는 말을 들어봤는지 모르겠다. 이 구절은 인간의 조건을 적절히 요약한 말이자, 무력감을 느껴 종결을 모색하게 된 상황을 요약한 표현이기도 하다. 우리는 삶에서 일어나는 일을 통제하려고 한다. 그리고 힘들고 고통스러운 감정을 피하고 싶어 한다. 우리는 이유를 알고자 한다! 이유를 찾지 못했다면 무력감을 느끼는 일만 남아 있다.

하지만 인생의 영역 대부분은 우리 통제를 벗어나 있으며, 안타깝지만 이것이 현실이다. 결과적으로 삶에 만족하는 비결은 삶을 통제할 수 없다는 사실을 인정하고 그런 현실을 받아들이는 데 있다. 통제할 수 없는 측면을 받아들일 때 우리는 통제할 수 있는 측면을 인식하고, 우리가 가진 통제력을 최대한 활용하기에 훨씬 나은 위치에 서게 된다.

무력감 속에 있다는 건 불편한 감정을 계속 느끼며 지낸다는 뜻이다. 이는 우리가 아무리 모든 것을 통제하고 싶어 해도 삶의 아주 많은 부분은 통제할 수 없는 영역이라는 점을 받아들인다는 뜻이다. 이를 달리 말하면 우리가 쓸데없는 싸움을 멈출 수 있다는 의미이기도 하다. 그리고 그렇게 하면 통제할 수 있는 영역에서 주도권을 쥐고 인생을 살아나갈 힘이 생긴다.

이것이 종결에 어떤 의미가 있을까? 이는 종결지을 수 있는 부분과 그렇지 않은 부분을 받아들인다는 뜻이며, 가능한 일과 불가능한 일을 현실적으로 평가해 이를 바탕으로 이성적인 판단에 따라 상황에 적절한 방법으로 종결을 모색한다는 의미이기도 하다. 상대방을 통제하려 들거나 상대방에게 우리의 정서적 건강과 안정에 대한 권한을 넘겨줌으로써 자신을 위축시키지 않고 자신에게 결정권이 있는 방식으로 종결을 모색하는 것이다. 이것이 바로 건전한 종결이다.

6장

용서하고 용서받기 위해

고통, 분노, 무력감은 종결을 추구하는 동기로도 종종 작용한다. 이런 경우는 아주 안타까울 정도로 흔하며, 용서를 바라는 경우 역시 마찬가지다. 우리는 자신이 큰 해를 끼쳤다고 느끼는 행동에 대해 용서받기를 원하거나, 상대방이 자신의 잘못을 인정하고 용서를 빌었으면 한다. 둘 중 어느 쪽이든 용서를 구하는 일은 꼭 필요했고, 유익한 종결로 이어질 수도 있지만 끝없이 돌고 도는 악순환에 갇혀 도무지 손에 잡히지 않는 종결을 좇게 만들 수도 있다.

"미안해."

"사과할게."

"부디 용서해줘."

이런 표현은 우리 언어에서 가장 깊은 마음을 나타낸 말들일 것이다. 이런 말은 꺼내기 쉽지 않을 수 있다. 마찬가지로 듣기도 어려울지 모른다. 이 표현을 읽으면서 용서하거나 용서받기 위해 대화했던 일이 생각나지 않았는가? 그런 기억을 떠올리면 어떤 기분이 드는가? 짐작건대 슬픔, 분노, 쓸쓸함을 비롯해 온갖 감정이 들 것이다. 용서는 간단한 문제일 수도 있지만 때로는 감정적으로나 정신적으로 복잡하게 작용하기도 한다.

"미안해"라고 말하기가 힘든 이유

용서가 종결을 추구하는 동기가 되는 경우를 자세히 살펴보기 위해 우선 용서를 구하는 일이 왜 이토록 힘든지부터 알아보자.

인간에게는 옳은 사람이 되고 싶은 기본적인 욕구가 있다. 우리는 실수했다는 사실을 인정하고 싶어 하지 않는다. 우리 자신이 비열하거나, 무능하거나, 뭔가를 자주 깜빡하거나, 용서를 구해야 하는 상황을 초래할 수 있는 그 밖의 여러 결점(또는 사람들이 결점으로 여기는 특성)이 있는 사람으로 보이는 것도 원하지 않는다. 우리는 다른 누군가에게 잘못을 저질렀다고 인정하게 되는 상황을 몹시 싫어한다. 자신이 틀렸다고 인정하는 건 다른 사람이 옳았다고 인정해야 한다는 말일지 모른다. 이 모든 조건은 우리가 완벽하지 않다는 사실을 직시해야 한다는 걸 보여준다.

하지만 어렵더라도 용서를 빌면 속박에서 벗어난 기분이 드는 건 바로 그래서다. 용서는 우리 자신의 완벽하지 못한 모습과 인간적인 특성을 받아들일 수 있게 해준다. 어떤 잘못을 했든 용서를 비는 일은 관계의 균열을 줄이는 데 도움이 될 수 있다. 실제로 우리가 먼저 잘못에 대해 용서를 빌면 상대방도 그의 잘못에 대해 용서를 구하게 될지 모른다. 이에 따르는 치유는 용서를 비는 사람과 용서를 받는 사람 모두에게 도움이 된다.

그렇다면 무엇이 용서하거나 용서받기 힘들게 방해하는 걸까?

용서와 관련해 자존심의 역할을 간과하기 쉽지만 이는 생각보다 큰 영향을 미친다. 용서를 빌 때는 아무래도 겸손한 태도를 취하게 된다. 그러면 자존감에 타격받은 기분이나 상대방을 높이기 위해 자신을 낮추는, 다시 말해 손실을 감수하며 상대방에게 우위를 내주는 기분이 들기도 한다. 이미 마음이 괴로운 상황이라면 자존심이 특히 쉽게 상처받을 듯해 자신의 잘못을 인정하기 힘들지 모른다. 그래서 자존심을 지키려면 무엇이든 해야 한다는 생각에 용서를 비는 것 자체가 절대 불가능한 일처럼 느껴질 수 있다.

죄책감과 수치심

자존심을 꺾고 사과하려고 생각하면 마음이 불편할지 모르지만 사과해야 하는 걸 알면서도 하지 않은 죄책감과 수치심을 감수하는 일도 그에 못지않게 불편하다. 죄책감과 수치심은 사람들이 특히 받아들이기 힘들어하는 감정이다.

이 두 단어는 종종 같은 의미로 쓰이지만, 개인적인 경험상 죄책감과 수치심에는 미묘한 차이가 있다. 죄책감은 본질적으로 자신이 무언가 잘못했다는 걸 알거나 최소한 잘못했을 거라고 생각하거나 가정할 때 느끼는 감정이다. 반면 수치심은 자신이 저지른 잘못을 실제로 확인할 수 있는지에 관계없이 자신이 잘못했다고 믿을 때, 혹은 자신의 성격이나 정체성에 뭔가 문제가 있다고 생각할 때 느끼는 고통이다. 나는 수치심이 죄책감에 대한 감정적 반응이라고 생각하지만 수치심과 죄책감은 함께 나타나는 경우가 많다. 예를 들어 우리는 자신이 한 행동이 잘못됐다는 걸 아는 동시에 그 행동이 자신의 정체성을 말해주는 것 같아 부끄러움을 느낀다. 즉 '내가 이런 짓을 저질렀다니 너무 끔찍하다'라고 생각한다.

하지만 죄책감에 수치심이 늘 동반되는 건 아니다. 잘못했다는 건 알지만 비교적 사소한 일이거나('친구 문자에 답장하는 걸 깜빡했지만 곧 수습할 거야') 우리가 초래한 피해가 그다지 중요하지 않다고 여긴다면('그래, 세금 신고할 때 속임수를 쓴 건 잘못이지만 수치심이 들 정도는 아니야') 내심 자신이 나쁜 사람이라고 생각하지 않을 수도 있다.

 죄책감과 수치심은 사람들의 가장 큰 두려움 중 하나인 '나쁜 사람이라 알려지거나 잘못을 저질렀다는 사실이 들통나는 데 대한 두려움'과 함께 들 때가 많다. 우리는 남들에게 드러나는 것을 비판받거나, 조롱당하거나, 아웃사이더가 된 기분이 드는 일과 연관 지어 생각한다. 강한 수치심을 느낄 때는 남들이 자신에 대해 어떻게 생각하거나 말할지, 자신의 잘못을 어떻게 처벌할지에 대한 두려움을 함께 느낀다.

 따라서 죄책감과 수치심은 당연히 종결을 찾는 강력한 동기로 작용할 수 있다. 죄책감과 수치심은 영혼을 갉아먹고, 우리 마음을 괴롭히며, 숙면을 방해하기도 한다.

 더 확실히 이해할 수 있도록 이사벨라의 사례를 함께 살펴보자. 이사벨라는 상사에게 이메일을 보내면서 동료인 벤의 이름을 거론하는 것이 좋지 않은 행동이라는 걸 잘 알고 있었다. 그녀는 프로젝트가 끝나고 작성한 이메일에서 자신이 프로젝트에 어떻게 공헌했는지를 자랑스럽게 설명한 다음 "벤이 감당하기 힘든 일을 벌였지만 제가 그를 기꺼이 도왔다"라고 덧붙였다. 사실 이사벨라는 벤과 함께 일하는 동안 늘 만족스러웠으나 승진을 앞둔 시기에 점수를 얻을 방법이 간절히 필요해 그를 핑곗거리로 삼는 비열한 행동을 벌였다. 마음속으로는 자신이 지저분한 사내 정치에 연루되어 있다는 점을 아는 것은 물론, 자신이 벤에게 한 행동은 용납할 수 없다고 생각했다. 그녀는 자신의 행동에 크게 수치심을 느끼며, 상사에게 그런 이메일을 보낸 일을 후회했다. 그녀는 벤에게 자신이 왜 그런 행동을 했는지 털어놓고 용서받고 싶었다. 그래서 벤에게 연락해 한번 만나자고 했지만 벤은 그녀의 메시지를 계속 무시했다.

이사벨라에게는 죄책감과 수치심을 해소할 방법이 필요했다. 벤에게 용서받으면 도움이 될 것 같았다. 벤과 좋은 동료로 지내고 싶은 마음도 커서 그가 입었을 마음의 상처를 치유해야 했다. 죄책감과 수치심은 이사벨라가 벤과의 관계에서 종결을 모색하는 동기가 됐다.

| 자기평가 | 용서를 빌 때 예상되는 상황 생각해두기

어떤 형태의 종결이든 종결을 모색할 때 가장 먼저 시작할 일은 자기 인식이다. 다른 사람에게 해를 끼쳤다고 느낀다면 다음 질문에 답해보자.

- 내가 그 사람에게 정확히 어떤 행동을 했는가?
- 그 행동이 그에게 어떤 영향을 미쳤는가(혹은 미쳤다고 생각하는가)?

- 나는 죄책감을 느끼는가? 수치심을 느끼는가? 아니면 둘 다인가?
- 직접적인 사과가 필요한가? 피해를 바로잡기 위해 내가 취해야 할 다른 조치가 있는가?
- 내가 사과하면 상대방은 어떻게 반응할까? 나는 상대방의 잠재적 반응에 대처할 준비가 되어 있는가?

사과받고 싶은 마음

자신이 잘못했을 때는 죄책감과 수치심을 느끼겠지만 다른 사람이 내게 잘못을 저질렀다는 사실을 알았을 때는 다른 방식으로 마음이 불편하다.

입은 피해가 경미하면 사과받고 싶은 마음도 그다지 크지 않을 것이다. 예를 들어 온라인으로 물건을 주문했는데 상품이 잘못 도착해 시간을 들여 반품해야 한다면 판매자의 사과를 기대할 수 있다. 판매자에게 사과받으면 상황이 종결됐다고 느낀다. 설령 사과받지 않더라도 지불했던 돈을 환불받는다면 그렇게까지 큰 문제가 되지는 않는다. 사람이 실수하듯 물건을 판매한 회사도 실수할 수 있다고 생각하고 넘길 수 있다. 일상생활에서 사소한 실수가 생길 때마다 매번 종결을 요구하면 진이 빠지고 소중한 시간과 에너지가 축날 것이다.

하지만 그냥 넘길 수 없는 감정적 피해를 입었다면 어떨까? 포장 오류처럼 일상적인 짜증을 유발하는 일이 아니라 앞서 소개한 이사벨라 사례에서 벤의 입장처럼 보통은 잘 생기지 않는, 피해가 큰 일들을 겪었다면 어떨까? 충실할 거라 믿었던 배우자가 바람피웠다는 사실을 알았거나 친한 친구가 뒤에서 나를 험담하고 있다는 걸 다른 친구에게 들었다면 어떨까? 이럴 때 사과는 훨씬 중대한 문제가 되어 상대방이 정중히 사과하기를 바라거나 나아가 그러기를 기대할 수도 있다.

누군가가 자신에게 도 넘는 행동을 했거나 그랬다고 여겨지면 많은 감정이 떠오른다. 우선 슬프고 상처받은 기분이 들 것이다. 상대방에게 기대한 것과 완전히 상반된 행동이어서 실망감을 느낄 수도 있다. '어떻게 그렇게 행동할 수 있었을까?'라는 생각이 들지 모른다. 당연히 화도 날 것이다. '감히 어떻게!'(4장에서 설명했듯 이때 분노가 주된 감정일 수도 있지만 슬픔이나 실망감처럼 불편한 감정을 덮어 감추려고 분노를 내세울 수도 있다는 사실도 염두에 두자.)

누군가가 우리에게 잘못을 저질렀다는 사실이 주위 사람들에게 널리 알려지면 개인적인 상황이 노출되거나 남들의 평가에 신경 써야 하는 부담감이 더해질 수도 있다. 상대방에게 당당히 사과를 요구해 자기 자신을 지키지 않으면 남들에게 나약한 사람으로 비춰질까 두려워질지도 모른다. 이사벨라와 벤의 사례로 돌아가, 만약 다른 동료들이 두 사람 사이에 있었던 일을 알게 된다면 벤에게 훈수를 두면서 '마음 약해져서' 이사벨라가 자신의 행동이 아무것도 아니었던 것처럼 생각하도록 내버려두면 안 된다고 충고할지 모른다.

자존감도 위태로워질 수 있다. 이럴 때는 자신이 부족해서 이런 대접을 받았을지 모른다고 생각하거나 상처 준 사람을 믿은 자신의 어리석음을 한탄할 수도 있다. 과거에 이와 비슷한 갈등이 생겼을 때 누군가에게서 "그런 일을 당하고 그냥 넘어가선 안 돼"라는 말을 들은 적이 있어서, 이번만큼은 상대방에게 확실히 사과받아야 한다는 책임감이 들 수도 있다. 물론 타인의 행동을 우리 뜻대로 통제할 수는 없지만 말이다. 또 마음속으로 마땅히 사과받아야 할 입장이며 그래야만 상처받은 감정이 치유될 거라고 느낄지도 모른다.

사과받고 싶은 마음에 대해 내담자들과 대화할 때면 흔히 어떤 한 사람에게 크게 실망한 일을 다루게 된다. 이럴 때 공격받은 이야기가 주로 언급되는데 보통은 언어적인 공격이지만 신체적인 공격이 다뤄지는 경우도 있다. 이런 상황에 처했던 사람들은 초기 반응을 보통 충격으로 묘사한다. 그런 다음에는 이 일이 어디서 비롯했으며, 왜 일어났는지 의문스러워한다. 그리고 슬픔, 분노, 두려움 등의 감정이 뒤를 잇는다. 이들은 이렇게 묻는다. "믿었던 사람이 저를 이런 식으로 대할 수 있다면 제 미래는 어떻게 될까요? 제가 누군가를 다시 신뢰할 수 있을까요?"

심리치료사들은 타인에게 기대하지 말라고 자주 조언한다. 나 역시 내담자들에게 곧잘 타인을 통제할 수는 없다고 짧게 설교한다. 하지만 솔직히 말해 친구, 가족, 연인, 동료와 감정적으로 친밀해지면 그들에게 자연스럽게 기대하게 된다. 당연하지 않은가? 이런 현상은 어느 정도까지는 건전하다. 마음을 열면 신뢰가 쌓이고, 신뢰에는 특정한 기대가 따른다. 우리는 어떤 말과 행동을 하면서 상대방이 내 마음에 상처를 주는 식으로 반응하지 않기를 바라고 믿는다. 그리고 관계의 성격에 따라서는 경계심을 어느 정도 내려놓기도 한다.

누군가에게 배신당하는 경험은 여러 면에서 손실이다. 우선 자신이 가지고 있다고 생각했던 관계의 한 형태를 잃게 되고, 상실을 경험하면서 큰 슬픔에 빠진다. 게다가 깊은 실망이나 배신은 과거에 겪은 실망감과 배신감을 상기시켜 더 큰 상처를 남기고, 그동안 상처받은 사람들에게서 축적된 감정을 되살릴 수도 있다. 그러면 종결을 훨씬 더 간절히 바라게 될 것이다.

예를 하나 들어보겠다. 다이애나는 평소 앓던 다발경화증의 증상이 얼마 전부터 발현되기 시작했다. 심각하지는 않았지만 걷기가 불편해져서 남편 지미가 가끔 그녀의 팔을 잡아줘야 했다. 어느 날 오후 두 사람이 식료품점에 갔다가 집으로 돌아왔던 때 일이다. 피곤해진 다이애나는 차에서 내려 제대로 걷지 못하고 비틀거렸다. 지미가 재빨리 아내가 있는 쪽으로 걸어가 아내의 팔을 잡아 부축했다.

옆집에 사는 조이스가 마침 앞마당에 있다가 이 광경을 목격했다. 다이애나와 조이스는 친구 사이였지만 다이애나는 자기 이야기를 잘 하지 않는 성격이라 조이스에게 병을 진단받은 사실을 아직 알리지 않았다.

조이스는 바로 두 사람에게 달려가 이렇게 말했다. "다이애나, 방금 무슨 일이 있었는지 봤어. 어쩐지, 몸이 예전 같지 않은 것 같다고 벌써 한참 전부터 생각하고 있었는데. 내가 뭘 도울 수 있을까?" 다이애나는 자신이 다발경화증에 걸렸다고 설명하고, 동네 사람들의 질문에 답하기 부담스러우니 혼자만 알고 있어달라고 조이스에게 부탁했다.

조이스는 이 소식을 듣고 가슴이 많이 아팠다. 너무 슬프고 안타까워서 다이애나와 친하지 않은 다른 이웃인 브렌트에게 이 사실을 털어놓았다. 조이스는 브렌트에게 비밀을 지켜야 한다고 신신당부했다. 하지만 몇 주 뒤 브렌트는 다이애나 집에 찾아가 다이애나에게 도움을 주고 싶다고 말했다. 물론 좋은 뜻에서였다. 하지만 다이애나는 소문이 퍼졌다는 사실에 경악했다. 그녀는 깊이 배신감을 느꼈다.

"다시는 조이스를 못 믿을 것 같아." 그날 밤 다이애나가 남편 지미에게 말했다. "배신감 들어. 어떻게 내 이야기를 하고 다닐 수 있지? 조이스는 나를 가십거리로 만들었어. 친구에게 이런 대접을 받다니."

"조이스가 사과하고 용서를 구하면 어떻겠어?" 지미가 말했다. "그러면 기분이 조금 나아질지도 몰라."

"아직 용서를 빌지도 않았잖아" 다이애나가 대답했다. "브렌트가 어떻게 행동했는지 안다면 내가 얼마나 상처받았을지도 알아야 하는 거 아냐?"

조이스는 알고 있었다. 브렌트가 자신이 다이애나와 친하지 않은데도 기꺼이 도와주고 함께해주겠다고 말했다고 조이스에게 자랑했기 때문이었다. 그 말을 듣고 조이스는 가슴이 철렁 내려앉았다. 그녀는 자신이 무슨 짓을 했는지 알고 있었다. 그리고 다이애나가 얼마나 상처받았을지 충분히 이해할 만큼 다이애나에 대해서도 잘 알았다. 그녀가 용서를 빌면 이 상황이 잘 마무리될 수 있을까?

| 자기평가 | 용서할 때 예상되는 상황을 생각해두기

다른 사람이 당신에게 사과했거나 사과할 계획이라면 이번에도 자기 인식이 꼭 필요하다. 다음 질문에 답해보자.

○ 이 사람이 내게 어떤 피해를 끼쳤는가?
○ 피해에 관계됐을 수 있는 다른 요인이나 사람들과 비교해 이 사람이 얼마나 많이 관여했는지 내가 충분히 인식하고 있는가?

- 내가 용서를 고려하려면 무엇을 이해해야 할까?
- 용서를 고려하려면 그에게서 어떤 말을 들어야 할까? 잘못에 대한 인정? 수치심을 느낀다는 말? 자신에게 책임이 있다는 말?
- 나는 그를 용서하고 싶은가, 아니면 용서해달라는 그의 부탁을 그가 마땅히 받아야 할 고통을 안길 기회로 삼고 싶은가?
- 그를 용서할지 고려할 때 무엇이 내게 최선일까?
- 이 사람 외에 또 누가 관련되어 있는가? 관련된 사람들에게 내 용서(또는 용서 보류)가 어떤 영향을 줄까?

힘의 역학

살다 보면 좋든 나쁘든 인간의 상호작용에는 대체로 힘의 교환이 동반된다는 사실을 깨닫게 된다. 이런 힘의 역학은 보통 벌어진 사건이나 상황을 마무리하려 할 때, 그중에서도 특히 용서를 주고받을 때 가장 분명하게 드러난다. 한 사람은 사과의 뜻을 전달하거나 용서를 구하고, 다른 사람은 사과를 요청(또는 요구)하고 그 사과를 받아들일지 말지 결정한다. 한 사람은 줄 힘이 있고, 한 사람은 받을 힘이 있다.

이 모든 작용은 자존심으로 귀결된다. 잘 알다시피 자존심은 여러 상호작용에 두루 영향을 미친다. 우리는 자존심을 지키고 싶어 한다. 때로는 자존심을 지키려는 욕구가 너무 커서 관계가 끊기는 일을 기꺼이 감수하기도 한다. 누군가는 자존심이 티타늄처럼 강력한 물질로 만들어지기라도 한 것처럼 여길지 모르지만 삶에서는 남들과 마찬가지로 자신에게도 약점이 있다는 사실을 인정할 수밖에 없거나 빈틈없이 담을 쌓아두고 "난 신경 안 써"라고 혼잣말하게 되는 등 온갖 상황에 직면하게 된다.

한편 자존심을 지키고 싶은 욕구 때문에 다른 사람에게 해를 끼쳤다는 사실을 인정하지 않을 수도 있다. 이때 겉으로는 "난 아무 잘못 없어. 네가 나를 용서하든 안 하든 내가 왜 신경 써야 해?"라고 말할지 몰라도 속으로는 '내 자존감이 공격받고 있어. 자존심이 손상되지 않게 지켜야 해!'라고 생각한다. 다른 한편으로는 다른 사람의 행동이 아무리 무고하더라도 자신을 상대로 벌인 의도적 행동이었으니 어쨌든 모욕이었다는 자존심의 주장에 솔깃하기도 한다. 이때 '넌 내게 사과해야 해! 그런데 용서받을 자격이 있긴 해?'라고 여길지 모르지만 이번에도 역시 '내 자존감이 공격받고 있어. 자존심이 손상되지 않게 지켜야 해!'라는 생각이 깔려 있다.

이 장 앞부분에서 논의했듯 사과하려면 의도적이든 비의도적이든, 직접적이든 간접적이든 상대방에게 피해를 끼치는 행동을 했거나 최소한 상대방의 감정을 배려하지 않았다는 사실을 인식하고 있어야 한다. 기본적으로 어떤 식으로든 자신이 잘못했다고 인정해야만 사과할 수 있다. 이 말은 자기 자신을 돌아보고, 자신의 동기와 행동에 의문을 품어야 한다는 의미일 수 있다. 늘 옳은 사람이 되고자 하는 욕구를 포함해 자존심의 여러 요구가 충족되는 것이 자존감의 바탕이라면 자기 자신에게 의문을 품는 일이 위협으로 느껴질지 모른다. 이런 의미에서 사과는 자존감의 바탕이 무엇인지 냉정히 살펴, 그 바탕이 자신과 타인의 욕구를 연민하고 배려하는 데 있는 게 아니라 자기 자신이 우월해지는 데 있지 않은지 확인할 기회가 된다. 우리에게 해를 끼친 사람에게 종결의 기회를 주면 앞으로 되고 싶은 자신의 모습을 결정하게 된다는 점에서 우리 삶에서도 일종의 종결을 얻게 된다. 하지만 그 전에 자존심의 요구를 초월하겠다는 결심이 필요할지 모른다.

놀랍게도 사과를 받는 일도 자존심을 위협하는 요인이 될 수 있다. 자신에게 피해를 준 사람에게 쉽게 공격받을 수 있는 입장에 서기 때문이다. 사과를 받을 때는 애초에 상대방이 우리에게 해를 끼칠 힘이 있었다고 인정하는 것일 뿐 아니라 상대방이 자신의 잘못을 인정하지 않거나 사과할 의무를 거부할 수도 있는 여지를 두는 것이다. 만일 그런 일이 일어난다면 상대방에 대한 피해의식이 두 배로 커질지 모른다. 이는 생각하기 힘든 일이다.

피해가 생겼을 때 용서를 빌거나 용서받는 과정을 통해 그 상황에 필요한 종결이 이뤄질 수도 있다. 하지만 그러려면 이 과정에서 약점을 드러내고, 자신이 원하는 것이 무엇인지 묻고 자신이 틀렸다고 인정할 각오를 해야 한다. 이는 힘의 일부를 양도하는 것이라 인간으로서는 실행하기 꽤나 어려운 일이다.

용서가 중요한 쟁점일 때 예상해야 할 것

종결을 목표로 하는 다른 모든 경우에도 그렇지만 용서를 구하거나 받아들일 의사가 있을 때는 상대방과의 대화를 통해 어떤 잠재적인 결과에 이르게 될지, 그 잠재적 결과를 실제로 받아들일지를 명확히 결정해두라고 권하고 싶다. 잠재적 결과는 반드시 아주 만족스러워야 하는 건 아니지만 적어도 수용할 수 있는 수준이어야 한다. 잠재적 결과를 인식한다고 해서 이후 감정적인 고통이 철저히 예방되는 건 아니지만 고통에 대비하는 데는 도움이 된다.

용서를 구하는 상황의 이상적인 종결은 이렇게 진행된다. 상대방이 사과를 받아들인다. 피해를 끼친 행동의 배후에 어떤 의도가 있었는지, 왜 그런 일이 생겼는지, 무엇을 의도했고 의도하지 않았는지를 이야기한다. 앞으로 두 사람의 관계를 어떻게 발전시킬지 결정한다. 이 과정은 죄책감과 수치심을 줄이는 데 도움이 될 뿐 아니라 자기 자신과 관계에 대해 배우는 기회도 된다.

용서를 구함으로써 상황을 종결하고자 할 때 추가로 고려해야 할 사항 몇 가지를 짚어보자.

o 어떤 식으로든 피해를 보상하면 더 확실히 마무리할 수 있다. 예를 들어 사과하려는 사람에 대해 소문을 퍼뜨린 제삼자에게 연락을 취함으로써 피해를 바로잡겠다고 제안하는 방법도 있다. 상황에 따라서는 금전적 보상이 필요할 수도 있다. 보상하면 일을 마무리하려는 마음이 진심이라는 점을 상대방에게 보여줄 수 있다.
o 사과하면서 죄책감만 언급하고 책임감은 언급하지 않거나 반대로 책임감만 언급하고 죄책감은 언급하지 않는다면 용서를 얻을 수도, 얻지 못할 수도 있다. 보상은 안 하면서 단순히 자신의 불편한 마음을 해결하기 위해 사과하는 것 같거나, 잘못을 저지른 건 아는 듯하지만 전혀 미안해하지 않는 것처럼 보인다면 사과받는 사람은 만족하지 못하고 오히려 더욱 불쾌해질 수 있다. 이 경우 종결짓기는커녕 상처만 더 키우는 셈이다.
o 상대방이 사과를 듣지 않으려 한다면 대화를 한 차례 이상 시도해야 할 수도 있다. 그와의 사이에서 생긴 문제를 진지하게 마무리하려 한다는 진심을 보여주기 위해서라도 여러 번 대화를 시도할 필요가 있다. 이때 주의할 점이 있다. 바로 현명하게 판단해야 한다는 것이다. 사과하려고 여러 차례 시

도하다가 상대방이 정해둔 선을 넘을 수도 있기 때문이다. 상대방이 더 이상 대화를 원치 않는 것이 분명하다면 내려놓고 물러서야 한다. 이 경우 당신은 충분히 노력했지만 상대방이 받아들일 준비가 안 됐던 것이다.

- 대화가 이뤄지지 못할 경우 피해를 보상하거나 친절이나 서비스를 베풀면 종결에 도움이 되거나 최소한 종결을 향해 나아갈 여지가 생긴다. 이것이 우리가 원하는 종결은 아닐지라도 올바른 방향으로 내딛는 한 걸음은 될 수 있다.

물론 잘못을 저지르고도 모든 상황을 무시한 채 상대방의 상처가 저절로 치유되고, 시간이 지나 상대방이 이 일을 완전히 잊고 둘의 관계가 다시 예전처럼 회복되기를 바랄 수도 있다. 이런 일이 일어날 가능성이 전혀 없는 건 아니다. 하지만 이것이 과연 두 사람의 관계를 위한 최선일까? 정신 건강 전문가로서 내가 경험한 바에 따르면 사람들은 남에게 상처받은 일을 쉽게 잊지 못한다. 사건이 정리되고 상대방이 그냥 넘긴 것 같아 보여도 결국 곪아터지면서 원한이 쌓이고 신뢰가 사라져 향후 비슷한 문제가 다시 불거질 가능성이 크다. 불필요하게 방 안의 코끼리(모두 잘못됐다는 걸 인식하면서도 말을 꺼냈을 때 불거질 위험이 두려워 누구도 먼저 말하지 않는 큰 문제—옮긴이)처럼 명백히 눈에 보이는 문제를 내버려둘 필요가 있을까? 물론 현실이 늘 청소년용 TV 교육 프로그램처럼 펼쳐지지 않는 건 나도 알지만 정직과 연민이 바탕이 되는 관계를 만들고 유지하기 위해 우리가 할 수 있는 일이 있다면 굳이 마다할 이유가 있겠는가?

죽음 이후의 용서

내가 내담자들과 나누는 가장 가슴 아픈 대화는 세상을 떠난 사랑하는 사람에게 용서를 빌거나 용서받아야 한다고 느끼는 경우라고 망설임 없이 말할 수 있다. 솔직히 말해 인생에서 누군가를 떠나보낼 때마다 자신이 저지른 사소한 잘못, 소통의 결렬, 불쾌해서 발끈한 일 등 상대방에게 용서받고 싶은 기억이 몇 가지는 떠오를 것이다.

상실의 슬픔에 힘겨워하는 이들은 종종 "그 사람이 ~라는 걸 알았을까요?", 더 가슴 아프게는 "저는 ~할 기회가 없었어요"라고 말한다. 비통할 때는 떠난 사람이 우리에게 끼친 피해보다 우리가 저지른 잘못에 주목할 가능성이 크다. "제가 얼마나 미안해하는지 알고 있을까요?"

하지만 그중에서도 가장 힘든 질문은 "어떻게 끝맺을 수 있을까요?"라는 질문이다.

누군가를 잃은 슬픔의 극심한 고통 속에서, 떠난 사람과 함께 보낸 시간에 대한 우리의 시야는 최소한 정상은 아니다. 온 정신이 그 사람의 죽음에 쏠려, 했던 말과 하지 못했던 말에 대한 의문으로 가득 차게 된다. 이럴 때는 고통이 사라지기를 필사적으로 원한다. 우리가 모두 옳은 일을 했다는 걸 알면 고통을 줄이는 데 도움이 될 것이다. 옳은 일만 한 것이 아니라면 우리는 떠난 사람이 우리를 용서했다는 확신을 얻고자 한다. 특히 미처 용서를 구하지 못했거나 용서를 구하려고 생각하지 못했다가 뒤늦게 깨달은 경우라면 더욱 그렇다.

이는 '알고자' 하는 인간의 기본 욕구가 작용하기 때문이다. 누군가의 죽음을 경험한 뒤에는 상대방에게 알려줄 방법이 없는 상황을 넘기기가 힘들다. 이 고통을 어떻게 감당해야 할까?

내담자 중에는 나이 든 부모에게 '깨달음을 주려고' 서로 왕래 없이 지내다 연락을 끊었던 이유를 설명하거나 용서를 구할 틈도 없이 부모를 떠나보낸 사람도 있었다. 그리고 친구와 말다툼하다 아주 모진 말을 내뱉고는 얼마 지나지 않아 사고로 그를 떠나보낸 사람도 있었다. 병에 걸린 가족을 돌보면서 간혹 인내심의 한계에 다다라 감정적으로나 육체적으로 분노를 표출하고는 가족이 세상을 떠난 뒤 자신의 행동과 그의 반응(또는 무반응)에 대한 기억이 자꾸 떠올라 견딜 수 없다고 말하는 사람들도 있었다. 그들 모두 엉망이 된 감정을 정리하는 데 도움을 얻으려고 나를 찾아왔다. 그들은 끝없는 슬픔 속에서 잘못을 용서받고 어떤 식으로든 이런 감정을 정리할 수 있기를 간절히 바랐다.

이미 세상을 떠난 사람에게 용서받을 수는 없다. 고인이 남긴 편지를 우연히 발견하면서 관계를 종결짓는 건 영화에서나 있을 법한 일이다. 떠나보낸 뒤에는 용서를 구할 수 없다. 용서받기에는 너무 늦었다. 그래서 나는 내담자에게 마음이 준비되면 관계의 큰 그림에 집중해보라고 격려한다. 큰 그림에 집중하면 자신의 인간적인 모습을 수용하고, 자신이 그 당시의 지식과 자원으로 최선을 다했다는 사실을 조금 더 수월하게 받아들일 수 있다. 하지 못한 일과 후회되는 일보다는 그 사람을 위해 노력했던 시간, 자신이 잘 아는 방법으로 그를 지원하려고 애썼던 기억에 초점을 맞추는 것이다. 모든 관계에는 논쟁과 불쾌한 말이 오가는 순간이 있지만 행복과 친밀감을 나누는 순간도 있다.

때로는 내담자들이 고인과 함께했던 시간을 균형 잡힌 시각으로 바라보고, 인간관계의 반복적인 변화를 이해하고, 전체적인 맥락을 받아들이고, 자신과 고인의 장점과 단점을 모두 포용하도록 돕는 데 성공하기도 한다. 하지만 때로는 성과 없이 내담자가 고인에게 저지른 자기 잘못에만 집착하기도 한다. 그런데 놀랍게도 때로는 그것이 그들 관계의 대부분을 차지하는 문제라서 남겨진 사람이 죄책감과 수치심에 빠져 신이나 우주를 향해 종결지을 기회를 한 번만 더 달라고 애원하기에 이른다.

종결은 진심 어린 대화를 통해서만 이룰 수 있는 것이 아니다. 특히 누군가를 떠나보냈을 때는 이 사실을 반드시 고려해야 한다. 때로는 더 잘하기로 선택하는 것이 종결이 될 수도 있다. 고인이 우리에게 바랐을 방식으로 삶을 살아가겠다고 다짐하고, 그가 원했을 가치를 실현하고, 그를 대신해 친절하게 행동하는 것이 종결이 될 수 있다.

종결할 방법을 찾을 때는 이따금 창의력을 발휘할 필요가 있다. 그 방법을 스스로 찾아보는 것도 치유를 향한 중요한 걸음이 될 수 있다.

|연습| 용서하고 용서받기

용서는 편지, 문자메시지, 이메일을 비롯해 글의 형태로 전달될 때가 많다. 과거를 한번 되짚어보자. 어릴 때나 성인이 된 이후 어떤 식으로든 자신에게 해를 끼친 사람이 있는지 생각해보고 그 사람에게 받고 싶은, 용서를 구하는 편지를 써보자. 그런 다음 이번에는 자신이 해를 끼친 사람이 있는지 생각해보고 그 사람에게 사과하는 편지를 쓴다. 이 편지는 남에게 보여주려는 것이 아니라 자기 자신만을 위해 쓰는 것이다. 편지를 다 썼으면 용서하고 용서받는 데서 오는 만족감을 음미해본다. 종이나 화면에 생각을 적는 일만으로도 큰 만족감이 들 것이다. 이 방법은 다른 사람들에게 굳이 관여받지 않고도 우리가 간절히 원하는 종결을 이루는 데 큰 도움이 된다.

용서는 여전히 고려할 가치가 있다

인간인 우리는 불쌍한 존재들이다. 우리는 마치 핀볼 기계에서 발사된 강철 핀볼처럼 서로 튕겨낸다. 때로는 본능적으로 선하게 행동하면서 친분, 선의, 상호 이익, 애정 어린 친절을 베풀지만 때로는 그 자리에 있는 사람, 대체로 가장 사랑하는 사람들에게 상처를 준다. 가끔은 상대방에게 아주 못되게 굴기도 한다. 그러고 나서 자신의 못된 마음, 자신이 일으킨 피해, 지금껏 잘못해온 일을 돌이킨다. 용서를 구해야 하는 순간마다 자존심이 방해하고, 용서해야 할 때도 자존심이 방해한다.

용서하고 용서받을 수 있는 잠재력이 실현될 때도 있다. 그러면 종결이 이뤄진다. 이는 기적처럼 느껴지기도 하는데, 용서를 통한 종결은 여러 이유로 불가능할 때가 많으니 따지고 보면 기적이라 할 만하다. 그래도 여전히 용서는 고려할 가치가 있다. 최소한, 시도해볼 만하다.

7장

반복되는 문제를 끊기 위해

종결을 생각할 때는 주로 일회성으로 끝나는 일이나 사건을 떠올린다. 즉 교통체증으로 꽉 막혀 있는 것 같은 작은 일부터 가족을 잃는 것 같은 큰일까지 해결해서 마무리짓고 싶은 어떤 일이 발생한 경우다. 앞서 다룬 것처럼 마음이 아프거나, 화나거나, 무력감이 들거나, 용서가 필요해서 종결을 원하는 것이 바로 이에 해당한다. 하지만 사실 종결을 원하는 가장 흔한 이유는 일상에서 반복적으로 일어나는 상황의 일부이기 때문일 것이다.

인간은 일정한 행동 패턴에 빠지는 습성이 있으며, 이런 특성은 타고나는 듯하다. 인간은 혼자서는 물론 다른 사람과의 관계에서도 특정한 방식으로 행동한다. 이런 패턴은 상대에게 무엇을 기대할 수 있는지를 예측하도록 해 안정감과 신뢰감을 주기도 한다. 하지만 많은 패턴이 서로 피해 주는 행동을 하고, 어떤 형태로든 종결짓고, 고통을 치유하고…… 그러고 나서 결국 같은 행동을 반복하는 순환이 중심이 되기 때문에 파괴적으로 작용할 수도 있다.

당신 이야기 같은가? 그렇다면 내가 보장하건대 당신 혼자만의 일이 아니니 걱정할 필요 없다.

다소 역설적이게도 종결을 고집하는 건 결국 종결을 이루지 못하는 데서 나온 문제일지 모른다. 이 말은 구체적으로 이런 뜻이다. 원하거나 필요하다고 생각한 종결을 이루지 못했을 때는 다시 시도하고 싶은 유혹을 느낀다. 상대방은 종결지었지만 자신은 종결짓지 못했다고 느낄 때도 마찬가지다. 그러는 것도 이해되지만 이런 상황은 잠재적으로 덫이 될 수 있다. 주어진 상황이 절대 해결되지 않을 가능성이 있는 건 물론이고, 관련된 사람들이 종결짓지 못했다는 사실을 결코 받아들이지 않고 그저 잊고 넘기지도 않을 거라는 뜻이기 때문이다. 두 당사자 중 한쪽이나 양쪽 모두 계속해서 종결을 시도하고, 그때마다 다른 수준의 성과를 얻을 것이다. 둘의 관계는 이런 순환 주기의 어느 지점에 있느냐에 따라 비교적 행복하고 안정적인 관계와 상대적으로 불행하고 불안정한 관계 사이를 오간다. 소니 앤드 셰어Sonny and Cher의 고전적인 명곡 가사처럼 "그리고 비트는 계속된다(And the beat goes on)."

　이런 순환 주기는 한쪽은 돌보고 다른 쪽은 돌봄받는 상호 의존적인 관계에서 주로 나타난다. 돌보는 사람은 상대방이 자신의 헌신을 인정해주고, 자신을 많이 사랑하고, 필요로 하고, 결국 고맙다고 말해줄 거라고 기대하면서 종결을 모색할지 모른다. '언제쯤 내가 정말 많이 필요하다고 인정해줄 거야? 아니면 내가 비로소 내 삶을 살 수 있도록 나를 풀어줄 거야?' 하지만 불균형은 계속되고, 돌보는 사람은 여전히 종결을 바라는 그 상태 그대로 지내게 된다.

　관계에서 나타나는 이런 정형화된 양식은 명백히 해로운 관계에서도 나타날 수 있다. 서로 아주 형편없이 대하는 두 사람의 관계를 예로 들어보자. 두 사람 모두 마음 깊은 곳에서는 더 건강한 관계를 찾거나, 아니면 차라리 혼자 지내는 쪽이 낫다는 사실을 잘 안다. 그런데도 좀처럼 현실을 직시하지 못하고 미련을 버리기 힘들어한다. 그들은 또다시 종결을 위해 대화한다. 그리고 또다시 미련을 버리고 헤어지기로 동의한다. 그러다 며칠이 지나면 또다시 핑곗거리를 찾아 다시 연인 관계로 돌아간다. 이런 상황은 그룹 스타일리스틱스Stylistics의 명곡「헤어지고 화해하기Break Up to Make Up」를 연상시킨다. 해로운 관계에 언어적 학대나 신체적 학대가 따르는 경우, 두 사람 모두 끝내야 한다는 사실을 알면서도 고통의 악순환을 거듭하는 상황은 특히 더 비극적이다.

이런 악순환이 상호 의존, 해로움, 학대처럼 건전하지 못한 역학 관계에서만 나타나는 건 아니다. 우리는 대부분 한번쯤 이 패턴에 빠지게 된다. 이 장에서 곧 살펴보겠지만 연인, 업무, 가족을 비롯해 다양한 관계에서 이런 악순환의 패턴이 나타날 수 있다.

애증의 관계에 갇히다

연인 관계가 늘 순조롭게만 흘러가는 건 꿈속에서나 가능한 일이다. 현실에서는 온갖 골치 아픈 상황이 벌어진다. 어떤 때는 너무 엉망이 되어 그 관계를 지속하는 이유가 무엇인지, 다시 말해 그 질문에 답할 정도로 자기 자신이 충분히 솔직한지 가만히 생각해봐야 한다. 둘이 잘될 가능성이 아주 많아 보였지만 그 가능성이 거의 실현되지 못했던 적은 없는가? 이런 경우 둘 사이가 친밀한 시기와 마치 다른 행성에 살듯 소통이 안 되고 심지어 서로 노골적으로 가혹하게 대하는 시기가 번갈아 나타난다.

하지만 두 사람은 헤어지지 않고 연인 관계를 유지한다. 대화하고, 서로 약속하고, 둘 사이의 문제를 마무리하고, 계속해서 잘 지내기로 마음먹는다. 그리고 얼마 뒤 다시 과거 패턴으로 돌아간다. 혹은 관계를 끝내는 것만이 유일한 종결 방법이라 여겨 실제로 관계를 끊지만 결국 다시 상대에게 돌아가게 된다.

사람은 관계에 중독되기도 한다. 특히 사귄 지 얼마 안 됐을 때는 연인과 함께 있을 때 분비되는 엔도르핀에 중독되지만, 말다툼 중에 자연스럽게 느껴지는 분노에 중독될 수도 있다. 슬픔을 느끼고 자신의 고통을 동정받는 데 빠져든다. 종결도 그 자체로 흥분을 일으켜 마찬가지로 중독될 수 있다.

이는 내가 상담실에서 만나는 사람들에게서 익히 보는 관계 패턴이다. 내가 발견한 바에 따르면, 연애 초기 둘의 관계에서 자신이 원하는 것과 원치 않는 것을 파악하고 연인의 어떤 면은 참고 받아들이고 어떤 면은 받아들이지 않을지 결정하는 과정에서 이런 역학 관계가 종종 발생한다. 새로운 연인을 사귈 때마다 매번 동일한 패턴을 반복하는 내담자들도 있다. 이들은 종결 욕구를 연인과의 이별을 피할 이유로 활용하면서 서로 끝없는 불행의 순환에 가둬둔다. 정말 비극적이게도 이런 패턴을 아주 오랜 기간 이어가는 커플들도 있다.

닉과 엠마가 그렇다. 두 사람은 긴 세월 함께했다. 간혹 결혼 이야기를 꺼내기도 했지만 진전은 전혀 없었다. 두 사람에게는 '함께'의 의미가 막연했기 때문이다. 물론 겉으로 볼 때 두 사람의 관계는 탄탄해 보였다. 양가 부모는 물론 친구와 동료 들도 서로 알고 지냈다. 닉과 엠마는 좋은 아파트에 살면서 자주 친구들을 초대해 식사를 함께했다. 그렇다면 대체 둘의 관계에서 무엇이 문제였을까? 사실 문제 되는 부분은 꽤 많았다.

닉과 엠마는 한동안 냉랭하다가 재결합하기를 반복하며 수년간 숱하게 기복을 겪었다. 대체 무엇 때문이었는지 궁금할 것이다. 관계가 나빠졌다가 화해하고 다시 나빠지는 사이 그들이 사이좋게 지내는 기간은 그리 길지 않은 듯했다. 두 사람은 누가 무슨 집안일을 할 것인지와 같이 사소한 일로 다퉜다. 지출 관련해서도 갈등이 잦았다. 최근에는 사람이 많은 장소에서 쇼핑하던 가운데 말다툼을 했는데, 이는 드문 일이 아니었다. 그뿐 아니라 정치적인 의견을 말할 때, 휴가 계획을 세울 때 등 거의 모든 상황에서 의견이 충돌했다. 두 사람은 각자 상대방이 곁에 없을 때 가장 가까운 친구들에게 둘이 함께해도 못 살고, 헤어져도 못 산다고 종종 농담했다.

과연 무엇이 이 둘을 연인으로 계속 묶어두는 걸까? 짐작했듯 주기적으로 거듭되는 종결이다. 두 사람은 얼굴을 맞대고 앉아 때로는 언성을 높이고 서로 비난하기도 하면서 모든 걸 털어낸다. 그리고 더 잘하겠다고 약속하고, 함께하고 싶은 마음을 재확인한다. 어쩌면 관계를 회복하기 위한 섹스로 타협을 완벽히 마무리지을지 모른다. 경우에 따라 이제 그만 헤어질 때가 됐다는 데 동의할 수도 있다. 이럴 때는 두 사람이 아파트에서 혼자 있을 수 있는 공간으로 각자 돌아가 앞으로 거주할 곳을 알아보기 시작할지 모른다. 하지만 결코 관계를 완전히 끝내지는 못한다. 얼마 지나지 않아 두 사람은 입 맞추고 화해한다. 그리고 또다시 서로 비참하게 만들기 시작한다.

그 뒤로 몇 주 동안은 아무 문제가 없어 보인다. 이 순환 주기가 종결로 시작하거나 끝나는지는 확실하지 않지만 두 사람이 합의했거나 의견을 달리하기로 동의한 것이 무엇이든 그것이 필시 또 다른 말다툼의 원인이라고 봐도 무리 없다.

이와 비슷한 연애를 해본 적이 있다면 쉽게 이해하리라 생각한다. 어쩌면 지금 그들의 이야기를 읽으면서 민망해 몇 번이나 움찔했을지 모른다. 여기서 중요한 건 그들이 아무리 그렇지 않다고 말해도 닉과 엠마는 서로 화합할 수 없는 관계라는 사실이다. 그들은 오히려 서로 해가 될 것이다. 마치 서로 불행하게 만들기 위해 존재하는 것처럼 보인다. 일시적으로 문제를 종결짓기 위해 뜻을 모으지만 잠깐의 화해는 불행한 순환을 영구화하는 역할을 할 뿐이다. 만일 두 사람이 생산적인 방식으로 종결을 추구한다면 종결은 각자의 삶을 살아갈 자유를 얻거나 과거를 완전히 접고 더 나은, 새로운 관계를 시작할 수단이 될 수 있다. 하지만 닉과 엠마에게 종결은 불행한 관계를 지속하기 위해 핑계를 찾는 수단일 뿐이다.

| 연습 | **타임라인 만들기**

현재 맺고 있는 연인 관계나 가장 최근의 연인 관계에 대해 생각해보자. 종이를 한 장 가져다놓고, 연애 기간의 고점과 저점을 시간 흐름에 따라 표시해 타임라인을 만들어보자. 중간에 어떤 중요한 사건들이 있었는가? 어떤 감정을 느꼈는가? 관계가 상승하는 추세나 하락하는 추세가 보이는가? 기복의 원인은 무엇이었는가? 그 과정의 어느 시점에서 종결을 모색했는가? 어떤 이유 때문이었는가? 그리고 결과는 어땠는가? 종결에 성공했는가? 그다음에는 어떤 일이 있었나?

관계를 돌아보는 이 과정이 고통스러울 수도 있다. 자신의 속내가 들춰진 기분이 들지 모른다. 그래도 타임라인을 그려보는 이 작업은 관계에서 무엇이 효과 있었고 무엇이 고통을 초래했는지 파악하는 데 유용하다. 이 과정을 거치며 스스로 노력해야 할 점이나 다음에 연인을 새로 만나면 피하고 싶은 경험 등 자신을 조금 더 알아갈 수 있다.

애증의 직업에 갇히다

마음 깊은 곳에서는 대체 왜 자신이 그곳에 계속 남아 있는지 잘 알 수 없는 직장에 다닌 경험이 있는가? 그 자리에 남아 있을 이유야 충분하지만 떠나야 할 이유도 그만큼 충분하다고 생각했던 직장 말이다. 당신은 상사를 찾아가 불만을 토로했을지 모른다. 상사에게서 약속을 받아내고, 다 잘될 거라고 기대하며 회사에 남았다. 하지만 약속은 지켜지지 않는다. 어쩌면 다른 곳에서 일자리를 제안받고 상사와 최종 담판을 짓는다. 당신이 이제 정말 떠나려 한다고 말하자 상사는 보수를 조금 올려주면서 상황이 나아질 거라고 약속하며 당신을 구슬린다. 당신은 결국 회사에 남는다. 약속을 지키지 않으면 당신이 떠날 수도 있다는 걸 상사가 알고 있으니 이제 상황이 나아지리라고 믿었기 때문이다. 하지만 회사는 여전히 변하지 않는다.

스튜어트의 사연을 살펴보며 이런 상황을 더 구체적으로 알아보자. 스튜어트는 규모가 작은 광고대행사에서 3년 동안 일했다. 이 회사의 대표는 로리로, 회사가 설립된 첫해에 스튜어트를 고용했다. 스튜어트는 친구들에게 자신의 직업을 종종 "감정의 신병 훈련소emotional boot camp"라고 묘사했다. 실제로 그는 까다롭고 때로는 폭력적인 고객들, 다른 대행사보다 낮은 급여, 긴 근무시간으로 괴로웠다. 야근이 며칠에서 몇 주씩 이어지면서 과연 이 일을 얼마나 더 할 수 있을지 확신하기 어려워졌다. 그런데도 그는 계속 그곳에 남았다. 소위 유망한 광고대행사에서 일하는 것도 좋지만 유망한 가능성이 집세를 내는 데 발휘됐으면 좋겠다고 농담하기도 했다.

그는 왜 그 회사에 계속 남아 있었을까? 대표 로리는 연말에 보너스를 두둑이 주고, 연봉도 올려주겠다고 스튜어트에게 미리 약속했지만 연말이 다가오자 보너스를 줄 수 없게 됐다고 했다. 연봉은 인상됐지만 스튜어트가 기대한 것보다 훨씬 적었다. 스튜어트는 실망감을 드러내며 다른 일자리를 찾아보겠다고 대표에게 말했다. 로리는 스튜어트에게 그가 회사에 얼마나 소중한 존재인지, 그가 떠나게 되면 얼마나 슬플지 이야기했지만 회사에 남으라고 강력히 설득하지는 않았다.

이 대화가 끝난 뒤 스튜어트는 어느 정도 종결지은 기분이 들었다. 어쨌든 오래전부터 터뜨리고 싶었던 불만을 드디어 토로했고, 회사로부터 자신의 가치를 인정받았기 때문이다. 그는 마침내 새로운 곳으로 이직할 준비가 됐다고 느끼며 안도했다.

그런데 며칠 뒤 로리가 스튜어트에게 면담을 요청했다. 로리는 스튜어트를 붙잡으며 어떻게든 설득하려 했다. 그녀는 내년 말이면 약속했던 것을 "온전히 보상"받을 거라고 했다. 보너스를 두 배로 주고, 올해 받지 못한 인상분을 내년에 반영해 연봉 인상 폭을 늘리겠다는 말이었다.

다시 한번 연말이 다가왔다. 로리는 스튜어트에게 전년도에 약속했던 보너스를 지급했지만 당해 추가 보너스는 주지 않았다. 연봉 중 생활비 명목으로 편성된 금액은 인상됐지만 그 이상은 없었다. 로리는 단골 고객사 몇 곳을 잃어 이 정도밖에 해줄 수 없다고 알렸다. 그렇지만 다음 해 연말에 올해 보너스와 내년분 보너스를 합한 금액을 받게 해주겠다고 약속했다. 그녀는 이번에도 꼭 "온전히 보상"해주겠다고 했다. 1년만 더 참아달라는 말이었다. 스튜어트는 좌절감을 참지 못하고 로리에게 거짓말쟁이라고 소리칠 뻔했다.

"어쩌면 이게 내게 정말 필요했던 종결이었을 거야." 나중에 그는 이렇게 혼잣말했다. "이번에는 정말 떠날 준비가 됐어." 하지만 그는 결국 회사를 그만두지 못했다. 유망한 이 회사에서 성공할 수 있다는 걸 자기 자신과 대표에게 증명해 보이고 싶었다. 그는 보너스를 두 배로 지급하겠다는 약속을 떠올리며, 회사가 마땅히 약속을 지키고 헌신적인 직원인 자신을 존중해야 하는 것 아닌가 생각해봤다. 그는 더 이상의 말이 아니라 두둑한 월급봉투가 바로 자신에게 필요한 종결이라고 결론지었다. 그렇게 그는 회사에 남았다.

무슨 일이 벌어지고 있는 걸까? 로리와 스튜어트는 악순환에 빠져 있다. 스튜어트가 회사를 나가겠다고 협박하면 로리는 그의 심정을 충분히 이해한다고 말한다. 로리는 스튜어트의 헌신적인 노력을 보상하겠다고 약속하고, 스튜어트는 로리를 믿고 자신에게 마땅하다고 여기는 해피엔드를 맞이하고 싶어 한다. 스튜어트는 등 뒤의 문을 완전히 닫지 못하고, 로리는 그 문을 계속 열어둘 방법을 찾을 수밖에 없다. 이

드라마를 연기하기 위해 그들은 서로 필요로 한다.

직장에서는 종종 돈과 사랑을 동일시하게 된다. 직장에서 직원에게 돈을 제대로 지급하지 않으면 직원은 돈 그 자체가 아니라 인간으로서의 가치에 대해 더 많이 감정이 생긴다. 그것이 바로 우리가 기본적인 생활비를 벌어야 할 필요성에 얽매이는 일 외에 스튜어트가 경험한 것과 같은 좌절, 착취, 심지어 학대의 악순환에 갇히게 되는 이유다. 그리고 그렇기 때문에 종결이 그토록 긴요하다.

나를 찾아오는 내담자 중에는 스튜어트와 비슷한 이유로 직업에 대한 인내심이 한계에 이른 사람이 꽤 많다. 그런데 그들은 로리 같은 상사가 그들 앞에서 더 많은 돈을 내보이면 그 미끼를 덥석 문다. 그들은 궁극적인 종결로 보이는 것, 예를 들어 돈, 승진, 받아 마땅한 인정, 입증, 승인 같은 것들을 이유로 회사에 남는다. 그러다 종결을 추구하는 제2라운드에 돌입한다. 그리고 제3, 제4라운드가 이어진다. 끝없어 보이는 업무에 시달리고 있다고 생각할 때는 회사를 떠나기가 힘들다. 로리가 그럴싸하게 말한 '온전한 보상'을 마침내 가져다줄 궁극적인 종결을 기다리며 계속 머문다.

업무 관계에서도 이른바 '사랑의 버튼'이 눌릴 수 있다는 점을 기억해야 한다. 업무 관계에 접근하는 방식이나 이유가 친구, 연인, 가족 관계와 다를지 몰라도 우리는 일반적으로 직장에서의 관계를 '그저 업무적'으로만 다루지는 않는다. 직장에서 맺는 관계가 그 자체로 특별히 열정적이지 않더라도 다른 유형의 관계를 강렬하게 연상시키기도 한다. 예를 들어, 어릴 때부터 늘 부모님에게 인정받으려 애써온 사람은 무의식중에 상사에게도 인정받으려 애쓸지 모른다. 그렇게 되면 종결에 대한 욕구가 강해지고, 상황이 불만족스럽거나 불리해도 자신이 꼭 얻어야 한다고 여기는 종결이 이뤄지기를 희망하며 버틸 가능성이 커진다.

가족 간의 악순환

기본적으로 바람직하지 못한 습성을 버리지 못하는 데 대한 변명으로 종결이 활용되는 경우를 논할 때 가족 이야기는 빠질 수 없다. 아직 논의를 시작하지도 않았는데 벌써부터 민망해서 움츠러드는 사람들이 있을지도 모르겠다. 최소한 내가 지금껏 접한 모든 가족은 일종의 역기능을 보인다. 그러니 혹시라도 가족 안에 어떤 식으로든 문제점이 있더라도 그 가정만의 일이 아닌 건 물론이고 지극히 정상적인 현상이니 전혀 염려할 필요 없다.

내담자들과 가족 내에서 관찰되는 역기능에 대해 논의할 때 나는 그런 역기능적인 현상을 '패밀리 댄스family dance'라는 용어에 빗대어 표현한다. 말하자면 누군가 은유적인 의미의 음악(즐겨 듣는 곡)을 틀면 모든 가족이 자리에서 일어나 항상 똑같은 패밀리 댄스를 추는 것이다. 부모와 자녀 간의 지속적인 갈등, 형제자매 간의 경쟁, 부모가 자녀에게 지나치게 집착하거나 자녀를 학대하는 경우 등이 그 예다. 패밀리 댄스는 특히 명절처럼 가족이 모두 모이는 자리에서 특히 빈번히 관찰되지만 대개는 연중 끊임없이 나타난다. 그럼 종결은 어떻게 활용될까? 이런 상황에서 종결은 가족들 사이의 큰 싸움, 불만을 쏟아내는 대화 뒤에 이어지는 지켜질 수도, 지켜지지 않을 수도 있는 약속, 한동안 서로 말하지 않고 이후 원한이 지속되는 시기를 거쳐 서서히 마음이 풀리는 양상 등 다양한 형태로 나타난다.

종결은 패밀리 댄스의 일부다. 특히 가족이 함께 만드는 드라마에서 한 단락이 끝나고 곧 다음 단락이 시작되기까지의 과정에 관여한다. 음악은 끊임없이 흐르고, 가족 모두 이 음악에 맞춰 춤춘다.

에바는 그녀의 엄마 마르타와 한결같이 아주 힘든 관계를 유지해왔다. 반면 에바의 오빠 호세는 엄마와 갈등을 겪은 적이 없다. 에바는 종종 호세에게 자신이 태어나지 말았어야 했거나 적어도 여자로 태어나지 말았어야 했나 보다고 농담했다. 마르타 역시 호세에게 여자아이가 남자아이보다 키우기 훨씬 어렵다고 농담했다고 한다. 마르타는 에바가 하는 모든 일을 못마땅하게 여기는 듯했다. 에바의 헤어스타일, 옷차림, 직업, 남자친구를 비롯해 사사건건 흠을 잡았다.

지금 30대 초반인 에바는 기억할 수 있는 가장 어린 시절부터 엄마에게 끊임없이 혹독하게 잔소리를 들어왔다. 에바의 아빠는 아내와 딸 사이의 갈등을 피하는 법을 아는 듯했지만 호세는 그 방법을 터득하지 못했다.

에바와 마르타 사이의 긴장은 몇 달 동안 뭉근히 끓다가 일순간 왈칵 넘친다. 그러기까지 시간이 그리 오래 걸리지는 않는다. 마르타가 여느 때처럼 가시 돋친 말을 쏟아내면 에바가 이를 모욕으로 받아들이면서 싸움이 붙는다. 말다툼 뒤 두 사람은 입을 닫는다. 두 사람이 냉전에 돌입했을 때 호세가 이 상황에 말려들면서 삼각관계가 부활한다. 마르타는 아들에게 전화해 에바가 자신의 감정을 상하게 한 일이나 에바의 못마땅한 결정에 대해 불평을 털어놓는다. 얼마 뒤에는 에바가 호세에게 전화해 엄마가 자신의 기분을 얼마나 망쳐놨는지 토로한다.

호세는 이 상황에 어떻게 대응할까? 호세의 역할은 둘 사이를 평화롭게 중재하는 것이다. 그는 어머니의 마음을 달래고, 다음으로 여동생의 마음을 달래준다. 호세는 에바에게 어머니가 왜 화낸 것 같은지 자신의 생각을 말하고 마르타에게도 똑같이 자신의 관점을 이야기한다. 그리고 보통은 두 사람에게 아무 일도 없었던 것처럼 행동하라고 조언하고, 잘 지내보도록 격려한다. 두 사람을 집으로 초대해 몸소 중재자 역할을 하기도 한다.

마르타와 에바는 함께 즐거운 시간을 보내고, 더 잘 지내 보려고 노력한다. 아무리 다퉜다지만 이들은 모녀 사이 아닌가. 두 사람 모두 상대방의 관점을 이해하기로 뜻을 모은다. 이렇게 상황이 종결된다. 호세는 감정적으로 지쳤지만 두 사람이 화해했다는 사실에 기뻐한다. 곧 또 다른 갈등이 벌어지겠지만 말이다.

어디서 많이 들어본 이야기 같지 않은가? 지금껏 내가 봐 온 모든 가족에게는 저마다의 패밀리 댄스가 있었다. 표면적으로는 건전해 보일 수 있으며, 모든 패밀리 댄스가 가족 문제와 관련된 것도 아니다. 실제로 패밀리 댄스 중에는 자존감이 낮아 고통받는 형제자매의 기를 살려주려고 가족들이 힘을 모으거나, 온 가족이 마치 암어로 소통하듯 자기들끼리만 통하는 농담을 주고받거나, 형제자매들이 더 잘할 수 있도록 서로 끊임없이 밀어주는 협력적인 경쟁 같은 것도 있다.

하지만 패밀리 댄스는 가족 문제를 영구화하는 주요 원인이 되기도 한다. 당신 가족에게도 그런 일이 있었는가? 만일 그렇다면 종결을 반복적으로 시도하는 일이 패밀리 댄스에 포함된다는 점을 알아챘는가? 이 같은 종결은 일시적으로 문제를 완화하기도 하지만 또 다른 악순환을 일으키기도 한다.

내가 상담하면서 경험한 이런 순환의 가장 전형적이고도 나쁜 예는 중독에 빠지거나 정신 질환을 앓는 가족 구성원이 필요한 도움을 받지 못하게 만드는 패밀리 댄스다. 이런 패밀리 댄스는 나머지 가족 구성원들이 중독자(또는 정신 질환자)가 자신들 불만의 중심, 가족 문제의 원인, 자신들의 문제를 회피할 구실이 되기를 무의식적으로 바라서 발생하는 경향이 있다. 중독자(또는 정신 질환자)를 제외한 나머지 가족들은 당사자가 없을 때 자신들이 얼마나 힘든지 한탄하고, 그가 너무 나약하다고 비난하며, 그에게 관심과 노력을 얼마나 많이 쏟아야 하는지 불평하기도 한다. 이 경우 종결은 당사자가 중독 치료 기관에 가거나 약을 잘 복용하고 치료 요법을 잘 따르겠다고 약속하고 가족들이 눈물 흘리며 포옹하는 형태로 나타난다. 하지만 이건 일시적인 종결일 뿐이다. 나머지 가족들은 중독자(또는 정신 질환자)의 증상이 다시 악화하게 만들고 만다. 가족에게 폐를 끼치는 낙오자라는 오명을 그에게 씌워야 하기 때문이다. 그러면 누군가가 춤추기를 마침내 거부할 때까지 비트는 계속된다.

아는 곤경

"모르는 곤경보다는 아는 곤경이 낫다(Better the devil you know than the one you don't)"라는 말을 들어봤을지 모르겠다. 인간에게는 한결같음을 추구하는 본능이 있다. 인간은 변화를 싫어해서, 심지어 새로운 직장이나 새로 이사한 집처럼 능

동적으로 선택한 긍정적인 변화조차 달갑지 않아 한다. 변화는 스트레스를 유발한다. 변화를 너무 싫어하다 보니 우리는 익숙한 영역이 불쾌하거나 순전히 파괴적인데도 익숙해진 영역에 쉽게 갇혀 있다. 아는 곤경을 계속 감수하는 건 변화에 따르는 불확실성을 피하는 방법이다. 우리를 깊은 불행으로 몰고 가는 심각한 상황에 처해 있을 때조차 최소한 어떤 일이 일어날지는 알기 때문에 스스로 잘 구슬려 버틸 수 있다. 매일이 그 전날만큼 고통스러울 것이라는 사실을 알 때는 불확실성이 존재하지 않는다. 가령 적어도 예상할 수 있는 혹독한 근로 조건, 새로운 데이트 상대를 다시 찾아 나서는 것보다는 부담이 덜한 부적절한 연인 관계, 가족들이 다 하는 것이기에 참고 견디는 패밀리 댄스 같은 것들 말이다.

물론 종결을 통해 자유를 얻을 수도 있다. 하지만 종결은 스스로 눈가림하는 데 이용되기도 한다. 이를테면 상황이 해피엔드로 끝날 것이라거나 혹독한 조건을 개선하거나 이를 위해 필요한 상대방의 약속을 얻어내는 데 필요한 조치를 마침내 전부 끝냈다고 자기 자신을 속이는 경우처럼 말이다. 이런 경우에는 종결이 제 기능을 하지 못한다. 마음 깊은 곳에서 그런 종결을 원치 않기 때문이다. 고통이 사라질 때 남겨질 불확실성이나 공허함이 두려워 변화를 받아들일 준비가 되어 있지 않다.

게다가 거짓으로 꾸며내고 그걸 사실이라 믿으면 기쁘

고 만족스럽다. 잠시뿐이지만 말이다.

특히 서로 불행하게 만들 뿐인데도 관계를 개선하거나 정리하지 못하는 듯한 연인 관계에서는 종결이 다양한 경로로 진행되더라도 결국에는 모두 같은 종착점, 즉 또 다른 종결을 이루기 위한 대화로 귀결된다. 이런 대화는 보통 고함을 지르거나 울음을 터뜨리는 등 아주 감정적인 분위기에서 진행되며, 이때의 모든 감정은 연인을 계속 붙여놓는 접착제 역할을 한다. 두 사람은 많은 감정과 약속을 나누지만 실질적인 행동이나 변화는 거의 나타나지 않는다.

어째서일까? 두 사람 모두 마음 깊은 곳에서는 변화를 원하지 않기 때문이다. 이런 관계를 경험해본 적 있다면 내 말이 무슨 뜻인지 이해할 것이다. 이럴 때는 상대를 대하는 방식이 너무 뿌리 깊고 익숙해서 어느새 익숙한 패턴으로 되돌아가게 된다. 물론 시간이 지나면 넌덜머리가 나서 종결을 모색하고 결국 이뤄내지만 이 같은 종결은 필연적인 결과인 불행만큼이나 그 관계의 일부로서 큰 역할을 한다.

관계의 공평함에 대한 잘못된 믿음

"잠깐 앉아서 내가 내놓는 것과 당신이 내놓는 것, 내가 받아야 할 것과 당신이 받아야 할 것에 대해 이야기해보자. 우리 둘의 관계가 마침내 공평해진다면 내 마음이 훨씬 편해질 것 같아. 그러면 이 문제도 완전히 정리될 거고." 종결을 둘러싼 일련의 대화가 시작되는 데는 이런 정서가 깔려 있는 경우가 아주 많다. 왜 '일련의' 대화라고 표현했을까? 연인 관계의 초점이 두 사람의 기여도를 늘 완벽히 공평하게 유지하는 것이라면 이런 대화를 반복적으로 아주 많이 나누게 될 것이기 때문이다.

불공평하게 대접받는 듯한 기분은 관계 초기부터 시작된다. 형제자매와 함께 자랐다면 집안일을 누가 할지, 하나 남은 컵케이크를 누가 먹을지, 식료품점에 가는 길에 누가 조수석에 앉을지 등의 의무와 기회를 형제와 나눠야 했던 기억이 있을 것이다. 부모와 그 외 양육자의 관심을 형제들과 공유해야 했는데 자신은 다른 형제들만큼 관심받지 못했다고 느끼기도 한다. 예컨대 '엄마는 늘 언니를 더 좋아했어'라고 생각하는 일처럼 말이다. 신체적·정서적으로 어른의 보살핌을 불공평하게 덜 받았다고 느끼거나, 아니면 다른 형제에 비해 지나치게 자주 혼나고 벌을 많이 받았다고 느끼면 인간의 원초적인 감정인 박탈감이 들 수 있다. 이와 반대로 외동딸이나 외동아들로 큰 사람은 대체로 뭔가를 공유할 필요 없이 성장하기 때문에 자신이 받아야 할 것을 비현실적으로 기대하거나 남과 나눈다는 것의 의미를 정확히 이해하지 못할 수 있다.

학교에 다니면 가정에서 어떤 경험을 하면서 성장했는

지에 관계없이 불공평함과 불평등함에 대한 감정이 아무래도 더 커지게 된다. 예를 들어 교사가 몇몇 학생을 특히 더 예뻐하는 것처럼 보일지 모른다. 학교에서 스포츠 팀이나 연극 팀 부원을 선발할 때 다들 자신이 충분히 재능 있고 열심히 노력했다고 생각할지 모르지만 현실적으로 모든 학생이 뽑힐 수는 없다. 그러다 보니 정규 교육 과정을 밟는 동안 불평등하다고 느낄 수밖에 없는 상황에 꾸준히 맞닥뜨린다. 기회를 얻어낼 때도 있고 실패할 때도 있지만 기회를 얻을 때보다는 놓칠 때가 더 많을 것이다. 그러다 보면 '불공평해. 다른 애들이 나보다 기회를 더 많이 얻었잖아'라는 생각이 들기도 한다. 어딘가 찜찜한 이런 불편함은 자존감과 자신감에 영향을 줄 수 있다.

 이런 감정은 어른이 되어 연애하거나 결혼했을 때 다시 나타날지 모른다. 커플들을 상담할 때는 형평성에 관한 문제가 늘 거론된다. 이를테면 누가 돈을 더 많이 벌고, 그래서 그 사람이 어떤 권리를 누릴 자격이 있다고 생각하는지, 집안일을 누가 더 많이 하고, 무엇 때문에 가사를 이렇게 분담하게 됐는지, 자녀를 돌보는 책임을 누가 더 많이 맡고 있는지와 같은 문제들이다. 커플들이 두 사람의 관계가 불평등하다고 흔히 느끼는 영역은 이 밖에도 많다. 사람들은 이렇게 불평한다. "언제쯤 내가 모든 일을 떠맡고 있다는 걸 인식하고 당신 몫을 책임질 거야? 내가 우리 둘을 위해 이렇게 많이 노력하고 있는데 내게 돌아오는 건 뭐지?"

안타깝게도 불평등하다는 감정이 해결되지 않으면 두 사람의 관계는 깨질 수 있다. 이때 상황을 종결지을 수 있다면 이상적으로는 정서적 만족을 얻는다. 완벽하게까지는 아니더라도 적어도 어느 정도는 만족한다. 이런 만족감은 한쪽 당사자가 부당한 대우를 받고 있다는 사실을 어느 정도 인정받는 일부터 앞으로의 방향에 대한 청사진과 함께 일종의 보상을 받는 일까지 다양하게 나타난다. 종결을 모색하는 과정은 두 사람 모두 경계를 낮추고 상대의 말에 귀 기울여야 하며, 본인 몫의 책임을 기꺼이 받아들이고, 행동을 변화시켜야 하기 때문에 다소 복잡할 수 있다. 이 정도로 마음을 열 준비가 되어 있지 않다면 종결의 효과가 일시적으로만 작용해 결국 불평등을 둘러싼 갈등이 더 많이 생기고, 일시적으로 종결지어야 할 일만 더 늘어나는 결과에 이른다.

한편 연인 사이에서 완벽한 공평성을 고집하는 일은 관계에 치명적인 결과를 불러올 수 있다. 왜일까? 받는 것보다 주는 것이 많다고 느끼면 분개하게 되는 것이 인간 본성이기 때문이다. 분개한 사람은 상대방과 거리를 두고 냉담하게 대할 것이다. 예컨대 수동 공격성(passive-aggressive, 직접적인 대립은 피하면서 상대방의 요구에 간접적으로 반항해 상대방의 마음을 불편하게 하는 것—옮긴이)을 보이면서 할 일을 하지 않고 있다는 걸 상대방이 눈치채고 열 올릴 때까지 집안일에서 손을 떼고 기다린다. 혹은 상대방이 책임을 회피하고 있다고 생각해, 다른 사람들과의 사교적인 만남이나 행사 계획을 그만두고 상대방이 직접 알아서 하도록 내버려둘 수도 있다. 냉담하게 거리를 두는 태도는 때로 성관계 거부로도 나타난다.

어째서 이런 일이 벌어질까? 커플 중 한쪽이 두 사람의 관계 기여도를 정확히 따져봐야겠다고 생각하고 점수를 매긴다. 그는 자신이 상대방보다 점수를 더 많이 쌓았다고 본다. 두 사람의 관계에서 자신이 훨씬 더 많이 기여하는 '승자'라고 생각해서다. 그렇다면 승자가 어떤 식으로든 보상받아야 하지 않겠는가? 상은 무엇일까? 상이 없다면 상대방이 어떤 식으로든 벌을 받아야 하지 않겠는가? 그래서 조금 전에 설명한 것처럼 자신이 그동안 해온 일을 거부하게 된다.

그렇다고 내가 연인, 친구, 가족, 조직과 공동체 구성원 간의 관계에서 무엇이 공평한지를 결정하는 어려운 과정에서의 문제를 과소평가하려는 건 절대 아니다. 이런 문제는 풀어내기 상당히 복잡할 수 있으며, 심리치료사의 도움을 받는 일 외에도 많은 노력이 필요할 것이다(물론 정신 건강 전문가들이 이런 상황에서 유용한 역할을 할 수 있다고 생각한다). 관계가 계속해서 불평등하게 한쪽으로 치우쳐 있으면 불공평함에 대한 불만과 좌절이 심해져 심신 건강에 해로울 수 있다.

아무리 건강하고 확고하더라도 관계는 오르내리기 마련이다. 어떤 때는 상대방에게 지원이 더 많이 필요하고, 어떤 때는 당신에게 더 많이 필요하다. 각자 관계에 기여하는 방식도 서로 다르다. 상대방은 계획을 더 잘 세우고, 당신은 실행력이 더 뛰어날지 모른다. 중요한 건 각자의 기여도를 양으로 측정하는 건 불가능한 일이므로 점수 매기기는 유효하지 않다는 사실이다. 한 사람이 심각한 병을 앓고 있어서 집안일에 대한 지원, 재정적 지원, 감정적 지원이 많이 필요한 커플을 상담할 때 나는 이런 이야기를 종종 꺼낸다. 이럴 때는 썰물이 밀물보다 훨씬 더 오래 이어질 수 있다. 누군가와 커플로 지낸다는 건 상대방을 위해 모든 걸 내려놓는 일이며, 나이 들수록 그럴 확률이 높아진다.

이것이 종결과 어떤 관련이 있을까? 때로는 상대방을 위해 해오던 일을 거부하거나 수동 공격성을 보이면서 자신이 종결을 모색하고 있다고 잘못 넘겨짚을 수 있다. 속으로 이렇게 생각하면서 말이다. '우리 둘이 공평하게 기여해야 한다고 강요하면 앞으로는 지금처럼 이렇게 분통이 터지지는 않을 거야.' '저 사람이 밀린 집안일을 다 처리할 때까지 난 꼼짝도 안 할 거야.' '그러면 저 사람이 결국은 내게 고마워하고, 관계에 더 많이 기여하고, 나를 더 행복하게 해줄 방법을 찾으려고 하겠지.'

이런 식의 접근이 효과적인 종결 방법이 아니라는 점만큼은 확실히 말할 수 있다. 이렇게 하면 오히려 상대방이 더 강력하고 가혹한 방법으로 변화를 거부해 관계가 더 나빠지기만 할 것이다.

당부의 말

종결이 진정한 종결이 아니라 더 큰 불행으로 통하는 문의 역할을 하는 관계에 갇혀 있더라도 부끄러워할 필요 없다. 이는 지극히 인간적인 일이다. 당신이 내 상담실에 찾아와 나와 마주 앉아 있다면 내게서 비판이 아니라 연민의 감정을 느낄 것이다. 하지만 내가 내담자들에게 자주 말하듯 잠재적으로 해를 입을 수 있는 틀에 갇혀 있을지, 아니면 미련을 버리고 자신의 삶을 살아나갈지는 궁극적으로 각자의 선택이다.

조금 더 어려운 질문을 하나 해보겠다. 이 같은 일이 자신에게 계속 일어나고 있는가? 현재 괴롭지만 그 상태에서 벗어나지 못하는 연애를 하고 있는 것과 이런 연애를 몇 번이나 거듭한 이력이 있는 건 별개 문제다. 이런 식의 연인 관계는 정서적으로 대단히 해로워서 위축되고 무기력하고 무력한 상태에 빠지게 한다. 공의존(codependence, 상대방에게 인정받거나 그를 통해 자신의 정체성을 찾기 위해 상대방에게 과도하게 의존하는 상태로 '동반 의존', '공동 의존'으로도 번역된다—옮긴이)이나 정신 질환, 성격장애의 징후일 수도 있다. 이런 증상들은 모두 치료할 수 있지만 책을 읽는 것만으로는 불가능하다. 정신 건강 전문가와 상담하면서 정서적으로 해가 되는 관계

패턴에 대해 알아보고, 그런 사람들이나 상황에 끌리는 이유를 파악한 뒤에 이를 개선하기 위한 방법을 적용할 수 있다. 그러니 만일 연인 관계에서 아무 결실 없이 헤어지고 다시 만나는 패턴을 계속 거듭해왔다면 이제는 전문가의 도움이 필요할지 모른다. 혼자서 헤쳐나가려고 애쓰지 말고 적절한 도움을 받자.

당부하고 싶은 말이 하나 더 있다. 이 장에서 논의한 '도무지 헤어질 수 없는' 관계에는 가정 폭력과 교제 폭력(데이트 폭력), 즉 배우자나 연인처럼 친밀한 파트너에 의한 폭력도 포함된다. 배우자 및 연인에 의한 폭력에는 신체적 학대뿐 아니라 심리적 학대, 법적 학대, 소셜미디어를 통한 학대, 재정적 학대 등 다양한 형태의 학대가 포함될 수 있다. 정신 건강 전문가로서 가장 가슴 아픈 순간 중 하나는 배우자나 연인의 폭력을 경험하는 고객들을 상담할 때다. 이 가해자들은 배우자나 연인을 한동안 학대하다가 시간이 지나면 눈물을 흘리며 더 잘하겠다고 약속하거나, 가스라이팅(gaslighting, 사실이나 사건을 의도적으로 왜곡해 상대방이 자기 자신을 의심하게 만듦으로써 통제하는 일―옮긴이)이나 피해자에게 책임을 전가하는 식으로 발뺌하고, 이후 다시 더 심하게 학대하는 패턴을 반복한다. 거짓된 종결이 되풀이될 때마다 더 심한 학대가 잇따르면서 시간이 흐를수록 학대의 강도와 위험성이 증가하기도 한다. 만일 배우자나 연인에게서 폭행당하고 있고, 이별을 요구한 뒤 오히려 학대가 더 심해지고 있다고 생각된다면 주변에 알리고 도움을 받아야 한다.

| 자기평가 | 관계의 종결

이 장에서는 관계에서 종결을 모색하는 일이 역기능의 악순환을 영속화하는 경우에 대해 알아보았다. 이런 관계에 갇혀 있어 끝맺음을 고민해왔다면 스스로 다음과 같이 물어보자. 어려운 질문이지만 가치 있는 답을 얻게 될 것이다.

- 가장 최근에 관계를 끝내기로 결심한 때는 언제인가? 그 문제에 관해 그 사람과 이야기 나눈 적 있는가?
- 현실적으로 이룰 수 있는 일이었는가?
- 원하는 바를 이뤘다면 나에게 어떤 이점이 있었는가?
- 해결책을 찾은 뒤 내 기분은 어땠는가? 화났는가? 슬펐는가? 기뻤는가? 두려웠는가?
- 종결을 시도한 직후 관계에 어떤 일이 일어났는가?
- 시간이 얼마나 지난 뒤에 일상적인 패턴을 되찾았는가?
- 가장 어려운 질문으로, 그 사람과 함께해온 이유는 무엇인가? 그와의 관계에서 무엇을 얻을 수 있었는가?

모든 관계가 운명적인 것은 아니다

나는 어둠 속에서 희망을 찾고, 무엇이 가능한지를 파악하고, 관계를 정상화할 방법을 찾는 일을 가장 중요하게 여긴다. 그동안 연인, 직장, 가족, 친구와의 관계에서 아주 해로운 상황에 갇혀 있는 이들을 수없이 만나왔다. 이들과 함께하면서 긍정적인 변화로 이어질 수 있는 방식으로 종결지을 방법을 찾아왔으며, 사람은 바뀔 수 있다고 믿는다.

하지만 내담자 가운데 이 장에서 설명한 것과 같은 상황에 처해 있는 사람들은 그 관계의 상대방이 자신만의 행동 규범을 정해둔 상태여서 특정한 방식으로 생각하거나 행동하기를 강요했다. 게다가 어떤 내담자들은 너무 기진맥진하거나, 무력하거나, 자신의 가치를 증명하려는 악순환에 빠져 상대방에게서 종결이나 사랑, 존중을 얻으려는 반복적인 시도가 헛된 희망이라는 사실을 깨닫지 못하고 있었다.

그렇다면 파괴적인 행동 패턴에 기반을 둔 관계에서 종결의 역할은 무엇일까? 경우에 따라서는 끝맺을 방법이 없다는 사실을 받아들이는 것이 가장 좋은 종결이 될 수 있다. 이런 자세가 바로 2장에서 언급했던 수용이며, 이에 대해서는 4부에서 더 자세히 다룰 것이다. 때로는 그 사람에게서 원하는 것을 결코 얻을 수 없고, 그 이유를 알 수도 없다는 사실을 받아들여야 할지 모른다. 그러면 상황에 따라 관계를 단절할 수도 있을 것이다.

안타까운 사실은 모든 관계가 생산적인 결실을 낳는 건 아니라는 점이다. 가끔은 관계가 남의 신경 건드리기, 조종, 무시 같은 파괴적인 행동으로 쇠퇴하기도 한다. 이런 때 종결은 관계에서 생긴 문제를 해결하거나 상호 파괴적인 악순환을 끝낼 기회를 준다. 간혹 종결의 시도가 일시적으로 더 큰 문제를 불러일으킬 가능성도 있다. 그러나 정신적으로 건강한 사람이 되려면 자신에게 어려운 질문을 서슴없이 던지고, 상황을 냉정히 돌아보고, 때로는 행복을 되찾기 위해 위험을 감수하는 용기가 필요하다.

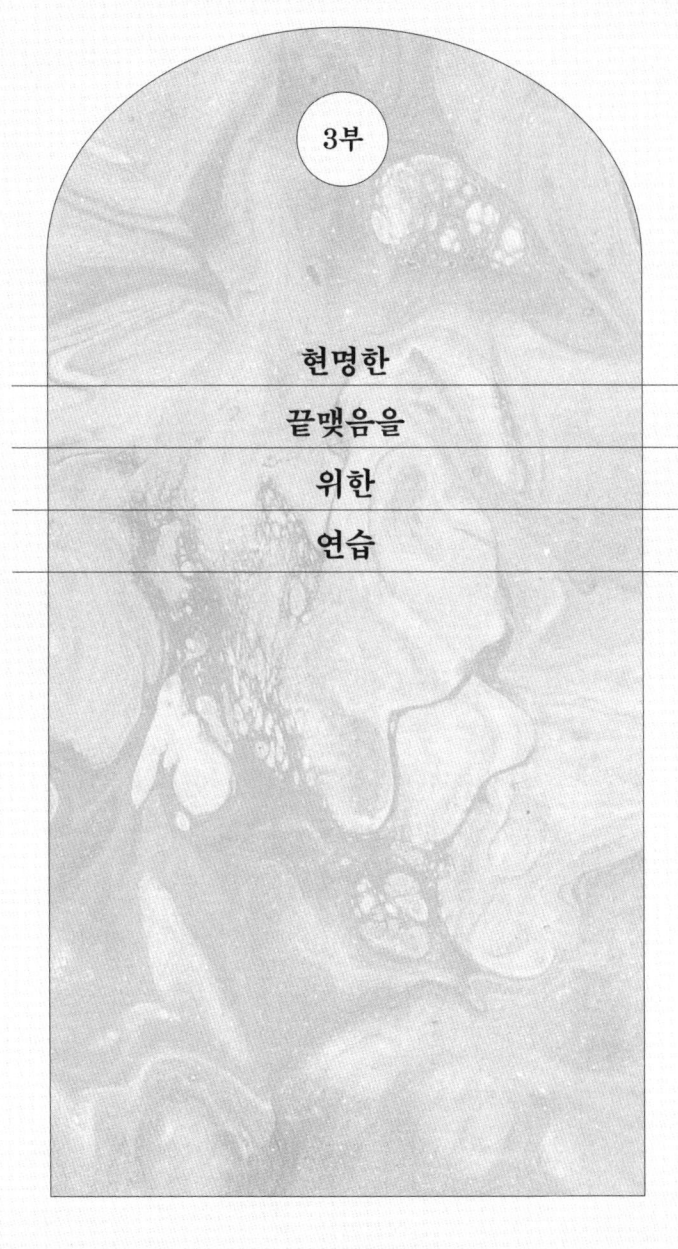

3부

현명한 끝맺음을 위한 연습

8장

의도 파악하기

1부에서는 종결의 진정한 의미를 정의했고, 2부에서는 종결을 원하는 이유(일부는 건전한 이유이고, 일부는 그리 건전하지 않지만 지극히 인간적인 이유)를 자세히 살펴봤다. 3부에서는 새롭게 알게 된 사실을 현실 세계에 적용해, 생산적이고 의미 있는 방식으로 종결을 모색할 때 실행할 수 있는 구체적인 단계에 대해 알아보자. 그 첫 단계는 의도를 정해두는 것이다.

2부 각 장에 연습과 자기평가를 위한 질문이 있다는 점을 아마 눈치챘을 것이다. 종결 욕구 뒤에 자리한 생각과 감정을 자세히 파악하도록 돕기 위해 마련한 활동이다. 이 장에서는 자신의 의도를 명확히 하고, 종결을 모색하기로 확실히 마음먹었을 경우 가장 적절한 접근 방식을 결정하는 데 도움 될 질문과 연습을 해보면서 더 깊이 파고들어보자. 이런 활동은 절망이나 분노에 사로잡혀 궁극적으로 자신이나 다른 누군가에게 더 큰 피해를 입히는 일이 없도록 힘과 권한이 있는 위치에서 종결에 가까워지도록 도울 것이다. 의도를 정하고 행동에 나서면 진정으로 도움이 되는 종결을 이루거나, 종결을 이룰 수 없으므로 포기하고 넘어가야 할 때를 깨달을 가능성이 커진다. 그럼, 의도를 정하는 일에 대해 지금부터 알아보자.

의도는 생각보다 중요하다

처음에 종결을 원할 때는 앞뒤 가릴 것 없이 그저 상황이 종결되기를 바란다. 가능한 한 빨리, 지금 당장 말이다. 분노, 슬픔, 두려움, 좌절…… 이 모든 감정이 누적되어 불편한 마음이 어서 해소되기를 바란다. 기분이 나아지기를 바라며 종결지어야만 나쁜 감정이 모두 사라질 거라고 믿는다.

그래서 생각하지 않고, 그냥 행동한다.

그러다 기대했던 결과를 얻지 못하면 그제야 비로소 종결이 필요한 이유를 명확히 확인하지 않았다는 사실을 깨닫는다. 자신의 주장을 어떻게 해야 가장 효과적으로 제시할 수 있을지 충분히 생각해보지 않았고, 그런 요청이나 요구에 상대방이 어떻게 반응할지도 고려하지 않았다. 힘 있고 명확한 입장이 아니라 겁에 질려 반사적으로 대응하는 입장에서 종결을 모색했다.

한마디로 당신에게는 의도성이 부족했다.

요즘 정신 건강 분야에서는 의도성에 관해 자주 이야기한다. 심리치료사들은 내담자들에게 일상적인 상황에서 의도를 명확히 하는 일이 왜 중요한지를 가르친다. 내담자들이 타인과의 대화를 앞두고 자기 자신의 의도를 이해하도록 돕고, 그 의도를 내담자가 쉽게 이해할 수 있도록 풀어 설명해 준다. 이와 함께 종결을 이루는 걸로 귀결될 수 있는 행동을 포함해 특정한 의도 때문에 특정한 행동 방식을 취하는 일이 그들에게 최선이 아니라는 사실을 인식하도록 돕는다.

간단히 설명하면 의도성의 의미는 다음과 같다.

o 소통하려는 욕구 뒤에 자리한 동기를 이해하는 것.
o 상대방과의 대화에서 성취하고 싶은 바를 인식하는 것.
o 무엇을 말하고 싶고, 어떻게 말하고 싶은지 아는 것.
o 상대방이 어떻게 반응할지에 대해 현실적으로 기대하는 것.

종결에 관해서는 자신에게 이렇게 질문해볼 수 있다.

o 나는 이 상황을 왜 정리하고 싶은가?

- 이 사람과의 대화에서 무엇을 얻고 싶은가?
- 이 대화에서 가장 좋은 접근법은 무엇인가?
- 내가 이 사람에 대해 아는 바와 경험한 바를 고려할 때 현실적으로 어떤 결과가 예측되는가?

자신의 의도를 확실히 인식하는 과정이 조금 불편할 수도 있다. 자신에게 어려운 질문을 몇 가지 던지고, 내면을 깊이 들여다보고, 자신의 경험을 평가해야 하기 때문이다. 물론 상대방이 그 상황에 어떻게 기여했는지도 고려하지만 자신의 역할도 생각해야 한다. 그 상황에 자신이 기여했을 부분을 명확히 파악하는 건 쉬운 일이 아니다. 지독히 힘들 수도 있다. 그렇지만 의도를 품고 행동할 수 있게 해주는 이 과정을 거치면 그 결과는 대단히 효과적일 것이다.

왜일까? 이 작업 덕분에 순간적인 감정에 휩쓸리지 않고 이성적인 사고에 온전히 몰입할 수 있기 때문이다. 부당한 대우를 받고 있다고 느끼면 사람의 감정은 반응한다. 이와 비슷하게 다른 사람에게 잘못을 저질렀다고 느낄 때도 감정적인 반응이 촉발된다. 사실 타인과의 거의 모든 상호작용이 감정적 반응을 유발할 수 있다. 그리고 어떤 식으로든 감정이 상하면 기분을 나아지게 만들고 싶어진다.

기분이 나아지게 하려는 그 욕구가 바로 종결을 추구하는 근본적인 이유다. 하지만 성공적으로 종결하려면 감정적으로 즉시 반응하는 일을 피하고 상황을 직접 해결하는 데 도움이 되는 방식으로 행동해야 한다. 그래야 당사자들이 어른답게 대화할 수 있다. 이제 가장 중요한 건 자신의 감정을 인정하고, 느끼고, 존중하는 것이다. 하지만 우리가 그런 감정에 어떻게 반응하는지도 마찬가지로 아주 중요하다. 그리고 자신의 감정을 살피는 일에 덧붙여 이성적으로 사고하지 않으면 결국 자신과 타인에게 모두 도움 되지 않는, 해로운 행동을 하게 될 수 있다.

물론 종결을 모색하는 과정에서 감정이 생길 수 있으며 때로는 상당히 격해질지도 모른다. 이때 의도성이 유용하다. 의도를 품으면 감정에 사로잡혀 성취하려는 목표를 잊고 관계를 더 악화시키거나 그 과정에서 더 심하게 무력해지는 결과를 막을 수 있다. 익히 알다시피 행동에는 결과가 따른다. 이때 이성적으로 생각할 수 있으면 예상치 않았거나 원치 않는 결과를 피할 수 있다.

내 감정 살피기

종결짓고자 하는 사람과 나 사이에서 일어난 일에 별달리 감정이 없었다면 애초에 종결을 모색하지도 않았을 것이다. 시간 내서 이런 감정을 자세히 살피고 확인하는 일은 의도성을 마련하는 데 중요하다. 이 과정은 자신의 생각과 의도를 명확하게 파악할 뿐 아니라 종결의 대화에 더 잘 대비하는 데도 도움이 된다.

예를 들어 강렬한 슬픔에 빠져 있다면 서둘러 행동하지 말아야 한다. 그보다는 이런 감정을 인식하고, 슬픔의 원인을 살펴보고, 객관적으로 조언해줄 수 있는 사람과 상의하고, 슬픔을 조금 떨어져서 바라보도록 한다. 그러면 분노, 좌절, 두려움 등의 감정들이 떠오를 것이다. 이 감정을 모두 살펴보고, 드러내고, 이해하고, 자신의 감정으로 받아들이자.

어려운 대화를 나눌 때는 많은 감정이 한꺼번에 자극되기도 한다. 지금껏 감정을 제대로 살펴본 적 없다면 그동안 인정하고 대처하지 못했던 수많은 감정이 느껴질지 모른다. 그러면 감정에 압도되어 당면한 문제를 다루기 힘들어져 대화가 아무 진전 없이 끝난다. 게다가 감정에 휩싸여 어쩔 줄 모르는 상태가 되면 상대방에게 심리적으로 조종당하기 쉬워 애초에 종결이 필요했던 상황으로 되돌아갈 수 있다. 같은 이유로 감정에 압도되면 자기 자신의 행동에도 영향을 미쳐 상대방에게 피해를 주거나 관계를 망치는 행동을 하게 될지 모른다.

감정을 파악할 때는 마음 챙김mindfulness이 도움 될 수 있다. 조용한 곳에 혼자 앉아 잠시 명상해보자. 천천히 심호흡하면서 마음을 가라앉히고, 이 사람과 지금 이 상황에 이르게 되기까지 어떤 대화를 나눴는지 머릿속으로 떠올린다. 대화를 시각화하면서 다이어리에 글을 써보자. 자기 자신과 관계에 대해 떠오르는 생각을 적는다. 이 과정은 마음속에서 일어나는 감정을 파악하는 데 도움이 된다. 다른 감정에 비해 두드러지게 강렬한 감정이 있다면 그 감정을 더 자세히 살피면서 어디서 비롯했는지 생각하고, 종결을 모색하기 전에 그 문제에 대해 상대방과 충분히 대화해야 한다. 현재 관점으로는 도저히 종결에 접근하지 못할 듯한데 이야기를 꺼내는 건 자신과 종결 대상인 상대방에게 모두 도움 되지 않을 가능성이 크다.

명확히 전달하기

의도를 품고 행동하는 과정은 두 단계로 이뤄진다. 우선 그 즉시 감정적으로 대응해 나중에 후회하는 일이 없도록 자신의 의도를 명확히 하는, 힘든 작업을 진행한다. 자신의 생각을 명확히 정리했으면 이를 바탕으로 종결지으려는 상대방에게 자신의 감정과 생각을 효과적으로 전달한다. 마음을 들여다보면서 종결을 바라는 의도를 확인하는 과정을 거치지 않으면 자신의 생각을 효과적으로 전할 준비가 당연히 되어 있지 않을 것이며, 따라서 대화가 쉽게 틀어질 수 있다. 자신의 의도를 파악하면 왜 그렇게 생각하고 느끼는지 상대방에게 전하고, 어떤 방식의 종결을 원하는지 설명하고, 의도하는 바와 의도하지 않은 바를 명확히 전달해 상대방을 이해시킬 가능성이 커진다.

앞에서도 말했지만 타인의 생각, 감정, 행동 방식을 통제할 수는 없다. 하지만 의도성을 갖고 말할 때는 '상대방'에 초점을 맞춰 상대를 비난하는 것처럼 들리게 말하는 것이 아니라 자신의 감정을 인식하고 '자신'의 입장에서 솔직히 말하기 때문에 상대방이 방어적인 태도를 취하지 않고 경청할 가능성이 더 크다. 의도성을 갖고 말하는 건 상대를 존중하고 연민하는 태도로 정직하게 진심을 전하는 일이다. 이렇게 하면 상대방이 부당하게 공격받거나 비난받는다고 느껴 관계가 악화하는 결과를 막을 수 있다. 그리고 상대방이 줄 수 없거나 줄 생각이 없는 것을 요구함으로써 자신의 고통만 더 커지는 결과를 피하는 데도 도움이 된다. 의도성은 종결의 대화를 나누기 위한 든든한 토대가 된다.

의도성이 실제로 어떻게 발현되는지 예를 통해 살펴보자.

베스와 페르난다는 사귄 지 몇 년 된 동성 커플이다. 페르난다는 아주 안정적인 가정에서 성장했지만 베스는 그러지 못했다. 베스는 부모에게 매달 생활비를 보태는 등 가족들 일에 여전히 신경을 많이 썼으며, 이는 두 사람의 재정 상황에도 영향을 미쳤다. 페르난다는 베스를 이해하려 노력했지만 베스는 다른 주에 사는 가족을 만나러 주말에 자주 다녀오는 일을 포함해 가족을 위해 돈과 시간을 많이 썼다. 페르난다는 베스가 두 사람의 관계보다 가족을 더 중요시하는 것 같고, 베스가 부모의 문제를 해결하는 데 여념이 없어 자신에게 더 이상 마음을 다하지 않는다고 느꼈다.

페르난다는 베스에게 자신의 기분을 이야기했다. 몇 차례 커플 상담을 받기도 했지만 변한 건 아무것도 없었다. 페르난다는 이런 상황이 애석하고 화도 났다. 자신의 마음을 솔직히 들여다보면 분노감이 대부분이었다. 베스는 아무런 진전을 보이지 않았다. 오히려 부모와 보내는 시간이 점점 늘어났고 약물 남용 문제가 있는 형제를 돌보는 일에도 관여하게 되면서 가족 문제에 신경을 더 많이 쓰는 듯했다. 페르난다는 베스를 도우려 애쓰고, 정서적인 측면에서도 지지하려고 노력했지만 베스는 "혼자 알아서 할 수 있다"면서 둘 사이에 담을 쌓았다.

페르난다는 이 상황이 바뀌지 않을 것이며 베스와 이별에 관해 이야기해야 한다는 걸 알고 있었다. 하지만 베스에게 하고 싶은 말을 어떤 식으로 전달할지 생각하다 보면 자꾸만 화가 치밀어 올랐다. 베스에게 억눌린 분노, 상처받은 감정, 실망감, 베스 없이 살아가야 할 미래에 대한 두려움을 모두 터뜨려야 마땅하다는 생각이 들기 시작했다. 만일 그렇게 했다면 그 순간에는 기분이 나아졌을지 몰라도 헤어지기로 결정했을 때 두 사람 모두에게 필요한 방식의 종결을 이루지는 못했을 것이다. 페르난다는 이런 식으로 관계를 정리하는 일이 전혀 이롭지 않으며, 종결이 아니라 더 큰 고통만 초래할 뿐이라는 걸 잘 알았다.

페르난다는 베스에게 그저 자신의 분노를 쏟아내는 것이 아니라 실망하고 분노하게 된 이유를 설명할 수 있도록 따로 시간을 내서 베스와의 종결에 대한 자신의 의도를 명확히 정리했다. 그녀는 이 과정에서 베스가 자신에게 얼마나 의미가 컸는지, 관계가 더 이상 유효하지 않은 이유는 무엇인지, 어떻게 하면 서로 연민하며 공평하게 관계를 끝낼 방법을 찾을지 분명히 깨달았다. 베스는 각자의 생각과 입장을 말할 기회가 있는 이성적인 대화라면 귀 기울이겠지만 페르난다가 분노를 표출하려고 하면 분명히 대화를 거부할 것이었다(앞서 말했듯 어차피 그런 방법으로는 종결을 이룰 수 없다). 페르난다 역시 베스의 말을 경청하고 그녀의 입장을 들어줄 의사가 확실했다.

페르난다는 분노를 포함한 모든 감정을 있는 그대로 느끼는 데서 시작해 자신의 감정을 정리하는 시간을 보냈다. 그런 다음 감정에서 한 발짝 물러나 이성적으로 생각하면서 두 사람 관계의 역사, 즉 두 사람이 만나게 된 계기, 함께 보낸 좋은 시간, 그리고 자신의 필요와 기대를 정리했다. 그녀는 자신의 의도가 무엇보다도 베스를 사랑과 연민으로 대하겠다는 것이라는 점을 분명히 확인했다.

마침내 대화하게 됐을 때 페르난다는 이렇게 운을 뗐다.

"너를 정말 사랑하지만 우리 관계에서 우리 둘은 서로 다른 위치에 있는 것 같아. 난 네가 가족을 위해 하는 일을 존중해. 하지만 네가 이제는 우리 관계를 별로 중요하게 생각하지 않는 것처럼 느껴져. 계속 이런 식으로 살 수는 없지 않겠어?"

"나도 그렇게 생각해." 베스가 말했다. "우리는 서로 처한 입장이 다른 것 같아. 그리고 지금 내가 있어야 할 곳은 가족 옆이야. 나를 완벽하게 알아주길 바라는 건 아니지만 이게 내가 할 일이라는 걸 이해해줬으면 좋겠어."

베스와 페르난다는 서로 안녕을 기원하며 함께한 좋은 시간에 감사했다. 두 사람 모두 헤어지게 되어 슬펐지만 서로 연민하는 마음으로 끝맺을 수 있다는 데 위안받았다. 이런 종결이 가능했던 건 페르난다가 자신의 의사를 명확히 했기 때문이었다.

감정을 파악하고 의도를 명확히 하는 일이 연인 관계에서만 중요한 건 아니다. 이는 어떤 상황에서든 종결을 모색할 때 대단히 중요한 요소로, 상대방에게 감정의 폭풍을 일으키는 대신에 상호 이해와 진전을 위해 함께 노력하게 한다. 의도성을 명확히 하면 우선 자기 자신, 다음에는 상대방과 종결에 이르는 문이 열린다.

떠나겠다는 결정

의도는 자기 자신의 뜻을 명확히 하고 상대방에게 분명히 전달할 수 있게 함으로써 힘과 영향력을 갖추고 행동할 수 있도록 우리를 준비시킨다. 하지만 때로는 의도를 명확히 하는 일이 예상치 못한 결과를 부르기도 한다.

어째서일까? 자기 생각을 검토하면서 이것이 자신을 위한 최선의 방향이 아니라고 판단할 수도 있기 때문이다. 혹은 자신의 의도가 생각만큼 간단하지 않다는 사실을 알게 되기도 한다. 가령 당신이 원하는 게 상대방에게 당신 감정을 이해시키거나 복수하는 일이라면 이런 욕구는 두 사람을 더 나쁜 행동으로 몰고 갈 뿐이라는 점을 깨닫는다. 혹은 당신이 모색하는 종결에 상대방이 협조하지 않을 가능성이 크고, 상대방이 당신의 고통에 대한 책임을 부정하거나 당신을 심리적으로 조종하거나 더 큰 고통을 유발해 당신이 심적으로 더 고통받게 만들지 모른다는 사실을 깨달을 수도 있다. 왜 굳이 그런 길을 택하겠는가?

상대방이 주는 종결은 늘 일시적이며, 그런 패턴을 반복하는 데 시간과 에너지를 쏟을 가치가 없다는 사실을 깨달을 수도 있다. 지금껏 충분히 겪었다면 그 길이 어디로 이어질지 잘 알 것이다.

심지어 자신이 종결을 원하는 이유가 아직 명확하지 않

다고 보는 경우도 있다. 향후 이 결정을 재검토할 수도 있겠지만 지금은 종결을 추구할 만큼 자신의 감정이 잘 정리되지 못한 상태라 타이밍이 맞지 않는다고 판단한다.

차분히 생각하며 자신의 의도를 명확히 한 결과 이런 결정들을 내리게 된다면 종결을 모색하지 않는 쪽이 유리할지 모른다. 그리고 때로는 관계를 단절하고 떠나는 것이 유리한 결정이 되기도 한다.

오해 없는 소통을 위한 지침

이제 의도의 힘을 이해했으니 의도를 명확히 하는 과정을 구체적으로 살펴보자. 다음은 종결을 원하는 상황에서 자신의 의도를 명확히 하는 데 참고할 단계별 지침이다.

1단계: 과거를 고찰하기

문제가 되는 관계나 상황의 역사를 돌아보고, 어떻게 지금 이 상태에 이르렀는지 파악한다. 이 단계에서는 스스로 이렇게 질문해본다.

- 처음에 어떻게 관계를 맺게 됐는가? 이 사람의 첫인상은 어땠는가? 처음에 어떤 직감이 들었는가?
- 이 관계나 상황에서 나는 어떤 일을 겪었는가? 이 관계나 상

황의 어떤 측면을 내가 좋아하거나 싫어했으며, 그 이유는 무엇인가?
- 나는 감정적으로나 그 밖의 방식으로 이 관계에 어떻게 기여했는가?
- 상대방은 어떻게 기여했는가?

2단계: 현재를 검토하기

어떤 감정적 고통이나 불만이 현재 상황에서 종결을 모색하게 했는지 명확히 밝힌다. 이 단계에서는 스스로 이렇게 질문해본다.

- 우리 사이에서 어떤 부분이 불완전하게 느껴지는가? 어떤 미진한 부분을 매듭짓고 싶은가?
- 이 미진한 부분을 내가 직관적으로 옳다고 느끼는 방식으로 명확히 밝힐 수 있는가?
- 상대방이 이해할 수 있는 방식으로 명확히 밝힐 수 있는가?
- 이 미진한 부분은 종결을 추구하기 전에 내가 스스로 해결해야 할 부분인가?

3단계: 미래에 대한 희망을 명확히 하기

종결을 모색하는 일이 자기 자신이나 관계에 어떤 도움이 되기를 바라는지 알아본다. 다음 질문이 도움 될 것이다.

- 종결을 모색함으로써 나는 무엇을 얻고자 하는가?
- 상대방이 무엇을 이해하기를 바라는가?
- 이것이 우리 관계를 더 강하게 할까, 아니면 관계를 끝내게 할까?
- 그렇게 되면 어떤 기분이 들까? 그것이 내가 정말 바라는 결과인가?

4단계: 잠재적 결과를 평가하기

어떤 종류의 종결을 원하며 그 이유가 무엇인지 파악했으니, 이제 그 목표를 달성하는 일이 얼마나 현실적인지 생각해볼 차례다. 이 단계에서는 다음처럼 질문해본다.

- 이 사람에 대해 아는 사실을 고려할 때, 내가 종결에 관해 대화를 시작하면 이 사람이 어떤 식으로 반응할 것 같은가?
- 사람들은 누구든 의외의 행동을 할 수 있다. 예상 밖이지만 그럴 법한 반응에는 어떤 것들이 있을까?
- 상대의 이런 잠재적인 반응에 나는 아무렇지도 않은가? 어떤 반응이 나를 더 불쾌하게 하고 더 불완전한 기분이 들게 할까?
- 상대방이 어떻게 반응하든 내가 의도한 대로 계속 행동할 수 있을 것 같은가? 어떤 상황에서 내가 감정에 휩쓸려 나중에 후회할 행동을 할 가능성이 가장 클까?

5단계: 어떤 행동을 취할지 결정하기

자신의 의도를 살펴보고, 자기 자신과 상황에 대해 명확히 파악했으니 이제 어떤 행동을 취할지 선택할 때다. 이 단계에서는 스스로 이렇게 질문해본다.

- 종결을 모색하는 과정을 실행하고 싶은가?
- 시간을 조금 더 두고 상황을 지켜보고 싶은가?
- 아예 종결을 모색하지 않고 이 관계를 그만두고 싶은가?

이 과정은 일종의 '종결 전 pre-closure 과제'다. 이를 통해 자신의 감정을 완전히 파악하고 이성적으로 사고해 힘과 영향력이 있는 상태에서 앞길을 선택할 수 있게 될 것이다.

| 연습 | 의도성 연습

직장, 연인, 친구, 가족 등과 관련된 관계나 상황에서 끝맺고 싶었지만 이런저런 이유로 그러지 못했던 경우를 떠올리자. 펜과 종이, 또는 컴퓨터를 준비하고 조용한 곳에 혼자 앉는다. 의도성의 관점에서 이 관계를 다시 생각해보자. 의도를 명확히 하기 위한 지침 다섯 단계를 생각하면서 각 단계의 질문에 자신의 답을 적는다.

질문에 모두 답했으면 과거 그 상황에서 자신이 의도를 품고 종결을 모색할 준비가 되어 있었는지 생각해본다. 당시 의도를 더 명확히 하고 상대방에게 전할 수도 있었는가? 원하는 결과를 충분히 생각했는가? 그 결과는 현실적으로 실행할 수 있는 일이었는가? 상대방이 어떻게 반응할지 충분히 고려해 예상되는 반응에 각각 편안하게 대처할 준비가 된 상태였는가? 마지막으로, 앞으로 관계에서 종결을 모색할 때 의도성이 가장 많이 필요할 부분과 관련해 어떤 점을 깨달았는지 생각해본다.

준비하되 예행연습은 하지 않는다

나는 항상 사람들에게 어려운 대화를 나눌 때는 정신적으로나 감정적으로 완전히 준비된 상태에서 시작해야 한다고 강조한다. 이것은 상대방을 조종할 목적으로 대화의 방향을 조절하는 것이 아니라 오히려 그 반대다. 의도를 명확히 한 상태에서 대화를 준비하면 자신과 상대방 모두에게 도움이 되는 방식으로 상황이나 관계의 종결을 이룰 가능성이 크다.

우선 자신의 준비 상태를 고려한다. '종결 전 과제'를 완료하고 마음속을 잘 살폈다면 이 질문에 훨씬 더 잘 대답할 수 있을 것이다. 감정이 전혀 가라앉지 않아 아직 너무 생생하거나 감정적으로 무너지거나 폭발하지 않고 종결에 관해 이야기하기가 불가능할 것 같다면 아직 준비되지 않은 상태일 것이다.

그다음에는 상대방의 준비 상태를 고려한다. 상대방에 대해 아는 것과 그 사람이 현재 삶에서 어떤 상황에 있는지를 고려할 때 상대방은 감정적으로나 정신적으로 당신과 대화할 수 있는 상태인가? 아니면 인생에서 힘든 시기를 보내고 있어 종결에 대한 논의를 수용하기 쉽지 않아 보이는가? 상대방이 두 사람 사이에서 있었던 일에 대해 여전히 감정을 품고 있어 어렵고 감정적인 대화를 나누기는커녕 당신과 이야기하고 싶어 하지도 않을 수 있는가? 물론 상대방이 준비되어 있는지 아닌지 알아볼 방법이 전혀 없을 수도 있다. 그래도 상대방의 상황을 고려할 가치는 충분하다. 그리고 상대방이 준비되지 않았다고 판단되면 잠시 뒤로 물러나 기다리는 쪽이 나을 것이다.

준비 상태가 대화의 성공을 보장하는 건 아니지만 이를 고려하면 성공할 여지가 조금 더 큰 상태에서 상황을 이끌어 나갈 수 있다.

이때 반드시 주목해야 할 점은 준비하는 것이 예행연습을 의미하는 건 아니라는 것이다. 내담자들과 종결을 모색할 방법을 논의할 때면 그들은 여기까지 오게 된 사연, 종결을 중요하게 생각하는 이유, 종결의 대화를 통해 얻고 싶은 것, 이 대화에서 현실적으로 기대할 수 있는 점을 요약해 내게 설명한다. 여기까지는 큰 문제가 없다. 하지만 간혹 상대방이 어떻게 말할 것 같은지, 자신은 어떻게 대답할 것인지, 그러면 상대방에게 어떤 말을 듣게 될지 등을 설명하는 경우가 있다. 나는 이를 대화 예행연습이라 부른다.

상대방과 나눌 대화를 예행연습하는 건 실패의 길을 준비하는 일이다. 왜일까? 현실에서는 타인의 행동은 물론이고 그 어떤 것도 계획대로 강요할 수 없다. 자신의 계획대로 상대를 밀어붙인다면 대화에 장벽을 세우는 셈이다. 게다가 열린 마음으로 대화에 임하는 대신 각본에 집착하게 되어 대화할 때 상대방이 실제로 하는 말을 듣기보다 그다음 답변을 유도할 핵심 단어를 찾는 데 몰두하기 쉽다. 그러면 상대방은 당신이 경청하지 않는다고 여겨 입을 닫거나 방어적이거나 논쟁적으로 대응할지 모른다. 자신의 이야기가 아주 설득력 있어서 상대방이 예상대로 대응할 수밖에 없을 거라고 생각할지도 모르지만, 연극 무대가 아닌 다음에야 예행연습을 거친 대화는 보통 아무런 성과가 없다.

이보다 나은 접근법은 의도를 명확히 하는 동시에 '초심자의 마음beginner's mind'이라고 알려진 태도로 접근하는 것이다. 이는 일본 선불교에서 유래한 개념으로, 아는 것이 많거나 많다고 생각할수록 더 배우려는 마음은 보통 줄어들지만 해당 분야의 경험과 지식이 많더라도 자신을 초심자라 생각하면 새로운 지식이나 예기치 못한 지식을 얻을 가능성이 커지는 현상을 말한다.

그러니 종결을 모색하는 데 초심자의 마음을 적용해보자. 대화를 너무 많이 연습해서 어떻게 끝날지 이미 '아는' 상태에서 시작하면 상대방의 예기치 못한 반응을 경험할 기회가 사라진다. 의도를 품고 진솔하게 열린 마음, 즉 초심자의 마음으로 대화에 임하면 자신이나 상대방에 대해 새롭고 놀라운 사실을 알게 될 수도 있다.

시간을 두고 자신의 의도를 명확히 하면 종결을 이룰 확고한 토대를 마련할 수 있다. 자신의 의도와 상대방에 대한 의도를 명확히 할 때 효과적인 의사소통의 문이 열린다. 반면 의도가 명확하지 않으면 부정, 방어, 오해의 문이 열린다. 의도성은 효과적이고 생산적이며 만족스러운 종결을 달성하기 위한 열쇠다.

9장

대화하기 (또는 하지 않기)

"그렇다면 종결의 대화는 어떻게 하는 거죠?" 내담자들은 자주 이렇게 묻는다. 종결과 관련된 대화를 나누는 일은 당연히 불편할 수 있다. 흔히 사람들은 말문이 막히고, 말을 더듬게 되고, 하고 싶은 말을 어떻게 해야 할지 모르겠다고 말한다. 이럴 때는 불가피하게 감정이 자꾸 격해져 대화하기가 평소보다 어려워진다. 그리고 거듭 말하지만 우리는 상대방의 반응을 예측할 수 없다.

그렇다고 대화가 불가능하다는 뜻은 아니다. 우리는 종결에 관해 대화할 수 있고 실제로 하고 있으며, 상당히 의미있는 이야기를 나눌 수도 있다. 앞서 8장에서 이런 대화를 준비하는 법, 즉 자신의 감정을 살피고 의도를 명확히 함으로써 진솔하고 생산적인 대화의 토대를 마련하는 방법을 살펴봤으니 이 장에서는 실제 대화에 적용할 최선의 실행안, 다시 말해 종결을 이루기 위해 자신이 해야 할 말을 하고 상대방의 말에 귀 기울이는 과정에 대해 알아본다. 아울러, 어떤 이유로든 종결의 대화를 할 수 없을 때는 어떻게 해야 하는지에 대해서도 살펴본다.

대화 제안하기

감정이 격해지기 쉬운, 까다로운 대화를 시작하는 가장 나쁜 방법은 상대방을 '매복 공격'하듯 불쑥 대화를 꺼내 놀라게 하는 거라는 점을 명심하자. 따라서 어떤 이야기를 나누고 싶으며, 그 이유가 무엇인지 설명하고, 대화하고 싶지 않으면 거절해도 된다고 덧붙이며 대화를 제안해 상대방이 준비할 수 있도록 배려하는 것이 중요하다.

일반적으로 종결을 논의하려고 만나자고 하면 상대방은 대화의 목적을 말하기 전에 어떤 이야기를 나누고 싶은지 대충 짐작할 것이다. 상대방 역시 이런 대화를 나누고 싶어서 당신이 먼저 요청하기를 기다렸을 수도 있고, 반대로 두려워하고 있었을지도 모른다. 물론 무슨 이야기를 하려는 건지 전혀 감을 못 잡고 있을 수도 있다.

상대방에게 대화를 제안할 때는 진정성을 담자. 대화를 요구하면 상대방이 방어적인 태도를 취하면서 거절할 가능성이 크고, 반대로 애원하듯 간청하면 당신의 입지가 약해진다. 그러니 다음과 같이 간단하게 요청한다. "만나서 우리 관계에 관해 이야기 나누고 싶어. 잠깐 시간 좀 내줄래?"

앞서 말했듯 상대방은 당신의 제안에 놀라지 않을 가능성이 크다. 이런 경우 일반적으로 당신과 할 얘기가 남아 있다는 걸 상대방도 알고 있다. 물론 늘 그런 건 아니지만 말이다! 무슨 이야기를 하고 싶은지 상대방이 물으면 이런 식으로 답하면 된다. "둘이 진지하게 대화하면 좋을 것 같아서 그래. 당신에게 하고 싶은 말이 있고, 당신 이야기도 듣고 싶어. 만나서 얘기 나눌 수 있을까? 서로 생각을 정리하는 게 우리 모두에게 도움 될 거야."

상황이 잘 풀리면 상대방이 다소 머뭇거릴지라도 요청을 수락하겠다고 답할 것이다. 예를 들면 이런 식의 대답을 들을 수 있다. "좋아, 그런데 당신과 말다툼하고 싶지는 않아." "그래, 하지만 사과를 기대하진 않았으면 좋겠어." "응, 그렇지만 내가 잘못했다는 말을 들으려는 건 아니었으면 좋겠어." "좋아, 하지만 우리가 재결합할 일은 없을 거야."

의사를 바로 정확히 밝히지 않고 생각해보겠다고 답할 수도 있다. 그러면 상대방에게 생각할 시간을 조금 준 다음 나중에 대화를 다시 요청해야 할 것이다.

혹은 더 직접적으로 "아니, 그러고 싶지 않아"라는 대답을 듣게 될 수도 있다. 상대방이 거절의 뜻을 밝혔다면 그 뜻을 존중하고, 최소한 자신이 원했던 방식으로는 종결을 이루지 못할 수도 있다는 사실을 받아들인다(종결 없이 상황을 넘기는 방법에 대해서는 4부에서 자세히 다룰 것이다).

상대방이 대화 제안을 수락했다면 만날 시간과 장소를 정해야 한다. 나는 이런 대화는 항상 직접 만나서 하는 쪽이 가장 좋다고 생각하지만 직접 만날 수 없을 때의 대안에 대해서는 이 장 후반부에서 설명하겠다.

만날 날짜와 시간을 정할 때도 예기치 않은 상황에서 불쑥 이야기를 꺼내지 않도록 하고, 상대방이 늦게까지 근무하는 날이나 연휴인 주말처럼 시간 내기에 그리 좋지 않은 시기는 피해 약속을 잡는다. 두 사람 모두 편한 시간으로 약속을 잡는 것이 좋다. 날짜와 시간을 정할 때 상대방이 자신의 편의가 어느 정도 고려된다고 느끼면 제안을 더 선뜻 받아들일 것이다. 불편함을 감수해야 하거나, 남에게 지시받거나, 최후통첩을 받듯 통보받는 걸 좋아할 사람은 아무도 없다.

장소도 잘 고려해야 한다. 대화 중 감정이 격해질 가능성도 있으니 감정을 드러내기에 불편하지 않고 주변에 말소리가 들리는지 신경 쓰지 않고 솔직히 말할 수 있는 장소를 선택하는 쪽이 좋다. 사람이 붐비는 커피숍이나 시끄러운 식당은 대화 장소로 적합하지 않을 거라는 뜻이다. 사람이 없는 장소를 찾기 힘들다면 각자의 집에서 만나는 것도 좋지만 집에 두 사람의 추억이 많다면 마음이 불편할 수 있다. 되도록 두 사람의 추억이 별로 없고, 궁지에 몰리거나 위축되거나 수세에 몰린 듯한 기분이 들지 않는 중립적인 장소를 택하도록 한다. 날씨만 괜찮다면 공원에서 만나거나 함께 산책하며 이야기 나누는 방식을 적극 추천한다.

단계별 대화 지침

자신의 감정을 살피고 의도를 명확히 파악한 다음 종결을 모색하기로 결정했다면 이제 중요한 순간, 즉 대화의 순간이 다가온다. 이쯤 되면 이런 의문이 들 수도 있다. '뭘 이렇게 거창하게 준비해야 하지?' 이 질문의 답이 독자들에게 명확히 전달됐으면 좋겠다. 나는 사람들에게 어려운 대화에 임할 때는 항상 위축되지 않고 자신감을 갖고 자기 인식과 연민을 바탕으로 이야기를 시작하라고 조언한다. 그러려면 준비가 필요하다. 단계별로 과정을 살펴보면 종결의 대화를 준비하는 데 도움이 될 것이다.

지금부터 종결의 대화를 진행하기 위한 단계를 설명하고, 뒤이어 각 단계를 하나씩 살펴보겠다. 이 단계별 지침은 대화가 특정한 방향으로 진행되도록 보장하는 것이 아니라 어떤 말을 하고 싶은지 충분히 깊이 생각한 뒤에 명확한 의도와 진실성을 담아 상대방에게 전달할 때 참고할 구체적인 틀이다.

1. 내 의도를 밝힌다.
2. 상대방에게 내 말을 경청해달라고 요청한다.
3. '나'의 관점에서 진술한다.
4. 내 말을 이해했는지 묻는다.
5. 상대방의 말을 경청한다.
6. 앞으로의 방향을 모색한다.

1단계: 의도를 밝힌다

의도의 중요성에 대해서는 앞에서 길게 설명했다. 8장에서 제시한 단계를 모두 실행했다면 아마 자신의 의도를 명확히 정리했을 것이다. 이를 상대방에게 말로 직접 전달하는 것은 대화를 시작하는 좋은 방법이다.

대화의 첫마디는 다음과 같이 일반적인 진술로 시작하는 것이 좋다. "우리 사이에 있었던 일에 대해 이야기하고 싶어. 그동안 내게 무슨 일이 있었는지 얘기하고, 당신 이야기도 듣고 싶어."

그런 다음 자신의 의도를 정리해서 말한다. 예를 들면 다음과 같다.

- "예전에는 서로 사귀는 사이였지만 이젠 아니잖아. 당신과 대화하면서 우리 사이에 있었던 일을 이해해보고 싶어. 난 슬프고 화나. 내 관점에서 지금껏 있었던 일을 설명하고, 당신은 어떻게 생각하는지도 들어봤으면 해."
- "전 ○○ 님과 일하는 게 좋았고, ○○ 님을 신뢰할 수 있는 사람이라고 생각했어요. 그런데 ○○ 님이 사람들에게 보낸 이메일 때문에 제 평판이 엉망이 됐어요. 지금 제 기분이 어떤지 설명하고 싶어요. 무슨 일이 있었는지도 알고 싶고요. 이 상황을 어떻게 정리하고 넘어갈지 함께 생각해봤으면 좋겠어요."
- "우린 가족이야. 추수감사절 저녁 식사에서 내가 한 말 때문에 네가 기분이 상했다는 거 알아. 그 일에 관해 얘기 나누고 풀었으면 해. 내가 왜 그런 말을 했는지, 그 이후로 내 기분이 어땠는지 네게 말하고 싶어. 우리 사이에 생긴 상처를 치유하려면 내가 뭘 어떻게 해야 하는지도 알고 싶어."

위의 예에서 종결의 대화를 원하는 화자들이 이야기하고 싶은 이유를 명확히 밝히려 애쓰고 있다는 데 주목하자. 이들은 자신의 생각과 감정을 자기 것으로 인식하고 인정한다. 또 이 대화에서 무엇을 기대하는지, 즉 자신의 관점을 설명한 다음 상대방의 이야기를 듣고 싶다는 의사를 전달한다. 이때 한 가지 주의할 점이 있다. 상대방이 진지하게 들어주기를 바라면서 정작 당신은 상대방의 관점에 귀 기울이지 않는다면 직설적으로 말하든 완곡하게 표현하든 이야기를 시작하기도 전에 대화가 끝날 수도 있다.

2단계: 상대방에게 경청해달라고 요청한다

일단 자신의 의도를 밝혔다면 상대방에게 얘기를 잘 들어달라고 요청하자. 이 단계는 대화에서 상당히 중요하다. 여기서 주목할 단어는 요구도, 간청도 아닌 요청이다. 대화를 나누고 싶다는 뜻을 다시 한번 밝히고, 당신의 말을 잘 들어달라고 부탁한다. 예를 들면 이렇게 말한다. "마음을 열고 이야기를 들어줬으면 좋겠어. 나도 마찬가지로 열심히 들을게. 얘기 나눌 수 있을까?" 상대방은 이 요청을 기꺼이 수락할 수도 있고, 그러지 않을 수도 있다. 어쩌면 다음에 기회가 있을 때 대화해도 되겠느냐고 물을지 모른다. 그러니 인내심 있는 태도로 대응하자!

3단계: 나의 관점에서 진술한다

이제부터 슬슬 두려운 지점이 시작된다. 두 사람 사이에 무슨 일이 있었는지, 어떤 영향을 받았는지, 종결됐다고 느끼려면 무엇이 필요한지를 자신의 말로 요약한다. 그렇다. 자신이 겪었고 지금도 여전히 겪고 있는 감정에 솔직해져야 한다는 뜻이다. 또한 상대방에게 공격당하기 쉬운 위치에 놓인다는 의미이기도 하다. 당신은 상대방이 듣고 싶어 하지 않거나 이해하려고 하지 않을 수도 있는 위험을 감수하고 있다.

무엇보다 '나'를 주어로, 내 관점에서 말하는 게 중요하다. "나는 ~를 봤어", "내 생각에~", "내가 느끼기에~"처럼 '나'라는 단어를 사용할 때는 자신의 감정을 인식한 상태에서 상대방에게 방어적으로 대응하지 말고 잘 들어달라고 요청한다. 반면 '너' 또는 '당신'이라는 단어로 문장을 시작하면 비판하거나 비난하려 한다는 뜻을 내비치게 되어 필연적으로 상대방이 방어벽을 높이 쌓아 올리게 만든다. 이렇게 되면 아무리 완곡하게 이야기해도 상대방이 방어적으로 나올 수 있다. 하지만 '나'를 주어로 문장을 시작하면 열린 마음으로 들어줄 가능성이 커진다.

덧붙여, 감성 지능을 발휘하는 것도 도움이 된다. 종결의 대화가 필요한 상황이라면 이미 상대방에 대해 꽤 잘 알고 있을 테니 상대방이 더 잘 알아들을 수 있는 방식으로 말을 전달하면 훨씬 더 효과적으로 대화할 수 있다. 단어를 신중히 선택하고, 표정과 목소리 톤에 신경 쓴다. 부정적인 반응을 유발할 가능성이 있는 방식으로 말하거나 행동하지 않도록 노력하자.

벌어진 일에 대한 견해를 정리해서 말할 때는 근거가 있는 사실만 이야기한다. 다시 말해 두 사람의 관계에서 상대방이 어떤 행동을 보였고 그 결과 자신이 어떤 감정을 느꼈는지 구체적인 예를 들어 설명한다. 비난으로 해석되기 쉬운 일반적인 진술보다는 사례, 즉 증거를 들어 설명하는 쪽이 언제든 더 이해하기 쉽다. 간단한 예를 살펴보며 확인하자.

- "난 우리가 정말 잘 지냈고, 함께 보내는 시간이 행복하다고 믿었어. 그리고 상대에 대해 많이 배우고, 특히 연인으로 함께하는 법을 배우고 있다고 생각했어. 그런데 당신이 이 집에 들어와서 함께 살게 된 뒤부터 우리는 차츰 멀어진 것 같아. 당신이 내 얘기를 들으려 하지 않고, 나와 시간을 보내고 싶어 하지 않는다고 느꼈어. 밤늦게까지 일만 했지. 당신 가족들을 만날 때도 더는 나를 초대하지 않았고. 사랑받지 못한다고 느껴서 너무 힘들었어."
- "함께 작업했던 프로젝트가 순조롭게 진행되고 있다고 생각했어요. 월간 목표도 달성했고, 경영진의 피드백도 긍정적이었고요. 저는 추가적으로 지원과 협력이 필요하다고 생각한 점을 ○○ 님께 있는 그대로 알렸던 거고, ○○ 님도 이에 동의하셨다고 생각했죠. 그런데 ○○ 님이 프로젝트에서 중대한 단계가 빠졌다고 저를 책망하는 이메일을 사람들에게 보낸 걸 보고 솔직히 충격받았습니다. 이 일로 이사님께 불려가 아주 심하게 질책받았어요. ○○ 님께 정말 크게 실망했습니다. 제가 희생양이 된 기분이에요."
- "추수감사절 저녁 식사 전에 과음을 했어. 내 잘못이야. 난 네

결혼이 파경에 이른 일에 대해 어떻게 생각하는지, 두 사람이 더 노력해서 이혼 위기를 넘기길 바랐다고 사람들 앞에서 숨기지 않고 말했어. 내 일이 아니라 두 사람 일이고 네가 그렇게 결정한 데는 나름대로 이유가 있다는 것도 알아. 하지만 식탁에 생긴 빈자리에 네가 내년에는 누굴 데려올지 모르겠다고 말했을 때 조금 취했긴 해도 내가 선을 넘었다는 걸 알 만큼은 정신이 있었어. 네 표정에서 그 사실을 알아챘거든."

이 예시들을 보면 화자가 비판하고 트집 잡는 느낌이 드는 '당신'의 관점이 아니라 '나'의 관점에서 말하고 있다는 점을 알 수 있다. 다른 사람의 생각이나 마음을 추측할 수는 없지만 이런 식으로 대화하면 최소한 상대방이 잘 듣고 대화를 수용할 것이라 기대할 수 있다. 이처럼 자신의 관점을 명확히 전달하려면 준비가 필요하다. 앞의 사례에서 화자들이 자신의 생각과 감정을 정리하고 구체적인 예를 생각해두지 않았다면 자신의 의견을 이야기하기 위해 마련한 자리가 고함, 울음, 비난, 방어 등 격한 감정을 쏟아내는 자리가 되어 아무런 효용이 없었을 것이다.

만일 상대방이 당신의 주장을 반박하거나 다른 방법으로 자신을 방어하려 하면서 당신이 하는 말을 가로막는다면 당신이 해야 할 말을 모두 마칠 때까지 잠자코 들어달라고 요청하자. 그런 다음 당신은 이야기를 듣기 위해 이 자리에 나온 것이기도 하다는 사실을 다시 한번 상대방에게 상기시킨다. 그런데도 상대방이 경청할 생각이 없는 것이 분명하다면 당신이 더 심하게 좌절하거나 심적으로 고통받지 않도록 대화를 그만 끝내야 한다.

4단계: 이해했는지 묻는다

자신의 관점을 밝히고 생각과 감정을 명확히 전달했다면 그 내용을 상대방이 잘 이해했는지 확인한다. "내 말 이해했어?" 혹은 "제 말이 이해되나요?"와 같이 간단히 질문해도 된다. 상대방이 다소(혹은 상당히) 방어적으로 나올 수도 있으니 이에 대비하자. 자신에게 부족한 부분이 있다는 말을 듣고 좋아할 사람은 아무도 없다. 상대방이 반감을 드러내면 "내 말에 동의해달라는 게 아니야. 그저 이해해달라고 부탁하는 거야"와 같은 설명을 덧붙여도 좋다.

이상적인 상황이라면 상대방이 동의하지 않거나 자신을 방어하려 하더라도 최소한 당신의 말을 이해했다는 확신이 들 것이다. 상황에 따라서는 대화를 더는 지속하기 어렵다고 판단할 수도 있다. 이 경우 상대방이 나중에 다시 대화하는 데 동의할 수도 있지만 그러지 않을 가능성도 있다.

5단계: 상대방의 말을 경청한다

내 말만 하는 것이 아니라 상대방 말도 경청하는 건 모든 대화에 꼭 필요한 태도다. 지금까지 내 이야기를 했으니 이제 상대방의 말을 들어줄 차례다. "내가 한 말에 대해 어떻게 느끼는지, 그리고 당신은 어떻게 생각하는지 듣고 싶어"와 같이 제안하자. 여기서 "당신의 입장을 듣고 싶어"라고 말하지 않았다는 점에 주목하자. '입장'이라는 표현을 사용하면 지금 이 대화가 옳고 그름을 따지는 말싸움으로 치닫고 있다고 암시하게 될지 모른다. 대신 상대방의 생각을 말해달라고 요청하면 이 문제를 함께 풀어나가고 싶다는 뜻을 넌지시 표시할 수 있다.

상대방이 자기 생각을 기꺼이 이야기하면 귀 기울여 들으면서 상대방을 존중하자. 중간에 끼어들어 따지거나 자신을 변호하려 들지 않고 열린 마음으로 상대방 말을 끝까지 들으려면 심호흡하는 등의 방법으로 마음을 다스려야 할 수도 있다. 상황이 이상적으로 흘러간다면 상대방도 마찬가지로 명확한 의도 아래 자신의 진심을 전할 것이다. 하지만 상대방이 비이성적이거나 폭력적으로 행동하거나, 애초에 문제가 됐던 상황이 더 크게 불거진다면 대화를 중단해야 할 수도 있다. 이 경우 당신이 바랐던 종결을 이룰 수는 없다는 사실을 잠재적으로 받아들여야 한다.

6단계: 앞으로의 방향을 모색한다

그저 두 사람 사이에 일어난 일에 대해 자신의 생각과 감정을 상대방과 나누는 것이 당신에게 필요한 종결일 수도 있다. 물론 이건 결코 간단한 일이 아니다. 당신이 상대방에게 해야 할 말을 하면 상대방이 자신의 생각과 감정을 덧붙여 의견을 말한다. 이로써 당신이 그동안 품었던 의문과 찜찜한 기분이 해소됐다면 종결지어진 것이다. 하지만 여전히 해결되지 않은 한 가지 질문이 남아 있을 가능성이 크다. "그렇다면 다음은 뭐지?" 혹은 더 직접적으로 "내가 어떻게 했으면 좋겠어?"라는 질문이다.

종결은 두 사람 사이의 문을 닫고 관계를 끝낼 수도 있고, 앞으로 나아갈 길을 열 수도 있다. 이후 헤어져 각자의 길을 걷기로 하는 것 이상의 대화는 없을지 모른다. 아니면 이제 상황이 정리됐으니 서로 합의하고 약속해 앞길을 함께 모색할 수도 있다. 어떤 결론에 이르든 다음 예시처럼 명확히 표현해야 한다.

- "그동안의 일을 겪으면서 우리는 이제 더 이상 함께할 수 없는 사이가 됐다고 생각해. 최소한 내가 원하는 관계로는 회복할 수 없을 거야. 그래서 이젠 그만 헤어져야 할 것 같아. 내가 이러는 이유를 당신이 알고 이해해줬으면 좋겠어."
- "○○ 님이 왜 그렇게 행동했는지에 대한 해명은 잘 들었어요. 그런데 우린 계속 함께 일해야 하잖아요. 앞으로 어떻게 하면 좋을지 이야기할 수 있을까요?"

- "우린 가족이고, 그 사실은 절대 변하지 않을 거야. 하지만 나는 네게 상처를 주고 너를 화나게 했어. 나를 진심으로 용서해줄 수 있을까?"

 관계를 지속하기 위해 종결을 추구할 수도 있다. 이를테면 두 사람 중 한쪽이나 양쪽의 변화를 약속하고, 이를 바탕으로 감정적으로 더 건강하며 생산적인 관계를 이어가기를 바라는 경우가 그렇다. 그러면 말하고, 듣고, 서로 이해하며 의견을 주고받는 과정이 어느 정도 필요할 것이다. 종결을 모색하는 이유와 목적이 솔직하고 구체적이라면 상대방과 공통 기반을 찾을 가능성이 크다. 이때 종결은 관계 개선을 위해 더 열심히, 의도적으로 접근하는 계기가 되기도 한다.

 물론 감정적인 고통이 클 때는 이런 식으로 대응하기가 쉽지 않으며, 상대방 역시 마찬가지일 것이다. 상대방도 들은 내용을 소화하고 생각을 정리할 시간이 필요할지 모른다. 혹은 놀라거나, 화나거나, 상처 입은 감정을 처리할 시간이 필요할 수도 있다. 이럴 경우에는 시간이 조금 지나서 준비가 더 잘됐을 때 대화를 다시 시작하자고 제안하자. 하지만 이와 동시에 생명 유지 장치를 달고 있는 것이나 다름없어 정리해야 마땅한 관계를 유지하려고 종결을 반복하는 함정에 빠져서는 안 된다.

 다른 한편으로, 일어난 일과 그에 대한 자신의 감정을 설명하는 일이 당신에게 필요한 종결의 전부이며, 상대방이 어떤 식으로 반응하는지는 아무런 상관이 없을 때도 있다. 우리는 때로 생각과 감정을 표출하는 것만으로 치유되며, 풀어내는 과정에서 이것으로 충분하다는 사실을 깨닫는다. 만일 그렇다면 해야 했던 말을 쏟아냈으니 이제 대화를 끝내고 자기 삶으로 돌아가면 된다.

종결을 무기로 사용하지 않는다

종결을 모색하며 대화를 나눌 때 꼭 짚고 넘어가야 할 점이 하나 더 있다. 의도했든 의도치 않았든 상대방을 공격하기 위한 무기로 종결을 사용하고 있는 건 아닌지 돌아봐야 한다. 종결의 대화를 상대방에게 강력히 요구할 때 처음에는 자신에게 힘과 영향력이 생긴 기분이 들지 모른다. 당신은 공격적으로 달려들어 사과받고, 인정받고, 이해받기를 요구한다. 문제는 상대방이 그 상황을 당신과 다르게 볼 수도 있다는 점이다. 이럴 때 대화를 강요하면 상대방은 방어하거나 거부하거나 완강히 저항할 수도 있다. 그러면 계속 똑같은 말을 건네고, 똑같이 요구하고, 아무 소득 없이 돌아오는 과정을 되풀이하면서 마치 반향실 안으로 소리 지르는 기분이 들지 모른다. 지겹도록 얘기했던 자신의 주장이 메아리쳐 들려오면 스스로 지녔다고 믿었던 힘과 영향력이 점차 사그라진다. 이때 상대방이 괴롭힘당하거나 심지어 학대당하는 것처럼 느낄 수도 있다는 점도 염두에 둔다. 옳은 사람이 되어야 한다는 욕구가 상대방에게 감정적 상처와 무력감을 깊이 남길 수 있으니 주의해야 한다.

자신이 옳다는 것을 증명하거나 상대방을 기분 나쁘게 만들기 위해 종결의 대화를 이용하고 있다고 깨닫는다면 맨 처음으로 돌아가 자신의 의도가 그릇되고 불합리한 사고에 기초한 건 아닌지 살펴보는 일부터 다시 시작해야 할 수도 있다. 어쩌면 그저 단념하고 넘어가는 것이 시간 활용 면에서 나은 선택일지 모른다. 하지만 상대방에게 감정적으로 고통을 줬다면 그에게 용서를 구해야 두 사람 모두 감정을 치유할 수 있다는 사실을 명심하자.

역으로 다른 사람이 당신에게 종결의 대화를 요청하는 경우는 어떨까? 갑자기 당신에게 엄청난 권한이 생긴다! 마침내 운전석에 앉은 셈이다. 그 힘을 어떻게 사용할 것인가? 상대방이 답답하고 안타까운 감정을 느끼며 지내도록 내버려둘 텐가? 자신에게 어떤 동기가 있는지 생각해보자. 어쩌면 이것은 두 번 다시 열고 싶지 않은 문일 수 있다. 당신이 익히 알고 있는 그 사람이 당신을 교묘히 조종하거나 협박하려는 것일지 모른다는 의심이 들지도 모른다. 혹은 당신에게 해를 입힌 그 사람에게는 종결을 얻을 자격이 없으며, 그를 벌주고 싶다는 생각이 들 수도 있다. 그의 요청을 받아들이고,

그의 관점을 고려하고, 그가 종결을 이룰 수 있도록 협조하는 한편 당신도 마찬가지로 이 상황을 종결지을 수 있을까? 이 모든 것이 당신 손에 달렸다.

어떤 상황에서든 종결을 무기로 사용하지 않으려면 연민하는 마음으로 행동해야 한다. 본능에 귀 기울이고, 상처받지 않도록 자신의 감정을 보호하자. 그리고 상대방과의 관계에서 앞으로 가장 도움이 될 길을 선택하거나 두 사람 모두를 치유할 수 있는 끝맺음의 방식을 제시하자.

비언어적 의사소통, 무언의 종결

개인적인 인생 경험과 내담자들을 통해 접한 경험을 종합해보면 직접 만나서 종결의 대화를 나누지 않는 이유는 다양하다. 당신도 이 중 일부에 공감할 것이다. 예를 들어 상대방이 평소에 따지고 시비 거는 걸 일삼는 사람이거나 방어적이거나 폭력적인 사람이라면 대화하는 위험을 감수하고 싶지 않을지 모른다. 반대로 종결의 대화가 상대방에게 해가 될까 봐 피하고 싶을 수도 있다. 감정적 고통이 너무 커서 자신의 감정을 말로 표현하는 일을 상상할 수조차 없고, 의연하게 보이고 싶은 사람 앞에서 무너질까 봐 두려울 수도 있다. 아니면 상대방이 대화 요청을 단호하게 거절할 수도 있다.

하지만 모든 의사소통이 언어로만 이뤄지는 건 아니며,

대화로 모든 문제가 해결되는 것도 아니다. 이 장 후반부에서는 어떤 이유로든 마주 앉아 대화하는 일이 불가능할 때 무언의 종결을 모색하는 비언어적 종결에 대해 알아볼 것이다.

사람들은 비언어적인 형태의 종결을 모색하는 일에 대해 "비겁하기는!", "치사하게 그런 소심한 방법으로 반항하다니!", "사람이 어쩌면 그렇게 냉정해!"라는 말로 비난하기도 한다. 때로는 이런 비난이 전혀 근거 없는 말은 아니다. 다른 모든 형태의 종결을 시도할 때와 마찬가지로 비언어적 종결을 시도하다 고통과 좌절이 더 깊어지기도 한다.

그러나 한편으로 우리는 모두 인간이며, 인간은 한계가 있다는 사실을 기억해야 한다. 비록 우리가 하는 행동이 누군가가 생각하는 '최선'과는 개념적으로 거리가 멀지 몰라도 모든 사람이 각자 최선을 다하고 있다. 저마다 세상 속에서 이런저런 것들을 알아내려 애쓰고 있다. 그러다 보면 비언어적인 의사소통이 우리가 할 수 있는 전부일 때도 있다. 물론 때로는 아무 효과가 없어서 해결되지 않은 좌절과 고통이 남기도 한다. 하지만 자신의 의도를 더 깊이 있게 표현하고, 자신이 활용할 수 없었던 표현의 한계를 뛰어넘는 일에도 고통을 치유하는 효과가 있다.

무언의 종결은 다양한 형태로 나타날 수 있다. 그중 몇 가지를 살펴보면서 어쩌면 각자의 삶에서 말로 표현할 수 없었던 종결의 사례가 떠오를지도 모른다.

① 미소와 찌푸린 표정

표정이 모든 걸 말해주기도 한다. 우리는 때로 표정만으로 '이 관계는 끝났다'고 느낀다. 또 표정이 우리가 얻을 수 있는 전부일 때도 있다.

누구나 한번쯤 인간관계로 힘든 시기를 보낸 경험이 있을 것이다. 그 고통이 너무 커서 당신과 상대방 모두 그 이야기를 차마 꺼내지 못했을지도 모른다. 그때의 기억과 감정을 다시 떠올려 경험하고 싶지 않았을 것이다. 아니면 상대방 말을 들었지만 대꾸할 거리가 없었을 수도 있다. 또 뭔가에 대해 대화하는 데 지쳐 아무 말도 꺼내기 힘들 때도 있다.

미소는 어떨까? 미소는 우리를 다른 사람과 연결해준다. 미소는 "우린 괜찮아", "난 널 이해해", "널 용서했어"라고 말한다. 진심이 담긴 미소는 상처를 치유할 수 있다. 하지만 슬픈 미소도 있다는 점을 기억하자. 미소는 노력했지만 헤어져야 한다는 의미일 수도 있다. 이때 종결은 합의하지 않기로 동의하고 각자의 길을 가는 것이다. 관계가 좋을 때 함께 행복한 시간을 보냈으며 그 사람과의 추억은 항상 소중히 간직할 것이다. 슬픈 미소는 말로는 표현할 수 없는 방식으로 이런 심정을 전달한다.

미소와 완전히 다른 의미를 전하는 표정도 있다. 찌푸린 표정이나 화난 표정은 두 사람 간의 소통을 단절시키기도 한다. 이런 표정은 실패로 끝난 종결의 결정체를 단적으로 보여주거나, 성공하긴 했지만 둘 중 한 사람이나 둘 다에게 나쁜 감정이 남은 종결의 결정타일 수 있다. 찌푸린 표정은 "그래, 우린 이제 끝났어. 당신과 끝나서 정말 잘됐어"라는 뜻을 전하기도 한다. 이로써 상대방에게 끝났다는 사실을 확실히 납득시키고 관계의 문을 완전히 닫는다. 무표정한 얼굴에도 똑같은 효과가 있다.

② 포옹과 토닥임

정신 건강 전문가들은 신체 접촉의 중요성을 자주 언급한다. 실제로 포옹, 어깨 토닥임, 악수와 같은 스킨십으로 상당히 큰 의미를 전달할 수 있다. 가장 최근에 누군가와 포옹했던 때를 떠올려보자. 그 포옹이 어떤 의미로 와닿았는가? "내겐 당신이 소중해", "고마워", "이해해", "네 말에 동의하진 않지만 우리 관계는 여전히 문제없어", "용서할게", "나를 용서해줘" 등등의 뜻이 전달됐을지 모른다. 포옹은 대화를 나눈 뒤 상대방을 안심시키고 두 사람 사이에 모든 것이 괜찮다는 사실을 알리는 방법이 될 수도 있다. 혹은 일시적으로나 영원히 작별할 때 인사를 건네는 방법이기도 하다.

토닥임도 같은 역할을 할 수 있다. 누군가의 손이나 어깨를 두드리는 행동은 포옹과 비슷하게 상대방을 안심시키는 효과가 있다. 지나가는 길에 상대방의 어깨를 한두 번 토닥이는 작은 몸짓은 서로에게 큰 의미가 되기도 하며, 포옹을 나누기에는 관계상 다소 불편하거나 부적절할 때 대신하기에도 좋다.

종결과 관련된 상황에서 더는 할 말이 없다고 느낀 적 있는가? 아마도 상대방과 교착 상태에 빠졌거나, 두 사람 모두 바랐던 종결을 이룰 수 없었거나, 상호 이해나 합의에 도달하지 못한 경우였을 것이다. 그렇다고 이대로 관계를 완전히 끝낼 마음은 없을 때, 때로는 상대방을 한 번 안아주거나 어깨를 토닥이는 것으로 양쪽의 상황을 종결지을 수 있다.

물론 신체 접촉으로 의미를 전달하는 사례 중에는 때리거나 그 밖의 방식으로 폭력을 행사해 신체에 해를 입히는 일도 포함된다. 뺨을 때리거나 얼굴을 주먹으로 치는 행동으로 종결을 시도하는 사례는 너무 많다. 직접 경험한 적 없더라도(부디 그랬기를 바란다) 영화에서는 봤을 것이다. 분노의 문화가 워낙 널리 퍼져 있다 보니 타인에게 신체적으로 고통을 주거나 굴욕감을 안기는 방법으로 상황을 종결지으려는 사례가 너무 빈번하다. 그렇게 하면 순간적으로 기분이 나아질지 몰라도 이는 종결을 이루는 건전한 방법이 아니며, 장기적으로 모두에게 불만족스러운 결과를 불러온다.

③ 글로 표현하기

편지를 쓰지 않는 만큼 이메일과 문자메시지를 이용하는 사람이 늘어난 듯하다. 그동안 문자메시지로 관계를 끝낸 사람을 상담실에서 많이 만났다. 그들은 일반적으로 관계를 끝내는 이유와 방법을 소통할 때도 문자메시지를 이용했다. 사실 나는 그와 같은 문제를 소통할 때는 직접 만나서 대화를 나눠야 한다고 조언하는 편이다. 내담자들이 그럴 때 문자메시지를 이용한 이유는 직접 만나는 일을 피하고 싶거나 만남이 불필요하다고 생각해서였다. 그들은 어쨌든 문자메시지를 보내는 걸로 충분하다고 여겼다. 문자뿐 아니라 이메일을 그런 방식으로 이용하는 경우도 본 적 있다. 이때 이메일을 주고받는 과정에서 종결되기도 하고, 한 통의 명확한(혹은 그다지 명확하지 않은) 이메일로 종결지어지기도 한다.

나는 전자 통신을 이용한 소통이 마주 앉아 실시간으로 나누는 대화를 대체하기에는 역부족이라고 생각한다. 문자메시지도 하루이틀 지나서 답장하는 경우가 있지만 특히 이메일의 경우 상대방이 메시지를 보내면 그것을 읽고 다시 답장을 보내기까지 시간이 지연된다. 글솜씨가 특히 좋아 생각과 감정을 말보다 글로 능숙히 표현하는 사람도 물론 있지만 글을 통한 소통에는 목소리 톤이나 표정 같은 요소가 없어 잘못된 추측을 불러일으킬 우려가 있으며, 때로는 대화가 의도치 않게 부정적인 방향으로 흐를 수 있다.

그렇지만 직접 만나서 대화하는 일이 늘 가능한 조건은 아니라는 것도 물론 이해한다. 만일 이메일로 종결을 시도할 계획이라면 자신의 의도가 무엇이고, 무엇을 경험했으며, 그 일에 어떤 기분이 드는지를 요약해 명확한 문장으로 정리하자. 때로는 글이 강력한 영향력을 미치기도 한다. 가령 대화를 나눴다면 내용을 그렇게까지 생각하지 못했을 텐데 글로 소통한 덕분에 읽고 또 읽으면서 깊이 이해하고 수용하게 될 수도 있다. 또한 대화에서 방어적인 태도를 취하며 반박할 기회를 엿볼 때는 상대방 말을 귀담아듣지 않을 수 있지만 글을 읽을 때는 내용을 소화하고 자신의 반응을 정리할 시간이 있다. 따라서 이런 측면에서는 문자메시지나 이메일도 도움이 될 수 있다.

하지만 만반으로 준비해둬야 한다. 앞서 설명한 다양한 이유로 상대방이 전혀 예상치 못한 방식으로 대응해 논의의 틀을 재구성하거나 피해를 복구해야 할 수도 있다. 이렇게 되면 원했던 방향으로 종결짓지 못할 가능성이 크다. 그리고 문자메시지와 이메일을 사용하면서 내가 경험한 바에 따르면, 단순히 감사 인사나 공감을 표현하는 데 그치더라도 사람들은 마지막에 각자 한마디씩 말을 덧붙이고 싶어 한다. 이에 따라 서로 끝없이 메시지를 주고받게 될 수 있으며, 종결을 시도할 때는 분노의 말이 한없이 오갈지 모른다. 이렇게 되면 괴로운 상황을 정리하려고 종결을 모색했는데 오히려 상황이 더 심각해질 우려가 있다.

게다가 온라인 환경에서는 오프라인에서였다면 불가능했을 방식으로 상대방의 번호나 계정을 차단할 수 있다. 만약 상대방이 당신의 전화번호와 이메일 주소를 차단하기로 결심한다면 소통을 재개할 기회가 없는 상태에서 오해와 학대, 무시를 더 많이 경험하게 될 수도 있다. 그러면 예전보다 기분이 더 나빠질지 모른다.

그리고 이런 문제도 있다. 문자메시지와 이메일은 영구적인 기록이다. 잘못하면 자신이 작성한 메시지가 사람들 사이에 퍼져 원치 않는 방식으로 공개되고 자신에게 되돌아와 자기 자신을 괴롭힐지 모른다.

편지도 마찬가지로 활용할 수 있다. 문자메시지나 이메일과 마찬가지로 편지로 생각을 정리하면 자신의 감정을 명확히 밝히고 상대방에게 분명한 의사를 전달하는 데 도움이 된다. 답장은 받을 수도 있고 못 받을 수도 있다. 나는 자신의 기분이 어떠하며 무엇을 원하고 원하지 않는지를 상대방에게 최종적으로 알리는 것이 종결 방법이 될 때 편지가 의사소통을 끝내는 가장 효과적인 수단이라고 생각한다. 상대방과 답장을 주고받을 가능성은 거의 없겠지만 만일 그럴 의도라면 목적에도 잘 부합한다. 하지만 전자 통신 수단과 마찬가지로 편지(혹은 편지를 찍은 사진)도 친구들 사이에 퍼져 개인적인 내용이 공개될 가능성이 있으니 이런 문제가 있어도 괜찮을지 미리 생각해둬야 한다.

④ 소유물 돌려주기

사람들은 소유물을 추억과 연관 짓는다. 물론 나도 그렇다. 각자 집을 둘러보면 소중한(혹은 소중했던) 사람에게 받은 물건이 많이 보일 것이다. 만약 그 사람과 사이가 틀어졌다면 그 물건을 보면서 그 사람이 떠올라도 괜찮은가? 자신에게 가치 있는 물건이라면 그 물건을 준 사람과 이미 헤어졌더라도 그 물건을 보관할 수 있을지 모른다. 때로는 물건이 실연이나 죽음으로 떠나보낸 사람에 대한 슬픈 기억을 자극하기도 한다. 물건을 준 사람에게 많이 화났거나 상처받았거나 실망해서 그 사람에게 자기 의사를 표현하고 싶을 때는 그 물건을 주인에게 돌려보내야겠다고 생각하게 되기도 한다.

잠시 이와 연관된 사연을 소개할까 한다. 내 친구 키샤는 오랜 세월 친구로 지낸 내딘이 자아 도취에 빠져 있다는 사실을 인정해야겠다고 마침내 결심했다. 내딘은 시도 때도 없이 키샤에게 전화해 자신의 문제, 관계, 자녀에 관해 이야기를 쏟아내면서 반대로 키샤의 이야기를 들어주거나 키샤를 도와준 적은 없었다. 내딘의 전화 통화는 때로 몇 시간씩 이어지기도 했다. 키샤는 더 이상 참을 수 없었다. 그녀는 내딘에게 전화해 이제 더는 연락을 주고받지 않겠다고 말했다. 내딘은 사과하지도, 해명을 요구하지도, 우정을 바로잡으려 시도하지도 않고 침묵하고 있다가 그냥 전화를 끊었다.

며칠 뒤 키샤에게 택배로 커다란 상자가 도착했다. 내딘이 보낸 것이었다. 키샤는 호기심도 들고 옛정도 있고 해서 그 안에 무엇이 들었는지 보고 싶어졌다. 열어보니 지난 몇 년간 키샤가 내딘에게 줬던 생일 선물이 거의 대부분 들어 있었다. 아무런 메모도, 설명도 없었다. 굳이 설명이 필요하지도 않았다. 키샤는 내딘과 이제 연락을 주고받지 않겠다는 말로 상황을 종결지으려 했고, 내딘은 생일 선물로 받은 물건들을 착불 택배로 돌려보낸 걸로 종결지으려 했기 때문이다. 내딘은 잠시 설욕한 기분을 느꼈더라도 진정한 종결은 이루지 못한 데 반해 키샤는 실망했지만 이 행동으로 찜찜했던 점이 모두 정리된 기분이었다. 키샤는 친구의 연약한 자존심이 상처 입었으며, 그녀와 절교한 건 옳은 선택이었다고 확인했다.

마주 앉아 대화를 나누는 것보다 이런 식으로 상황을 마무리하는 쪽이 낫다고는 생각하지 않는다. 하지만 어떤 관계의 문은 완전히 닫아야 하며, 우리가 각자 그 문을 닫기 위해 최선을 다하고 있다는 걸 이해한다.

⑤ 침묵

내담자들을 만나다 보면 침묵으로 상황을 종결짓겠다는 이야기를 종종 듣는다. 예를 들면 이런 식이다. "제 여자친구에게 더 이상 저를 그런 식으로 대하면 안 된다는 걸 보여주겠어요. 두고 보세요. 앞으로 며칠 동안 여자친구와 말하지 않을 거예요." "그 친구가 제게 그렇게 행동한 뒤로 그 친구와 다시는 말하지 않겠다고 결심했어요. 연락도 끊고요." "그 사람이 이제 저를 보고 싶어 하지 않는 것 같아요. 제게 연락을 통 안 해요."

앞서 말했듯 종결에 관한 대화는 쉽지 않을 때가 많다. 그리고 할 말이 마땅치 않을 때 침묵하는 건 인간의 본능이다. 침묵으로 대응하는 데는 어떤 이유가 숨겨져 있을까? 너무 화나거나 슬퍼서 감정을 말로 담을 수 없는 경우도 있다. 상대방이 이해하지 못하거나 이해하려 하지 않을까 두려운 것인지도 모른다. 아니면 북받치는 감정에 무너져 내리는 일을 피하고 싶었을 수도 있다. 하지만 살면서 경험했듯 입을 완전히 닫는 일은 상대방을 벌하려는 의도로 사용되는 경우가 아주 많다.

침묵이 금이라는 말이 있지만 침묵이 늘 좋은 것만은 아니다. 소통 단절은 끝나지 않은 느낌을 남긴다. 아무 정보도 없이 상대방이 침묵으로 일관하면 우리는 마음속으로 최악의 시나리오를 자꾸 그려보게 된다. 침묵하면 침묵하게 된 상황을 마음의 반향실에서 다시 만들어내고, 기억이 흐릿해지면서 머릿속에서 재구성되기도 한다. 그러면 사실이 바뀌고, 침묵하게 된 이유도 바뀔 수 있다. 과거 사건을 다시 떠올리거나 대화를 끝내고 싶은 상대방과의 대화를 자기도 모르게 연습하고 있을지도 모른다.

그렇다고 만나서 의견을 나누기 전에 잠시 떨어져 서로

각자의 시간을 갖는 일이 쓸모없다는 말은 아니다. 하지만 침묵이 지속될수록 그 사람과의 관계에서 필요한 종결을 찾을 가능성은 줄어든다. 그렇게 되면 개인적인 성장과 치유의 기회, 인생의 한 챕터를 마무리하고 새로운 챕터를 시작할 기회, 관계를 회복해 앞으로 더 잘 지낼 기회를 놓치게 된다.

하지만 불량배에 대처하는 가장 좋은 방법은 그 자리를 뜨는 거라는 말도 있듯, 때로는 침묵이 최선의 선택일 수도 있고, 유일하게 남은 선택지일 수도 있다. 자신에게 도움이 되고 상처를 더 키우지 않는 방식으로 문제를 정리할 수 없다면 그 자리를 떠나야 할 때가 된 것이다.

⑥ 선한 행동

대화로 절대 종결을 이룰 수 없는 상황 중 하나는 자신에게 소중한 사람이 사망하는 경우다. 물론 그렇다고 절대 종결지을 수 없는 건 아니다. 나는 종종 내담자들에게 선한 행동으로 고인의 유산을 존중함으로써 종결을 찾는 방법도 있다고 말해준다. 한두 번쯤은 이런 경험을 해봤을지 모른다. 우리는 타인을 다양한 방법으로 기릴 수 있다. 고인이 소중히 여겼던 자선단체에 기부하거나 고인이 회원으로 활동했던 공동체를 도울 수도 있고, 고인을 기리는 행사나 장학금을 만들어도 좋다. 혹은 그저 사랑하는 사람에게서 받은 친절을 본받아 더 선한 사람이 되겠다고 마음먹을 수도 있다. 이는 상실의 슬픔을 느낄 때 종결을 모색하는 한 가지 방법이자 상실을 이해하는 데 도움이 되는 방법이다.

선한 행동은 이 밖의 상황에서도 종결을 찾는 방법으로 활용될 수 있다. 대표적으로 자신이 한 일에 대해 죄책감과 수치심을 느낄 때가 그렇다. 피해를 준 사람에게서 아직 용서받지 못해 종결지으려면 뭔가 호의적인 행동을 해야겠다고 생각할 수도 있다. 혹은 다른 사람에게 직접적으로 해를 끼치지는 않았지만 자신이 했던 행동에 부끄러운 마음을 느끼는 경우도 있다. 예컨대 직장이나 공동체에서 크게 도움받아 감동했던 누군가에게 감사 인사를 제대로 전하지 못했을 수도 있다. 선행을 베풀고 나누는 일은 깊고 의미 있는 수준에서 이를 종결지을 방법이 된다. 이 과정에서 예상하지 못했던 인연을 새로 맺고, 자기 자신을 표현하는 새로운 장이 열릴지 모른다.

|연습| 종결의 대화를 나누기 전에

자신의 현재 삶에서 누군가와 종결지을 수 있는 상황을 떠올려보자. 이 장의 모든 단계를 복습하면서 이 사람에게 어떤 말을 할 수 있을지 적어보자(다시 말하지만 이 연습의 목적은 자신이 기대하거나 바라는 과정을 예행연습 하는 것이 아니라 말하

려는 내용을 계획하는 데 있다). 이제 시간을 갖고 대화 단계를 밟아나가면서 떠오른 감정을 정리한다. 자기 자신에게 이렇게 질문한다.

- 내가 진심에서 우러나온 말을 하고 있다고 말해도 아무 가책 없을 정도로 내 의도가 명확한가?
- 상대방이 내가 바라는 대로 응답할 거라고 얼마나 확신하는가?
- 혹여라도 상대방이나 내가 특히 불편하게 느낄 수 있는 단계가 있는가? 서로 더 편안하고 열린 태도를 갖는 데 도움이 되도록 내가 할 수 있는 행동이나 말이 있는가?
- 상대방이 하는 말을 열린 태도로 듣고, 상대방이 내가 원하는 방식으로 대응하도록 강요하지 않으면서 경청할 자신이 있는가?
- 충분히 시간을 들여 내가 하고 싶은 말을 더욱 구체적으로 파악했다. 이제 대화할 준비가 됐는가? 여전히 이 대화가 내게 도움 될 것 같은가? 아니면 종결을 단념하고 그냥 넘어가야 한다고 보는가?

마음을 드러낼 용기

자신이 필요로 하거나 원하는 걸 상대방에게 요청하는 건 힘든 일이다. 이는 다시 말해 마음을 열고, 약한 모습을 보여 공격받기 쉬운 입장에 놓이고, 자신을 드러내고, 상대방에게 자신의 말을 듣고 이해해달라고 요청해야 한다는 뜻으로, 꽤 부담스러울 수 있다.

자신이 어떤 기분을 느끼고 왜 그렇게 느끼는지 상대방에게 알리고, 자신의 생각과 감정의 주인이 될 수 있다는 이점을 고려하면 주저하는 마음을 더 쉽게 극복할 수 있을 것이다. 자신의 생각과 감정을 표출하면 그 모든 걸 더는 마음에 담아둘 필요 없다. 마침내 모두 밖으로 쏟아내면 권한과 자신감이 생겼다고 느낄 것이다.

물론 자신이 원했던 종결을 이루지 못할지도 모른다. 상대방의 이해를 구하지 못할 수도 있다. 벽에 대고 얘기하는 기분이 들지 모른다. 애초에 종결을 원하게 했던 문제를 더 많이 겪게 될 수도 있다.

그래도 용기를 갖자! 용기는 무엇일까? 솔직하고 직설적이면서도 동시에 상대방을 연민하는 것, 해야 할 말을 하는 것, 듣고 싶지 않을 수도 있는 진실에 귀 기울이는 것이다. 상대방과의 공통 기반을 찾을 수 있다면 기꺼이 찾아 나서고, 상대방이 동참하려 하지 않아 찾을 수 없을 때 이를 받아들이는 것 또한 용기다. 실제로 용기는 떠날 때가 됐을 때 이를 받아들이는 걸 뜻하기도 한다. 이에 대해서는 4부에서 더 자세히 알아보겠다.

10장

점검하기

종결을 시도한 뒤에는 '어떻게 됐는가?'라는 질문이 남는다. 8장에서 종결에 관한 대화를 준비하는 법, 9장에서 대화하는 법을 다뤘으니 이제 대화의 결과를 평가하는 법을 알아볼 차례다.

자신에게 필요하다고 생각했던 종결을 이뤘는가? 예상치 못한 방식으로 종결지어졌는가? 아니면 종결 시도가 실패로 돌아갔는가?

답변하기 전에 잠시 한 발 물러나 영상을 뒤로 돌려보듯 내가 어떻게 말했고, 상대방은 어떻게 말했으며, 어떤 결론에 도달했는지 생각하면서 대화를 돌이켜보자. 상대방과 나눈 대화가 너무 고통스러워서 다시 생각하고 싶지 않다면 마음 챙김 명상법을 활용해본다. 심호흡으로 마음을 가라앉히고, 대화가 어떻게 진행됐는지 떠올리면서 대화 장면을 시각화해보자. 글로 적어보는 것도 기억을 떠올리는 데 도움이 될 수 있다.

종결지어졌는지 아닌지를 고려할 때는 초점을 자기 자신에게 둔다. 상대방이 표출한 감정에 사로잡힌 기분이 든다면 그러기 쉽지 않더라도 최대한 상대방이 아니라 자신의 반응에 집중할 것을 권한다.

그 경험을 이성적으로 돌아볼 때 어떤 생각이 드는가? 객관적으로 종결지었다고 생각하는가? 이번에는 감정적인 측면을 살펴보자. 그 대화로 필요한 것을 얻었다는 직감이 드는가? 여러 감정이 혼재한다면 결과를 더 정확히 평가할 수 있도록 감정이 진정될 때까지 한동안 기다려야 할 수도 있다. 이 장은 자신의 생각과 감정을 정리하고, 시야를 더 넓혀 바라보고, 종결 여부를 판단하고, 다음에는 어떤 일이 일어날지를 정리하는 데 도움이 될 것이다.

기분은 어떤가?

인간은 감정적인 존재다. 아마도 우리가 종결을 모색하게 되는 가장 큰 동기는 강렬하게 느껴지는 감정을 다스리기 위해, 달리 표현하면 기분이 나아지게 하기 위해서일 것이다. 감정은 의도와 밀접한 관련이 있을 가능성이 크다. 물론 의도가 전적으로 감정에 좌우되지는 않겠지만 의도를 품을 때 의식적으로든 무의식적으로든 감정을 고려하게 되는 건 분명하다. 지금부터 살펴볼 감정들은 내담자들이 종결과 관련된 일을 겪었을 때 자주 언급했으며 나 역시 경험한 것이다. 이 감정들에 대한 설명이 자신의 감정을 더 명확히 파악하는 데 도움이 되리라 믿는다.

- 행복: 원하는 방식에 따라 성공적으로 종결지으면 만족스러운 행복감을 느낄 것이다. 해야 할 말을 했고, 상대방이 당신의 말을 경청하고 진심으로 이해하는 듯했으며 당신이 원했던 방식으로 대응했다. 분명 가장 이상적인 종결이지만 적어도 개인적인 경험과 내담자들의 사례에 비춰 볼 때 가장 흔한 결과는 아니다. 그렇지만 마침내 분노를 표출할 수 있었다는 데 만족하는 등 다른 이유로도 행복감을 느낄 수 있다.
- 슬픔: 종결을 모색하는 대화를 나누는 건 슬픈 경험이 될 수도 있다. 과거 문제에 관해 이야기하다 보면 그때 느꼈던 슬픔을 다시 경험할지 모르기 때문이다. 게다가 이 대화가 상대방에게도 감정을 불러일으킬 수 있다. 만약 상대방이 기분 나쁘게 반응하고 결국 종결짓지도 못했다면 아쉽고 슬플 것이다. 상대방이 슬퍼하면 종결지었더라도 슬픔을 느낄 수 있다. 관계

를 끝내게 됐거나, 누군가와 앞으로는 다른 방식으로 소통해야 하거나, 생명이 다했음을 인정해야 할 때도 슬픔을 느낄 수 있다. 그동안 마음을 괴롭혀온 문제가 해소됐더라도 모든 결말이 행복한 건 아니다.

○ 분노: 슬픔과 마찬가지로 분노는 마음속에서 생기거나 상대방의 감정에 대한 반응으로 일어나기도 한다. 종결을 이루려고 애쓰는 과정에서 그동안 억눌렀던 자신의 분노를 마침내 인식하게 될 수 있다. 지금 이 상황에 이르기까지 두 사람의 관계에서 자신이 어떤 일을 겪어왔는지 상대방에게 이야기할 때 감춰졌던 분노가 수면 위로 모습을 드러내기도 한다. 분노가 적절한 방식으로 표현된다면 해방감을 느낄 수 있다. 하지만 상대방이 당신의 감정을 인정하지 않거나, 심리적으로 조종하려 하거나, 분개해 화를 내면 그런 행동으로 인해 대화 중에 분노가 끓어오르기도 한다.

○ 두려움: 상대방에게 감정적으로 상처를 줬을까 봐 염려되거나 상대방이 나중에 어떻게 반응할지(심지어 보복할지) 두려워서 종결의 대화를 중단하고 물러나는 경우도 있다. 아니면 분노를 표출한 방식, 상대방에게 했던 말, 마음에 담아뒀던 생각 등 자신의 행동과 속내가 상대방에게 노출되는 것이 두려워 대화를 포기하는 경우도 있다. '세상에, 내 안에 이런 감정과 생각이 있을 줄 몰랐어'라고 생각하며 가슴을 쓸어내릴지 모른다. 두려움은 견디기 힘든 감정이어서 다시 처음으로 돌아

가 종결을 모색하는 동기가 되기도 한다. 하지만 삶의 여러 측면에서 경험해봤듯 일반적으로 두려움에서 나온 행동은 관련된 모든 당사자에게 생산적이지도, 유익하지도 않은 결과를 가져온다.

○ 죄책감·수치심: 죄책감과 수치심은 종결의 대화 결과 생기는 다른 감정들과 더불어 나타난다. 예를 들어 분노는 수치심을 불러일으킬 수 있다('내가 왜 그런 말을 했을까?'). 또 자신은 만족하지만 상대방이 불만족스러워하면 죄책감이 들기도 한다. 두려움에 사로잡힌 자기 자신이 부끄럽게 느껴질 수도 있다('난 왜 이렇게 소심할까?'). 다른 감정과 별개로 죄책감과 수치심을 느끼는 경우도 물론 있다. 특히 대화를 나누기 위해 자기 자신을 심리적 안전지대 밖으로 밀어냈을 때 피해의식에 빠져 자신은 상황이 종결된 기분을 느낄 자격이 없다고 여기거나 스스로 비판하면서 죄책감이나 수치심을 느낄지 모른다. 수치심은 그 즉시 느껴질 때도 있고, 시간이 지나면서 자신의 감정이 드러나고 상대방이 어떻게 반응하는지 인식하면서 생길 때도 있다.

○ 좌절감: 대화가 원하는 대로 진행되지 않으면 모두 흔히 아는 좌절감이 들 수 있다. 다른 사람들이 항상 우리가 원하는 대로 행동하지는 않는다. 대화로 풀고 싶었지만 상대방이 대화를 거부했을지 모른다. 당신의 말을 들으려 하지 않거나 듣고도 이해 못 했을 수도 있다. 혹은 자신의 책임을 면하기 위해 당

신을 나쁜 사람으로 몰았을지 모른다. 이 외에도 좌절감을 느낄 만한 상황은 무수히 많다. 이런 경우 좌절감으로 인해 계속해서 종결을 더 원하고 시도하게 되면서 무력해지고 더 불행해질 위험이 있다.

- 안도감: 안도감은 종결의 대화가 순조롭게 진행될 때 흔히 드는 감정이다. 하지만 내담자들에게서 관찰한 바에 따르면 기대했던 결과를 얻지 못했더라도 종결을 시도했다는 사실만으로 안도감을 느끼는 경우도 종종 있다. 자기주장을 펼치고, 자신의 감정을 솔직히 전달하고, 상대방의 행동으로 어떤 기분이 들었는지 상대방에게 알리는 등 최소한 자신의 감정과 생각을 표출했기 때문이다. 그리고 앞서 언급했듯 종결짓는다는 건 결과가 아주 마음에 들지는 않더라도 모호한 부분이 해결됐다는 의미이기도 하다. 그런 종류의 종결이 이상적이지는 않더라도 이제 그 상황에 더는 집착하지 않고 자신의 삶을 살아갈 수 있다는 안도감이 들 수 있다.

자신의 감정을 파악하기 어렵다면 시간을 조금 더 두고 지켜보자. 살면서 누군가와 감정적으로 부딪쳤을 때면 잠시 감정을 회복할 시간을 갖는 게 좋다. 종결의 대화를 나눴을 때도 이와 다르지 않다. 무엇보다 자기 자신에게 인내심을 갖고 연민을 베풀자. 또 모든 일을 혼자서 감당하려고 하지 말자. 힘을 보태줄 사람들을 곁에 두고, 그들에게 이야기하고 쏟아내면서 털어내자. 당신을 잘 알고 뒤에서 든든히 지원해 줄 수 있는 믿음직스러운 사람들을 만나 대화하자. 자신에게 일어난 일을 제삼자에게 쉽게 이해할 수 있는 방식으로 자세히 설명하다 보면 자기 자신도 그 상황을 전보다 명확히 볼 수 있게 된다. 이는 대화 치료의 장점 중 하나이기도 하다.

무슨 생각이 드는가?

감정은 생각과 밀접한 관련이 있으므로 감정을 살필 때는 생각도 함께 살펴봐야 한다. 참고로 여기서 사용하는 생각이라는 단어는 그저 특정한 생각이 아니라 인식, 신념, 세계관을 포함하는 포괄적인 용어라는 점을 알아두기 바란다. 사람은 성장한 가족, 공동체, 문화의 영향으로 내면화된 신념을 품고 평생 살아간다. 이런 신념 중 어떤 건 고통을 유발하고, 어떤 건 크게 힘이 된다.

종결의 대화를 시작했는데 기대처럼 잘 풀리지 않아 자연스럽게 분노, 슬픔, 좌절 등의 감정을 느끼게 됐다고 하자. 이런 감정과 함께 의식적으로나 무의식적으로 떠오를 수 있는 생각에는 어떤 것들이 있을까? 내담자들과 상담할 때 흔히 접하는 자멸적self-defeating, 비이성적 사고의 예를 몇 가지 들면 다음과 같다.

- '나한테는 항상 이런 일이 생겨. 이번에도 또 오해받고 무시당하고 있어.'
- '저 사람은 내가 이 문제를 꺼낼 걸 알고 한 방 먹이려고 공격을 준비한 거야.'
- '나는 또 이 감정에 압도당할 거야. 어쩌면 평생 이런 끔찍한 기분에 시달려야겠지.'
- '또 악당 하나가 나타나서 인생을 비참하게 만드는구나. 내가 사는 게 그렇지.'
- '인간은 원래 잔인해. 그렇게 겪고도 또다시 당하다니.'
- '두고 봐, 다음번엔 내가 먼저 공격할 거야!'

이런 생각은 본질적으로 우리 머리 위를 서성이며 비를 뿌릴 기회를 엿보는 먹구름과 같다. 우리가 이런 생각을 하려고 한 것이 아니다. 성장 환경, 기본적인 성격 형성, 인생 경험 등의 요인이 작용해 만들어진 것이다. 우리가 이런 생각을 애써 떠올리거나 이성적으로 구상하는 건 아니다. 이런 생각은 불쑥 나타나 우리가 처한 상황을 해석하는 데 큰 도움을 준다. 하지만 안타깝게도 이런 '도움'이 우리를 더 크게 실망시키고 낙담하게 만드는 경우가 많다. 정신 건강 전문가들은 이런 생각들을 비합리적 신념 irrational belief이라 지칭한다. 비합리적 신념은 현실적인 근거가 꼭 있지 않은데도 오랜 세월에 걸쳐 우리 뇌에 프로그래밍 된다.

자신에 대한 비합리적 신념에 근거해 누군가와 종결을 모색하려 하면 좌절, 실망, 무력감에 빠질 수 있다. 머릿속에서 자꾸 떠오르는 비합리적 신념이 인식을 왜곡하고, 정서적 고통을 유발하고, 마음의 평화를 흩트려 힘겨워하는 사람과 상담할 때면 나는 그런 비합리적 신념을 상상 속의 법정으로 끌고 가라고 조언한다.

상상 속의 법정은 어떻게 작용할까? 종결을 모색할 때 품었던 생각 가운데 비합리적 신념으로 추정되는 생각을 떠올리자. 그런 다음 법정을 상상하고, 당신이 품었던 자멸적 신념을 들이대면서 추궁하는 고약한 검사에게 괴롭힘당하는 자신의 모습을 상상한다. 예를 들어 검사는 이렇게 말할 것이다. "이 사람은 원하는 걸 절대 얻지 못합니다." "이 사람은 절대 사랑받지 못할 겁니다." 그러면 변호사가 이렇게 말한다. "이의 있습니다! 그렇게 말하는 근거가 뭡니까? 제 의뢰인이 평생 단 한 번도 사랑받은 적 없다고요? 제 의뢰인이 원하는 걸 받아본 적이 단 한 번도 없다고요? 사실입니까? 이런 비난은 근거가 없습니다. 이건 비합리적 신념입니다!"

잠시 시간을 내서 자신이 품고 있는 자멸적 신념을 이런 관점에서 바라보자. 그런 신념이 항상 절대적인 사실인가? 더 중요한 질문은 이것이다. 이것이 항상 사실은 아니지 않을까?

이때 판사가 판결을 내린다. "증거가 없으므로 이 사건은 기각합니다. 모두 돌아가셔도 좋습니다."

재밌는 이야기로 생각하고 넘어가도 좋지만 변호사가 던진 질문에 대해 깊이 생각하고 확실히 답해보자. 대체 어떤 근거가 있는가? '항상'이나 '절대'라는 표현보다 '가끔'이라는 표현이 더 정확하지 않을까? 그리고 스스로 조금 노력하면 이런 패턴이 반복되는 걸 멈출 수 있지 않을까?

종결 욕구가 앞의 예시처럼 비합리적 신념에 바탕을 두고 있다면 그다음 단계는 자기 자신에게 이런 질문을 던지는 것이다. '나는 종결을 통해 무엇을 성취하고자 하는가? 비합리적 신념을 증명하거나 반증하기 위해 종결지으려는 건 아닌가?' 만일 그렇다면 이는 본질적으로 자기 자신이 만든 자기비판의 면죄부를 다른 사람에게서 구하려는 것과 마찬가지이며 다시 말해 무력함, 무익함, 더 큰 정서적 고통을 스스로 초래하고 있다는 뜻이다.

내담자들을 만나면서 관찰한 바에 따르면 우리는 너무 많이 비판적으로 사고하고, 좋은 측면보다는 나쁜 측면에 초점을 맞춘다. 하지만 신념과 인식이 꼭 부정적일 필요는 없다. 우리에게 용기와 긍정적인 확신을 주며, 밝은 면을 볼 수 있게 하고, 상황을 긍정적으로 여기고 새롭게 시작하도록 이끄는 생각도 있다. 합리적 신념rational belief이라고도 불리는 이 신념은 우리가 종결지어 만족감을 얻거나 최소한 상황을 있는 그대로 수용하고 미련 없이 종결에서 벗어나도록 돕는다.

합리적 마음의 힘

우리가 각자의 생각과 감정에 기댈 수 없다면 어떻게 해야 종결을 이룰 수 있을까? 이렇게 한번 생각해보자. '우리는 우리가 느끼는 감정이 아니다. 그건 그저 감정일 뿐이다. 우리는 우리가 하는 생각이 아니다. 그건 그저 생각일 뿐이다. 확실히 믿을 수 있는 건 우리 각자의 합리적 마음rational mind이다!'

합리적 마음이라는 개념은 불교부터 서구 심리학에 이르기까지 다양한 사상에서 다루는 개념이다. 나는 앨버트 엘리스 연구소에서 합리적 정서 행동치료(rational emotive behavior therapy, 인지 정서 행동치료)를 연구하면서 이 개념을 자세히 다루게 됐다. 합리적 마음은 생각과 감정 위에 자리하면서 우리가 생각과 감정을 자세히 살피도록 돕는 부분으로 시각화할 수 있다. 합리적 마음을 활용하면 분노, 슬픔, 두려움 등 자신이 느끼는 감정을 식별하고 이름 붙일 수 있으며, 특정 감정을 유발한 생각을 파악할 수도 있다. 즉 '이런 생각이 저런 감정을 유발한다'는 사실을 알아내는 것이다. 합리적 마음은 이런 생각들이 현실적이고 생산적인지, 자존감을 높여주는지, 자기 자신에게 더 친절해지는 데 도움이 되는지, 아니면 반대로 최악의 시나리오를 만들어내 자신을 비판하고 피해의식을 느끼게 하는지 평가하도록 돕는다.

합리적 마음은 궁극적으로 상대방의 주장에서 일리 있는 점은 물론 종결 욕구를 포함해 자기 자신이 상황을 잘못 인식하거나 비합리적인 신념에 기초해 반응하는 면을 인식하도록 도울 수 있다. 그리고 희망했던 방식의 종결을 성취하지 못했더라도 상대방이 어떻게 반응하든 자신의 생각과 감정을 말할 수 있었으니 종결지었다고 판단하도록 돕기도 한다. 또 종결짓지 못했다는 사실을 인정하고 이제 다른 방식으로 살아가기로 결정하게끔 이끌기도 한다. 합리적 마음이 우리가 가장 바라는 결론을 항상 가져다주는 건 아니지만 분노와 원망, 증오에 빠지지 않도록 도울 수는 있다.

| 연습 | 합리적 마음이 작용하게 하기

어떻게 하면 합리적 마음이 작용하게 할 수 있을까? 먼저 방해받지 않고 생각과 느낌에 집중할 수 있는 장소를 찾는다. 몇 차례 심호흡한다. 이렇게 하면 감정과 복잡한 생각을 가라앉혀 합리적 마음을 불러일으키고, 생각을 더 효과적으로 살펴볼 수 있는 정신적 공간으로 들어서게 된다. 그런 다음 자신의 몸 바깥으로 나와서 생각과 감정의 진흙탕에서 벗어나려고 노력하는 자신을 관찰하고 있다고 상상하자. 이때 이렇게 질문하고 그 물음에 답해본다.

- 내 기분은 어떤가? 어떤 감정이 드는지 전부 나열한다.
- 일어난 일에 대해 어떤 생각이 드는가?
- 이런 생각은 지금 느껴지는 감정들과 어떻게 연결되어 있는가?
- 나는 이 세상에서의 내 위치에 대해 정신 건강에 도움이 되는 합리적 믿음을 품고 있는가? 아니면 비합리적인 신념을 품어 마음의 평화를 빼앗기고 있는가?
- 마지막으로, 현재 내가 하고 있는 생각이 상황에 대한 합리적이고 현실적인 평가가 아니라면 상황이 어려울 때 자주 떠오르는 생각과 감정에 또다시 빠져 있는 건 아닌가?

끝맺음에 실패했다면

앞서 언급했듯 인간은 결말을 얻지 못해 모호한 상황을 싫어한다. 종결을 시도했다가 실패하면 이번에는 다른 유형의 해결되지 않은 문제들이 생겨난다. '그가 정말 이렇게 말했다고?' '정말 그랬어?' '저 사람들은 뭘 생각하는 거지?' 해결되지 않은 찜찜한 기분은 견디기 힘들 수 있다. 그 상태를 벗어나기 위해 종결을 한 번 더 시도하고 싶은 유혹을 느낄지 모른다.

대화를 끝내면서 최종 발언을 하고 싶어 하는 건 인간의 본능이다. 누구나 그런 장면을 상상하고, 느끼고, 연습한 순간이 있었을 것이다. 종결에 관한 대화를 돌아보면서 자신이 어떤 지점에서 방심했는지, 어떤 말을 했어야 하는 순간 평정을 잃었는지 확인했을 것이다. 이때 마음 한구석에서 작게 속삭이는 이 목소리를 조심하자. "내가 정말 해야 했던 건 상대방의 콧대를 꺾어놓을 분노에 가득찬 말, 아니면 감정이 더 잘 전달되는 다정한 말이었다는 걸 이젠 알겠어."

이런 마음이 드는 건 지극히 정상이니 혹시 이렇게 생각했더라도 자책할 필요는 없다. 하지만 이런 충동에 따라 행동하면 종결짓지 못할 가능성이 크다. 어떤 최종 발언을 하면 좋을지 머릿속으로 구상하고 있었다면 함정이 있는 쪽으로 향하는 것일지 모르니 조심해야 한다. 실제로 최종 발언을 하고자 할 때는 다음과 같은 위험 부담이 따른다.

- 상대방이 자신이 옳다고 주장할 것이 뻔한데도 내가 옳다고 주장할 위험이 있다. 이렇게 되면 상황이 해결되지 않아 마음이 괴롭고, 불편한 감정을 안은 채 살아가게 된다.
- 상대방의 입장을 확인할 준비가 안 된 상태에서 자신의 정당성을 주장할 위험이 있다. 자기 자신에 대해서는 뭔가 깨달았을지 몰라도 두 사람 사이에 이미 너무 많은 일이 벌어져 양쪽의 성장에 도움이 될 상호 이해를 얻기는 시기적으로 힘들지 모른다.
- 종결을 시도했을 때 상대방에게 기대하는 반응을 얻고 싶은 마음에 사로잡혀 다음에는 잘할 수 있다는 생각이 들지 모른

다. 마치 상대방을 통제할 힘이 자신에게 있기라도 하듯 말이다. 하지만 현실은 그렇지 못하다.
- 그런 발언으로 서로 티격태격하기 시작해 결국에는 원한에 사무친 대결과 복수로 이어질지 모른다. 살면서 굳이 이런 해로운 경험을 해야겠는가?

이 모든 일은 지속적으로 효력이 있는, 건강한 종결을 이루는 데 손톱만큼도 도움이 안 된다. 오히려 종결을 '한 번 더' 시도하고 실패하고서 또다시 시도하는 쳇바퀴에 갇히게 할 것이다.

이와 비슷한 사고 과정은 종결의 대화가 진행된 방식에 끈질기게 의문을 품는 행동으로도 종종 나타난다. 종결의 대화가 전반적으로 순조롭게 진행됐든 아니든 간에 영화 대본처럼 막힘없이 흘러가지는 않았을 가능성이 크다. 영화가 아니라 실제 삶이기 때문이다. 특히 원했던 방식의 종결을 이루지 못했을 경우 혹시 다른 방식으로 말하거나 행동했다면 원하는 결과를 얻지 않았을까라고 끊임없이 의문을 제기하게 될 것이다.

이 질문에 답해보자. 종결을 원했던 의도에 기초해 해야 할 말을 제대로 했는가? 상대방이 잘 듣고 이해했는가? 상대방은 당신이 기대한 대로 대응했는가? 아니면 당신의 예상 범주를 벗어난 반응을 보였는가?

해야 한다고 생각했던 말을 상대방에게 전달해서 첫 번째 질문에 '그렇다'라고 대답할 수 있다면 당신은 최선을 다했다. 상대방이 어떻게 반응했는지는 당신이 통제할 수 있는 문제가 아니다. 그러니 의심은 그만 접어두고 새로운 길을 걸어나가자.

관계는 하루아침에 정리되지 않는다

실질적으로 종결됐다고 느끼든 그렇지 않든 종결의 대화는 상대방과의 관계에 영향을 미친다. 관계가 단절되는 힘든 일을 겪을 수도 있고, 관계가 지속되더라도 그 자체의 어려움을 극복해야 한다. 두 사람이 합의한 변경 사항을 시간을 들여 신중히 이행할 수 있도록 서로 시간과 자유를 허용해야 할지 모른다.

연인이나 친구와 종결을 모색하는 과정은 물론 복잡하다. 두 사람 모두 마음의 건강과 관계의 건강을 지키기 위해 필요한 선택을 내려야 한다. 그렇지만 어쨌든 선택권은 있다.

그 외의 관계에서는 선택의 폭이 이보다는 제한적일 것이다. 예컨대 직장 내 관계라면 회사를 그만두지 않는 한 종결을 모색했지만 원했던 종결을 이루지는 못한 사람과 계속 접촉해야 할지 모른다. 그렇더라도 두 사람이 앞으로 소통하며 지낼 방법을 찾아내면 큰 문제는 없다. 가족의 경우도 마찬가지로 선택의 폭이 크지 않다. 특히 폭력 등의 가족 문제로 연락을 끊기로 결정하면 관계의 본질은 달라지겠지만 친척을 공유하는 사이이기 때문에 연락이나 만남을 완전히 피하는 건 불가능할지 모른다. 연락을 끊지 않는다면 이번에도 마찬가지로 두 사람이 앞으로 어떤 식으로 소통하며 지낼 것인지 결정해야 한다.

개인적인 관계의 역학을 바꾸는 일은 하룻밤 사이에 이뤄지지 않는다. 시행착오를 거치고 원래 의도(그렇다, 여기서도 의도가 중요하다)를 충실히 이행하는 과정을 통해 조금씩 바뀌어나간다. 이때 자신과 상대방에게 인내심을 품고 인정을 베푸는 마음으로 접근해야 한다는 점을 기억하자.

상대방의 마음 살피기

종결을 모색할 때면 우리가 좋은 일이라고 생각했던 상황이 너무 지나쳐 곤란해지는 경우도 간혹 있다. 상대방이 자신의 잘못을 인정하고 사과하기를 바랐지만 그렇다고 그가 웅덩이에 빠지거나, 말을 제대로 못 하고 쩔쩔매거나, 구걸하듯 용서 비는 모습을 보고 싶지는 않았을지 모른다. 이런 일이 생기면 죄책감과 수치심을 약간 느끼며 대화를 끝내게 된다. 이런 상황은 연인과의 이별에서 겪기 쉽지만 다른 모든 상황에서도 벌어질 수 있다. 예컨대 친구가 너무 자기중심적

이어서 절교했는데 그 친구가 나와의 관계를 생각보다 중요하게 어기고 있있다는 사실을 나중에야 알게 되거나, 동료에게 이제 더는 그의 업무를 대신해주지 않겠다고 말했는데 그가 징계받은 상태로 회사에서 잘리지 않으려 애쓰고 있었다는 사실을 뒤늦게 듣게 될 수도 있다.

죄책감과 수치심은 의도치 않은 방향으로 우리를 이끌 수 있으니 주의해야 한다. 상대방에게 '보상'하려다 애초에 종결을 원했던 이유인 불건전한 대화나 행동을 경험하게 되는 것처럼 이런 감정을 털어내다가 원래의 관계 문제로 돌아가게 될지 모른다. 이는 그 관계에서 문제가 됐던 감정을 대신해 나타난 죄책감과 수치심을 해결해야 하는 벌을 스스로 받게 만드는 격이다.

이런 경우에는 합리적인 마음의 힘을 빌리자. 죄책감과 수치심, 그리고 자신의 생각과 견해를 살펴본다. 자신과 비슷한 상황에 처한 친구가 있다면 그 친구를 어떤 식으로 도울지, 즉 친구에게 무엇을 묻고 어떻게 조언할지 생각해보자. 상대방뿐 아니라 자기 자신에게도 연민하는 마음으로 인정을 베풀려면 어떤 방식으로 대응해야 할지 생각해본다.

짧은 통화나 간단한 메모로 '별일 없었으면 좋겠다', '잘 지내기를 바란다'라는 식으로 간단히 안부를 묻는 일이 가장 친절한 대응이라고 결정할 수도 있다. 아니면 심적으로 상처받고 괴로움에 고통받을 상황은 피하면서 상대방이 필요한 도움을 얻기를 기원하며 격려할지도 모른다. 하지만 상대방과 완전히 정리했는데 이제 와서 다시 관계를 맺는 건 종결을 통해 관계가 개선되고 더 깊어진 상황이 아닌 이상 최선의 행동이 아니라는 점을 명심하자. 종결이 관계의 문을 닫는 걸 의미했다면 문제가 다시 불거질 위험이 있을 정도로 가까이 관계하지 않는 쪽이 바람직하다. 이 경우 자신이 개입해 문제를 해결하려고 하는 건 궁극적으로 두 사람을 모두 무력하게 만들지 모른다. 이보다는 상대방이 자신의 감정을 자유롭게 느낄 수 있도록 허용하고 그가 자신의 회복력과 자원에 의존하게 하는 쪽이 때로는 상대방을 진정으로 위하고 연민하는 행동이다.

교훈 찾기

감정적인 경험은 우리에게 선물을 남긴다. 당장은 선물로 보이지 않을 수도 있는 그 선물은 바로 교훈이다. 경험에서 얻은 교훈을 열린 마음으로 받아들이면 자신이 생각하고 느끼고 행동하는 방식에 관해 새롭게 알게 된다. 우선 사람과 상황에 따라 어떤 감정이 쉽게 자극받는지 알게 된다. 인생에서 원하는 것과 원하지 않는 것, 그리고 함께 어울려 살기로 결정한 주변 사람들에게서 원하는 것과 원하지 않는 것에 대해 더 잘 알게 된다. 필요한 것을 얻기 위해 해야 할 일과 하지 말아야 할 일에 대해서도 배운다. 그리고 좋든 나쁘든 다른 사람에게서 기대할 수 있는 것과 기대할 수 없는 것에 대해 더 많이 알게 된다.

종결을 추구하는 행위는 그 자체로도 교훈이 될 수 있다. 자신이 왜 다른 사람과 종결을 원하게 됐는지, 무엇이 자신을 이곳으로 이끌었는지, 자신이 그 상황에서 어떤 역할을 했고 상대방은 어떤 역할을 했는지도 알게 된다.

받아들이기 어렵겠지만 이런 교훈은 소중하다. 이는 인생이 우리에게 가져다주는 또 한 번의 성장 기회다.

|연습| 나의 합리적 신념 살펴보기

이 장에서는 비합리적 신념을 주로 다뤘지만 합리적 신념에 대해서도 간단히 언급했다. 그렇다면 여기서 잠시 짬을 내어 각자의 합리적 신념을 살펴보고 넘어가면 어떨까? 짧게 복습하자면 합리적 신념은 우리 자신과 세상에서의 우리 위치에 대한 믿음으로, 정서적인 행복과 안녕을 고취하는 이점이 있다. 합리적 신념은 합리적이고 정서적으로 건강한 생각을 불러오며, 결국 유익하고 건강한 종결을 모색하도록 이끌 수 있다. 자신에게 어떤 합리적 신념이 있는지 아직 파악하지 못했다면 다음 질문에 답하면서 생각해보자.

- 잠재력을 최대한으로 발휘한 최고의 나를 상상할 때 나는 어떤 모습인가?
- 그런 모습을 한 나는 주변 세상에 어떻게 기여하고 있는가? 가정에서는 어떤가? 직장에서는 어떤가? 또 공동체에서는 어떤가?
- 최고의 나답지 않게 행동할 때 어떤 기분이 드는가? 그 증거는 무엇인가?
- 내가 최고의 나로서 최선의 자아를 실현하며 살아갈 때 다른 사람들은 내게 어떻게 반응하고 나를 대하는가?
- 내가 최고의 기분을 느낄 때는 어떤 생각을 했을 때인가?
- 나는 주변 사람들에게 어떤 면에서 유익한가? 그 증거는 무엇인가?
- 이런 생각의 바탕에는 어떤 믿음이 있는가?

자신의 합리적 신념을 모두 적어보자. 이 신념은 인생의 기본 원칙이며, 세상에서 어떤 사람이 되고 싶으며 다른 사람들이 자신을 어떻게 대하기를 바라는지에 대한 의견의 바탕을 이룬다. 자신의 합리적 신념을 나열한 목록을 만들 때 참고하도록 내담자들에게서 확인한 합리적 신념의 예를 몇 가지 소개한다.

- 세상은 안전한 곳이다.
- 인생은 내가 원하는 대로 흘러갈 때도 있고 그렇지 않을 때

도 있지만 내 운명은 실패와 불행에 처하지 않는다.
- 나는 다른 사람들에게 친절하며, 나도 그들에게 똑같이 대접받을 자격이 있다.
- 내게는 필요한 것을 요구할 권리가 있다.
- 나를 좋게 생각할 사람도 있고 그러지 않을 사람도 있지만 그래도 역시 나는 호감 가는 사람이다.
- 내가 다른 사람들에게 항상 이해받을 수 있는 건 아니며, 나 역시 다른 사람들을 항상 이해하지는 못할 것이다.
- 나는 타인의 생각, 감정, 행동을 통제할 수 없다.

합리적 신념의 목록을 쉽게 꺼내볼 수 있는 곳에 보관하자. 그리고 합리적 신념을 추가로 발견하면 그 목록에 추가한다. 종결을 바라는 상황이 생겨 자신의 의도를 파악하고 정리할 때면 이 목록을 참조하자.

그때 우리는 최선을 다했다

인생의 백미러를 들여다보며 자꾸 과거를 회상하는 건 인간의 본성이다. 우리는 과거 일을 더듬고, 되새기고, 그에 반응한다. 그 일을 처음부터 다시 경험할 기회가 생긴다면 어떻게 행동하고 뭐라고 말할지 연습하기도 한다. 종결지으려는 시도가 어떻게 진행됐는지 평가하면서 지난날을 더 객관적으로 바라보고 앞으로 나아가기 위한 교훈을 얻는다면 과거를 돌아보는 일에서 많은 걸 배울 수 있다는 사실을 기억하자. 우리는 배우기보다 자신을 비판하고 더 비참하게 만들 때가 많다.

종결을 시도해서 원하던 결과를 이상적으로 이뤘길 바란다. 어쩌면 그 방식이 그리 이상적이지 않아 상황이 정리되기는 했지만 슬프고 화가 날 수도 있고, 아니면 아예 종결짓지 못했을 가능성도 있다.

나는 내담자들에게 자주 이렇게 말한다. 우리는 우리가 알고 있는 지식과 가용한 자원을 모두 동원해 그 순간에 최선을 다한다. 지금 우리가 지닌 지식과 지혜가 당시에는 없었을 수도 있으며, 지금의 지식과 지혜가 생긴 건 그때 그 순간 교훈을 얻고 스스로를 더 잘 인식하게 된 덕분일지도 모른다. 거듭 말하지만 당신은 그 시점에 할 수 있는 최선을 다했다. 올바른 의도를 품고 솔직하게 행동했다면 충분히 잘해냈을 것이다. 우리는 모두 여전히 변화하고 발전하고 있으며, 보통은 희망과 절망 사이의 길을 헤쳐나가고 있다. 그러니 자기 자신을 연민하며 인정을 베풀자.

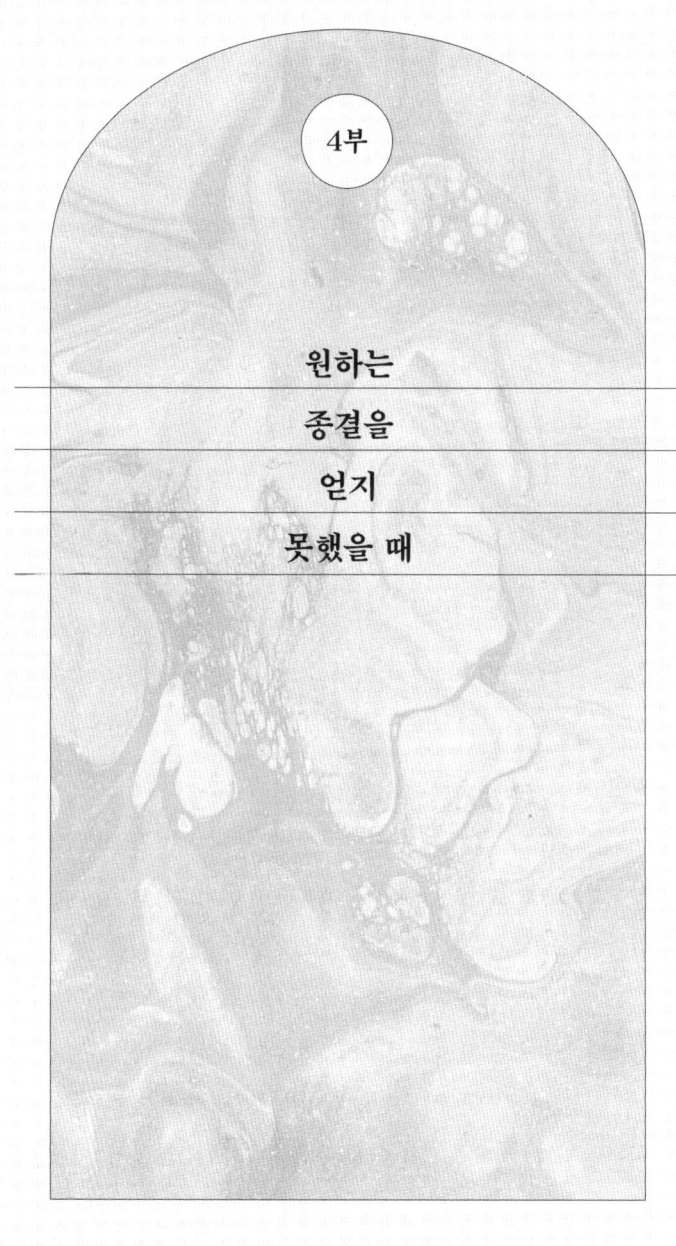

4부

원하는 종결을 얻지 못했을 때

11장

떠나야 할 때

3부에서 다룬 방법이 각자 원하는 종결을 건강하고 생산적인 방식으로 찾아가는 데 도움이 됐기를 바란다. 열린 마음과 명확한 의도를 품고 종결에 관해 대화하면 풀리지 않은 의문을 해결해 모든 상황을 잘 정리하고, 자신의 삶을 평화롭게 살아나갈 수 있을 것이다. 하지만 지금까지 여러 번 언급했듯 다양한 이유로 인해 종결이 늘 가능한 건 아니다.

이 말은 때로는 이런 질문을 자기 자신에게 던져야 한다는 뜻이다. '종결 없이 그냥 삶을 계속 살아가야 할까?'

이쯤 되면 이런 의문이 생길지 모른다. '우리가 왜 종결을 원하는지, 어떻게 종결을 이룰 수 있는지 지금껏 설명하지 않

앉았는가? 그런데 이제 와서 다 잊고 그냥 넘어가란 말인가?'

맞다, 그렇다.

가혹하게 들릴지 모른다. 그렇게 들리라고 하는 말은 물론 아니다. 하지만 손에 닿지 않는 걸 요구하고 계속해서 집착하면서 그것이 자신의 인생에 지속적인 영향을 미치도록 내버려두는 건 불행을 자초하는 일이다. 상황이 마련되지 않았는데 종결을 요구하는 건 기본적으로 자신이 치유되는 데 필요한 걸 상대방이 줄 때까지 꾹 참고 기다리면서 기꺼이 불행한 상태에 머물러 있겠다고 고집하는 일이나 마찬가지다.

하지만 2장에서 언급했듯 종결을 이룰 수 없는 경우 대안이 있다. 바로 수용이다. 종결이 질문의 답을 구하고 모호함을 해결하는 일이라면 반대로 수용은 상황을 있는 그대로 받아들이고 어찌 됐든 앞으로 나아가는 것이다. 상황을 수용할 때는 결코 끝맺어진 기분을 느낄 수도, 그 상황이 왜 그런 식으로 벌어졌는지도 이해할 수 없지만 그럼에도 그 상황을 놓아주고 더는 신경 쓰지 않은 채 자기 삶을 살아가는 데 집중하기로 결정한다. 모든 걸 깔끔하게 포장하고 장식 리본을 다는 일만큼 즐겁고 신나지는 않겠지만 살면서 종종 겪게 되는 종결 불가능한 상황에서 수용은 일반적으로 우리가 취할 수 있는 최선의 행동이다.

지금까지는 종결했을 때의 정서적 이점과 종결짓지 못했을 때의 정서적 위험에 초점을 두고 논의했지만 4부는 이와 다른 방향에서, 종결을 이루지 못했거나 이룰 수 없을 때 어떻게 해야 하는지에 주목한다. 우선 이번 장에서는 외면하고 떠나야 하는 때는 언제이며 어째서 그런지를 살펴볼 것이다.

내 정신 건강이 우선이다

주어진 상황에서 종결을 더 이상 시도하지 않기로 결정하는 일이 대단히 힘들다는 사실을 내담자들의 사례로 자주 경험한다. 이 결정이 얼마나 힘든지는 2부에서 이미 자세히 알아봤다. 옳은 사람이 되려는 욕구, 사과하거나 사과받고 싶은 기분, 상황을 통제하고 싶은 욕구, 자신이 얼마나 화났거나 상처받았는지 상대방이 알아주길 바라는 마음 등등이 작용하기 때문에 종결을 포기하는 일은 쉽지 않다. 하지만 계속된 시도가 실패로 끝나면서 몸과 마음의 건강이 위태로워진다면 외면하고 떠나는 힘든 결정을 고려할 가치가 충분할 것이다.

이 말을 듣고 이렇게 질문할지 모른다. "외면하고 떠나라고요? 제게 종결이 필요한데 그걸 그냥 포기하라는 뜻인가요?"

다음 몇 가지 질문으로 이 질문에 답하고자 한다. 당신은 정신 건강을 얼마나 가치 있게 생각하는가? 자존감은 어떤가? 삶의 질은? 다시 말해, 건강을 얼마나 소중하게 생각하는가? 평소 내게 이런 질문을 들었다면 아마 당신은 이런 것들을 아주 중요하게 생각한다고 답했을 것이다. 당연하지 않은가! 하지만 이런 문제로 나와 상담했던 사람들이 종결짓고 싶은 욕구를 끝까지 내려놓지 못하거나 내려놓을 마음이 없어 고통받는 모습을 볼 때면 그들의 그렇다는 대답이 진심인지 의문스럽기도 하다.

상담실에 찾아온 사람에게 자신의 건강을 얼마나 소중히 여기느냐고 처음 물으면 그 사람은 잘 모르겠다는 듯 어깨를 한 번 으쓱할 뿐 더는 깊이 생각하지 않을지 모른다. 하지만 종결을 고집하는 일이 정서적 건강에 위협이 되는가 하는 질문에는 시간이 지나면서 종종 새로운 의미가 생기기 시작한다.

이미 알고 있겠지만 사람의 몸과 마음, 영혼은 최소한 어느 정도는 함께 작용한다. 마음 건강은 몸 건강에 영향을 미치며, 그 반대 경우도 마찬가지다. 직장에서 스트레스를 많이 받은 날에는 두통을 심하게 앓거나 피부에 염증이 생기기도 한다. 반대로 노력해온 목표를 달성해 뿌듯함과 행복감을 느낀다면 그날 밤은 푹 잠들 수 있을 것이다. 또 실패가 반복되어 연속적으로 실망감을 느끼면 기분이 바닥으로 떨어지고, 몸에 기운이 하나도 없으며, 삶 전체가 무너진 것처럼 느껴질지 모른다.

나는 정신 건강 전문가로서 감정에 초점을 맞추지만 내

담자의 감정 상태가 삶의 다른 영역에 미치는 영향도 살핀다. 충족되지 않은 종결 욕구는 시간이 지날수록 정신 건강에 해를 끼치고, 결과적으로 건강 전반에 문제를 일으킬 수 있다. 그렇기 때문에 종결을 포기하고 수용을 선택해야 할 때를 판단하는 법을 알아두는 것이 대단히 중요하다.

그럼 건강을 위해 종결에서 벗어나야 할 때가 됐다는 것을 알려주는 중요한 지표들을 알아보자.

① 종결이 절대적인 목표가 됐다

종결을 시도하는 것이 건강하지 않다는 신호 중 하나는 종결을 '전부가 아니면 전무all-or-nothing'인 절대적인 문제로 바라보기 시작하면서 원하는 방식으로 종결짓지 못하면 모든 것이 엉망이 될 거라고 생각하는 것이다.

나는 내담자들에게서 "종결짓지 못하면~"이라는 문장을 완성하는 말로 "충격에 빠질 거예요", "절대 회복하지 못할 거예요", "실패자가 된 기분이 들 거예요", "절대 맘 편히 쉬지 못할 거예요", "그냥 죽어버릴 거예요"와 같은 표현을 가장 자주 듣는다. 이처럼 원하는 것을 얻지 못하면 감정적으로 완전히 무너져내리는 것만이 유일한 선택지라는 극단적인 말을 들을 때면 내 마음속에서 경보가 울린다. 그 사람이 종결에 너무 몰두한 나머지 달성할 수 없는 목표에 자신의 정서적 건강을 걸고 있다는 걱정이 들어서다.

자신은 이미 충분히 고통받았고, 종결지을 자격이 충분하다는 등 반드시 종결해야 하는 온갖 이유를 마음속에서 만들어낼지도 모른다. 물론 그런 이유가 사실일 수도 있지만, 이것을 무슨 일이 있어도 기필코 얻어야 한다고 세상이나 우주, 신을 향해 요구하는 건 당신 자신을 깊은 함정에 빠뜨리는 일이나 마찬가지다. 전부가 아니면 전무라는 이런 이분법이 '전무'로 귀결되는 경우가 빈번하기 때문이다. 그러면 당신은 결국 어떻게 되겠는가?

실제로 종결짓지 못해도 인생은 결코 끝나지 않는다. 그런데도 종결을 이루지 못하면 인생이 끝날 것 같은 기분이라면 한 걸음 물러나 상황을 외면하고 떠날 때가 된 건 아닌지 잘 생각해보라는 신호로 받아들여야 한다.

② 종결에 대한 생각에 온통 사로잡혀 있다

정신 건강 분야에서는 반추rumination라는 개념을 자주 언급한다. 반추란 건전하거나 생산적인 사고 활동의 범주에서 훨씬 벗어날 정도로 마음속에서 무언가를 끊임없이 떠올리고, 모든 각도에서 지나치게 분석하고, 다른 방식으로 어떻게 말하거나 행동할 수 있었을지 상상하는 일을 말한다. 대화(혹은 말싸움)를 머릿속으로 구상하며 미리 연습하고, 뭐라고 말할지 상상하고, 상대방을 꼼짝 못 하게 만들 최종적인 한 방을 비롯해 대응할 모든 방법을 계획하는 것도 반추의 일종이다. 이때는 남는 시간 전부와 다른 데 사용해서는 안 되는 중요한 시간의 일부가 자신에게 필요하며 자신이 마땅히 얻어야 한다고 여기는 종결을 이룰 결정적인 순간을 떠올리는 데 쓰인다.

이런 식으로 뭔가에 완전히 몰두해 있을 때는 마주치는 모든 것이 자신이 집착해 있는 것에 대한 생각, 기억, 그와 연관된 모든 감정을 자극하는 것처럼 느껴진다. 미로에 갇혀 있어 어느 쪽으로 방향을 틀어도 매번 같은 막다른 지점에 이르는 기분이다. 종결이 유일한 탈출구이자 구원처럼 느껴진다. 하지만 결국 종결짓지 못하고 다시 강박적으로 반추한다. 전혀 앞으로 나아가지 못하며, 진정한 만족감과 기쁨을 느끼지 못한다. 종결을 이룰 때까지는……

자신의 정신 상태가 이와 같다면 미로에서 벗어날 다른 길을 모색해야 한다.

③ 입만 열면 끝을 이야기한다

종결에 대한 생각에 사로잡혀 있을 때는 그에 관한 이야기를 하는 데도 사로잡혀 있을 가능성이 크다. 끝까지 참고 들어주는 사람들 앞에서 늘 똑같은 이야기를 한다. 이야기의 내용은 종결지으려고 어떻게 노력했는지, 종결하기 위해 무슨 일을 시도해보고 싶은지 같은 것들이다. 사람들이 공감해주기를 바랄지 모른다("너도 이런 기분을 느껴본 적 있지 않아?"). 동정받고 싶을 수도 있다("내가 참 안됐지 않아?"). 혹은 조언을 듣고 싶을지 모른다("네가 나라면 어떻게 하겠어?"). 어떤 형태가 됐든 그에 관한 이야기를 멈출 수 없다. 자신을 고통 속으로 끌어내리고, 다른 사람들도 같이 맥 빠지게 만든다. 종결이 인생의 유일한 목적이 되어 있다.

    이와 관련된 어느 내담자의 사연이 떠오른다. 그는 해 질 녘에 산책하러 나갔다가 택시에 들이받히는 사고를 당했다. 앞에서 천천히 걷는 사람들을 피하려고 잠시 인도에서 차도로 내려왔는데 갑자기 몸이 허공에 붕 떠 있었다. 이 사고로 뼈가 몇 군데 부러지는 부상을 입어 나사 못과 철사로 뼈를 고정하는 수술을 받아야 했으며, 오랜 기간 물리치료를 해야 했다. 그는 나와 만날 때마다 더 주의를 기울여 운전하지 않아 자기 인생을 망쳐놓고는 오로지 사고 책임을 면하는 데만 관심 있는 택시 운전사에 관해 이야기하고 싶어 했다. 그는 사과받고 싶어 했다. 택시 운전사가 사고 이후 단 한 순간도 마음 편히 지내지 못했다는 말을 듣고 싶어 했으며, 합의금으로 더 많은 돈을 원했다. 그는 자신이 원하는 방식으로 사건을 종결짓고 싶어 했다. 입만 열면 분노와 괴로움을 쏟아내다 보니 친구들도 그를 슬슬 피하기 시작했다. 그 일은 그의 삶의 유일한 관심사가 됐고, 그는 늘 불행했다.

    그가 느끼는 감정은 충분히 이해할 만하다. 하지만 그 일을 종결짓기 위한 그의 노력은 마음을 평화롭고 만족스러운 상태로 이끌었을까, 아니면 거기에서 더 멀리 밀어냈을까?

④ 분노라는 독에 잠겨 있다

분노는 인간의 정상적인 감정이다. 누군가가 어떤 식으로든 우리에게 해를 끼치면 우리는 분노를 느끼며, 그것이 항상 나쁜 건 아니다. 문제는 분노가 마음속에 자리를 틀고 앉아 우리의 모든 생각과 감정을 지배하기 시작할 때 생긴다. 4장에서 설명했듯 억눌린 분노를 해소할 유일한 방법이 종결이라 느낄 때 그 종결을 이루지 못하면 우리는 더 거세게 분노하게 된다.

끓어오르는 분노가 좀처럼 사그라들지 않을 때는 감정적으로나 그 밖의 방식으로 상대방을 해치는 종결 방식을 모색하게 될 수 있다. 또 분노에 휩싸여 있을 때는 자신이 정당하고 의롭다고 느끼거나, 역으로 분노와 원망에 빠져 있는 것 외에는 아무것도 누릴 자격이 없다고 느끼면서 종결을 회피하게 되기도 한다.

이런 사고방식은 자신과 상대방에게 잠재적으로 해로운 건 물론이고 정당하지도 못하다. 자기 스스로 분노를 관리할 정신적 자원이나 정서적 자원이 없어 다른 누군가에게 의존해야 분노를 없앨 수 있다는 잘못된 가정에서 출발했기 때문이다. 이는 사실이 아니다. 다음 장에서 더 자세히 설명하겠지만 우리는 아무 도움을 받지 않고도 상황을 있는 그대로 수용하는 상태에 충분히 다다를 수 있다.

⑤ 상실의 슬픔을 회피하고 있다

죽음이나 이별, 그 밖의 이유로 누군가를 잃으면 우리는 그 사람을 떠나보내고, 그에 수반하는 감정을 느끼고, 현실을 받아들이고, 삶의 새로운 장을 시작하는 애도 과정을 겪게 된다. 떠난 사람과의 종결을 우리가 어떻게 정의하든 종결은 그 사람에게 작별을 건네는 데 도움이 될 수 있다. 즉 종결은 우리가 이별을 애도할 수 있게 돕는다.

하지만 앞서 언급했듯 우리가 원하는 종결이 불가능할 때도 있으며, 죽음으로 떠나보낸 경우에는 특히 그렇다. 이때는 결코 하고 싶은 말을 전할 수 없고, 듣고 싶은 말도 들을 수 없다. 이런 식으로 종결지을 수 없다 보니 애도 과정이 더 힘겨워지고, 실제로 애도하기가 너무 힘든 나머지 종결에 집착하게 될 수 있다. 그래서 반추하고, 예행연습 하고, 어떻게든 꼭 종결지어야겠으니 자신의 바람을 이뤄달라고 우주에 간절히 요구한다.

상실을 겪은 뒤에 우리가 마음속으로 상상하는 종결은 본질적으로 마술적 사고(magical thinking, 자신의 생각이나 욕망이 외부 세계에 영향을 미칠 수 있다고 믿는 것처럼 마땅한 인과성이 없는 두 사건이 초자연적인 힘에 따라 인과관계로 연결된다는 믿음─옮긴이)로 볼 수 있다. 그런 종결은 실재하지 않으며,

현실적이지 않고, 가능하지도 않다. 애도는 서서히 놓아주는 과정이다. 이런 식으로 억지로 종결을 요구하면 애도 과정을 시작하지도 못할 수 있다. 슬픔의 고통을 느끼지 않으려는 일종의 부정denial일 수도 있지만 이는 결국 자신의 고통을 더 오래 지속시키는 결과를 초래할 뿐이다.

이런 식으로 상실의 슬픔을 회피하고 있다면 이제 내려놓고 떠나야 할 때다.(상실의 슬픔이나 그 외의 감정으로 주체하기 힘들다면 주저하지 말고 정신 건강 전문가에게 도움받자. 상담사와 치료사 들은 이야기를 편견 없이 객관적으로 듣도록 훈련받았으며, 사람들이 감정을 추스르고 대처 방법을 배우도록 도울 수 있다.)

| 자기평가 | 내 정서적 건강이 위태롭지는 않은가?

정서적 건강을 평가하고 종결을 외면하고 떠나야 할 때인지 판단할 때 고려해야 할 질문을 몇 가지 소개한다.

- 일어난 일에 대한 생각에 몰두해 그때의 행동과 대화가 어땠는지 자꾸 돌아보게 되는가?
- 관계를 끝내고 싶은 상대방과 나눌 대화를 상상 속에서 계속 재생하는가?
- 특정 상황이나 관계를 끝내지 못하면 결코 행복해질 수 없을

것 같은 기분이 드는가?
- 끝내지 않으면 마치 쳇바퀴 위를 달리듯 제자리에만 머물게 될 것 같아 인생이 무의미하게 느껴지는가?
- 모든 게 끝나야 상실감을 받아들일 수 있다고 생각하고 기다리고 있지는 않은가?
- 통제하지 못하는 상황에 너무 화가 나서 폭발할 지경에 이르는 일이 자주 있는가?
- 내가 원하는 결말에 관한 이야기를 거의 모든 대화에서 하지 않는가?
- 운명적인 종결을 간절히 바라고 요구하고 있지 않은가?
- "그 상황만 해결되면 나는 ~할 수 있을 거야"와 같은 말을 자주 하는가?
- 종결이 내 인생의 유일한 목적이 된 기분이 가끔 혹은 자주 드는가?
- 마지막으로, 종결을 이루려는 내 욕구가 내가 사람들과 다정한 관계를 맺고 낙관적인 태도로 만족해하며 적극적으로 인생을 살아가는 생산적인 사람이 되는 일을 방해하고 있지는 않은가?

불량배는 피하는 게 답이다

나를 괴롭히거나 서운하게 대하는 대상이라면 더 이상

종결을 시도하지 말고 떠나야 한다. 상대방에게 괴롭힘당하는 상황은 다양한 양상으로 나타날 수 있지만 내담자들과 상담할 때 자주 언급되는 유형은 가스라이팅, 그리고 대화가 논쟁으로 바뀌는 경우다.

먼저 가스라이팅부터 살펴보자. 가스라이팅은 누군가가 당신 자신과 당신의 인식을 의심하게 만들기 위해 무엇인가가 당신의 상상일 뿐이라고 둘러대는 행위를 말한다.(이 용어는 1938년에 나온 연극 〈가스등〉에서 유래했다. 이 연극에서 남편은 집 안의 가스등이 서서히 어두워지도록 조정하고서 아내에게 그 현상이 그녀의 상상이라고 말하는 등 아내가 스스로 미쳤다고 생각하게 만들려고 한다.) 가스라이팅은 상대가 자기 자신을 제대로 바라보지 못하게 하고 부정하게 만들려는 사람들이 흔히 사용하는 수법이다. 가스라이팅 하는 사람은 흔히 이렇게 말한다.

"난 안 그랬어. 대체 왜 그렇게 말하는 거야?"
"혹시 당신이 그렇게 상상한 거 아니야?"
"그런 일은 없었어. 당신은 항상 과장이 너무 심해."

가스라이팅은 우리를 극도로 좌절시킬 수 있으며, 특히 함께 종결을 모색하려는 사람에게 가스라이팅을 당한다면 더더욱 그럴 것이다. 그런 사람이 세워둔 벽에 부딪히면 우리는 자신을 증명해야 한다는 강박관념에 사로잡히거나 가르치려 드는 듯한 상대방의 똑같은 주장을 반복해서 듣는 데 지칠 수 있다. 어느 쪽이든 가스라이팅 하는 사람은 자기주장만 되풀이할 것이고, 그 이야기를 들을 때마다 우리는 무력감이 더 심해질 것이다. 이때는 그만 내려놓고 떠나는 게 낫다.

무력감을 불러일으키는 또 다른 상황은 대화를 논쟁으로 바꾸려 하는 사람을 상대할 때다. 상대적으로 언변이 좋아 언어적 능숙함을 무기처럼 휘두르는 사람과 종결의 대화를 시도하는 일은 정말 어려울 수 있다. 상대방은 열린 마음으로 경청하기보다는 자신의 책임을 회피하거나 우리를 위협하려고 우리의 모든 주장을 반박한다. 간혹 내 내담자들은 종결을 진지하게 시도했으나 그 행위가 기본적으로 자신이 틀렸다는 걸 증명하기 위한 토론 기회로 받아들여져 충격받았다고 말한다.

이 상황에서 우리에게는 선택권이 있다. 상처를 대충 덮어두고 이번에는 상대방의 말을 더 잘 맞받아칠 수 있기를 희망하며 두 번째 라운드에 돌입하거나(행운을 빈다!), 우리에게 계속 해만 끼치는 사람에게 더는 학대당하지 않기로 결정할 수 있다. 어릴 때 부모님에게 들었겠지만 놀이터의 불량배에게 대처하는 가장 좋은 방법은 그들과 엮이지 않는 것이다. 말재주의 달인을 떠나는 건 자기 자신에게 힘을 실어주는 행동이다.

희생은 연민이 아니다

종결 대신 수용을 선택하지 못하도록 방해하는 요인 중 하나는 상대방에게 어떤 식으로든 자신이 '필요'한 사람이라고 생각하거나 '좋은 사람'이 되려면 계속 종결을 모색해야 한다고 생각하는 것이다. 예를 들어 내담자들은 이렇게 말한다.

- "그 사람이 지금 엄청나게 괴로워서 그래요. 그건 진심이 아닐 거예요."
- "그녀를 버릴 수 없어요. 언젠가 그녀도 제가 자기에게 얼마나 필요한 사람인지 깨달을 거예요."
- "그 사람들이 고집부리는 거예요.. 하지만 제가 계속 노력하면 벽을 허물 수 있을 거예요."

자신에게 이런 논리를 적용하는 건 스스로 가둬놓고 자신에게만 피해가 돌아오는 헛된 시도를 하는 일이나 마찬가지다. 이렇게 생각할지 모른다. '하지만 선생님, 저는 인정 많은 사람이에요! 이건 선한 행동이라고요! 이 사람이 저와 종결짓고 관계를 회복해야 한다는 걸 깨닫도록 도울 수 있다면 전 뭐든 할 수 있어요. 전 강한 사람이에요. 해낼 수 있어요. 그 사람에게는 제 도움이 필요해요.'

내가 생각하는 연민은 자신과 타인을 사랑하고, 존중하

고, 소중히 여기는 일이다. 상대방의 나쁜 행동을 방조하거나, 상대방이 자신을 무시하거나 헤치도록 내버려두거나, 상대방을 돕거나 바로잡으려고 자기 자신의 행복을 희생하는 건 연민이 아니다. 이런 식의 '연민'은 상대방에게 도움이 되지 않으며, 우리 자신에게도 마찬가지다.

자신에게 고통과 괴로움만 초래할 뿐 아무 소용 없는데도 그것이 선하고 인정 많은 사람이 해야 할 행동이라 믿고 계속해서 종결을 모색하고 있다면 이제 그만 떠날 때가 된 것이 분명하다.

그냥 내버려두기

종결지으려는 시도를 중단하고 상황을 있는 그대로 받아들이는 것이 최선이라고 판단해야 할 이유는 이 밖에도 많다. 그중 가장 일반적인 이유를 몇 가지 알아보자.

① 잠재적인 보상이 위험을 감수할 만큼의 가치가 없을 때

까다롭거나 비협조적이거나 폭력성을 노골적으로 드러낸 전력이 있는 사람과 종결을 모색하는 경우라면 종결을 통해 얻는 잠재적 보상이 종결을 모색하면서 생길지 모를 피해를 감수할 만큼 가치가 없을지 모른다. 종결을 이루기 위해 그 사람을 여러 번 만나야 하고, 생활에 지장을 주거나 정신적인 피해를 유발할 수 있는 법적 절차를 밟으면서 오랜 기간 시달려야 한다면 그 에너지를 다른 데 쓰는 것이 더 현명한 선택일지 모른다. 그렇게 해서 자신이 원했던 종결을 이룰 수 있을지는 몰라도 그 과정에서 마음의 평화를 비롯해 많은 걸 잃을 것이기 때문이다. 종결 대신 수용을 선택하면 불필요한 일을 상당히 피하고, 마음의 평화와 건강을 얻을 수 있을 것이다.

② 나의 동기에 의문이 생길 때

앞에서 의도의 중요성에 대해 자세히 알아봤다. 종결의 의도를 고려할 때 어려운 질문을 몇 가지 해보면서 그것이 자신에게 가장 이익이 되는 결과가 아니라고 판단했을 수 있다. 실제로 원했던 건 자신이 옳다는 것을 증명받거나, 사과받거나, 복수하는 것이었다는 사실을 깨달았을지 모른다. 혹은 더 깊이 생각해보니 처음에 느꼈던 감정을 모두 넘기고 난 지금은 그 문제가 예전만큼 중요하지 않다고 볼 수도 있다. 자신의 의도를 객관적으로 살펴보고, 시간을 두고 자기 자신을 명확히 파악하면 그저 받아들이는 것만으로 만족스럽다는 사실을 알게 되기도 한다.

③ 나의 시도가 상대방이나 관계에 해가 될 수도 있을 때

누군가에게 '호통치는' 입장이 되어 자신의 말 때문에 상대방이 괴로워하는 모습을 지켜본 적 있다면 어째서 때로는 수용이 최선의 방법이 될 수 있는지 정확히 알고 있을 것이다. 사람들은 때로 연인, 친구, 가족, 직장, 인생의 관계에서 자신이 해야 할 일을 하지 않지만 그들로서는 그것이 최선이다. 물론 그들이 자신의 도리를 하지 않은 것은 맞다. 하지만 종결을 이룬다고 해서 우리가 원하는 것을 얻게 될까? 만일 원하는 것을 얻는다 해도 상대방의 감정이나 자존감에 부수적인 피해가 미치지 않겠는가? 그리고 관계를 지속하기 힘들지 않을까? 어느 격언처럼 인생이 전쟁은 아니지만 전쟁이 필요한 경우에는 현명히 잘 선택해야 한다. 수용을 택하는 쪽이 양쪽에 도움 될지 모른다.

④ 상대방이 종결에 협조할 의사가 없을 때

앞에서 종결 요청이 어떤 방식으로 벽에 부딪힐 수 있는지 알아봤다. 당신은 필요한 준비를 다 했다. 적어도 당신의 의도는 명확했고, 종결의 대화를 나누기 위해 상대방에게 어떻게 접근할지 충분히 생각했다. 하지만 대화는 아무런 성과가 없었다. 상대방은 선한 행동과 글로 작성한 메시지 같은 비언어적 시도를 모두 무시했다. 그렇다면 언제 종결 시도를 그만두고 떠나야 할까? 각자 선택에 달렸지만 이런 상황에서는 수용이 궁극적으로 가장 건강한 선택일지 모른다.

⑤ 종결이 무기로 사용되는 일을 피해야 할 때

다시 말하지만 종결이 무기로 사용될 수도 있다. 때로는 종결을 모색하는 사람이 명확한 의도 없이 행동할지 모른다. 심지어 종결을 원하는 마음을 노골적으로 감추거나 속일 수도 있다. 이런 사람과 나누는 종결의 대화는 궁극적으로 과거의 피해를 다시 떠올리게 하고, 상대방의 위력을 재확인시키고, 우리를 더 고통스럽게 만드는 수단에 지나지 않을지 모른다. 이럴 때 우리가 과거를 있는 그대로 수용하고 앞으로 나아가기로 선택한다면 종결을 가장해 우리를 과거로 끌고 가려는 시도를 없던 일로 만들 수 있다. 수용으로 우리 자신을 무장하면 양의 탈을 쓴 늑대를 알아보고 재빨리 자리를 벗어날 수 있을 것이다.

직감에 귀 기울이기

여기까지 듣고도 여전히 '종결지으려는 시도를 중단하고 떠나야 할 때를 어떻게 알 수 있을까요?'라고 묻는다면 간단한 답이 하나 있다. 바로 직감에 귀 기울이는 것이다.

다른 사람이 나를 어떻게 대하고 있는지 판단해야 할 때는 내 경험상 직관, 혹은 '직감'에 의존하는 것이 가장 믿을 만하다. 나는 내담자들에게 그들이 처한 상황에 대해 어떤 직감이 드느냐고 종종 묻는다. 그러면 그들은 흔히 내면에서 작은 목소리가 무엇을 해야 하는지 알려준다고 묘사한다. 이런 목소리가 들려도 그 말에 따르고 싶지 않아 그 조언을 적극적으로 거부하고 힘들어도 자신이 해온 대로 끝까지 버티기로 결정할 수도 있다. 하지만 시간이 지날수록 직감은 자신의 행동을 점점 의문하게 만든다. 결국 우리는 직감의 목소리를 따르고, 변화의 불편함을 받아들이게 된다.

늘 우리 안에 있는 목소리는 작지만 끊임없이 말하고 있다. 내면의 목소리가 우리를 잘못된 방향으로 이끄는 경우는 거의 없다. 때로 직감을 따르는 일을 두고 망설일 수 있다. 하지만 직감은 앞으로의 방향을 결정하는 데 분명히 중요하게 고려해야 할 지표다.

포기하고 떠나는 과정

계속해서 벽에 부딪힌다면 어떻게 해야 할까? 구체적인 사례를 통해 떠나는 과정을 살펴보자. 사이드와 아리아는 사귄 지 1년 된 커플이다. 어느 날 아리아가 문자메시지 한 통으로 사이드에게 갑작스레 이별을 고했다. 사이드는 마음이 아프고 혼란스러워 이 상황을 적절히 끝맺고 싶었다. 그래서 아리아와 만나기로 약속을 잡았지만 정작 그날 아리아는 자리에 나타나지 않았다. 문자를 보내 무슨 일이 있었는지 물으니 바빠서 잊었다고 답이 왔다. 사이드는 문자를 두 번 더 보내 다시 시간을 내달라고 요청했지만 아리아는 답신하지 않았다.

이 시점에서 사이드에게는 어떤 선택지가 남아 있을까? 그다음에는 어떻게 해야 할까?

사이드가 나와 상담했다면 그가 왜 상황을 종결짓고 싶어 하는지부터 이야기 나눴을 것이다. 나는 그에게 아리아를 만나려는 이유부터 물을 것이다. 화내려는 것인가? 아리아가 자신에게 상처를 준 것처럼 그녀에게 상처를 주고 싶어서인가? 아니면 두 사람의 관계에서 무슨 일이 있었는지, 왜 아리아가 갑자기 헤어지기로 마음먹었는지 이야기하기 위해서인가? 이 대화를 통해 어떤 의문을 해소하고 싶은가?(일반적인 예로는 '왜 이런 일이 일어났는가?', '내게 잘못이 있나? 있다면 뭐였을까?' 등이 있다.) 그의 기분이 얼마나 나쁜지 아리아가 알아줬으면 하는가? 그리고 아리아의 기분이 어떤지 그도 듣고 싶은가? 다시 연인 관계로 돌아갈 수 있기를 바라는가? 친구 사이로 지낼 방법을 찾고 싶은가? 아니면 이번이 두 사람의 마지막 대화가 되기를 바라는가?

그런 다음에는 아리아가 문자에 답하지 않은 데 기분이 어떤지 사이드에게 물어볼 것이다. 아리아가 그런 행동을 한 동기가 무엇인지 추정하는 데 시간을 너무 많이 낭비하지 않고, 그가 아리아에 대해 알고 있는 점을 고려할 때 이 행동이 놀라운 행동인지 생각해보게 할 것이다. 반복해서 종결을 요청하는 일이 그의 기분을 좋게 만들까, 나쁘게 만들까? 힘이 더 생겼는가, 아니면 무력해졌는가?

    두려움에 대해서도 물을 것이다. 아리아가 없는 주말이 어떨지 두려운가? 시간을 어떻게 보낼지, 앞으로 누구와 어울려야 할지 걱정되는가? 다시 여자친구를 만드는 것이 두려울 수도 있다. 평소 이성에게 인기 있는 편이 아니라면 자신의 매력을 다시 확인하기 위해 아리아가 필요하다고 생각하며 걱정할지 모른다. 무엇이 두려운지 확인하는 과정은 어렵지만 오히려 힘을 얻는 계기가 될 수도 있다.

    또 합리적인 마음의 힘을 활용하고, 증거를 현실적으로 살펴보는 일도 중요할 것이다. 아리아는 한번 만나자는 사이드의 요청(요청에서 간청으로 바뀌어가고 있었지만)에 어떻게 반응했는가? 요청을 확실히 수락했고, 약속 장소에도 나왔는가? 아니면 '나갈 수도 있고 못 나갈 수도 있다'라거나 '지금 당장은 안 된다'라고 했는가? 증거는 확실한 사실을 전달한다. 그래서 사이드가 자신의 희망과 두려움을 받아들이고 나서 증거를 이성적으로 살펴본다면 아리아가 어떤 이유로든 이 대화를 원하지 않았으며, 그녀가 대화에 나서게 만들 수 없다고 결론지을 것이다.

    그러면 나는 사이드가 자신의 마음을 이해하고, 아리아와의 종결을 단념하고 떠나야 할 때가 언제인지 판단할 수 있도록 도울 것이다. 일단 선택한 다음에는 자신의 한계를 정해 나가야 할 것이다.

내 경험상 무언가를 원하는데 합리적 마음이 그것을 얻기 힘들 거라고 말할 때는 스스로 한계를 정해야 한다. 사이드의 경우, 아리아에게 문자 보내는 일을 중단하고, 만일 두 사람에게 다음 단계가 있다면 그 단계의 행동을 취해야 할 사람은 그가 아니라 아리아라는 사실을 기억해야 한다. 가령 아리아는 소셜미디어에서 사이드를 언팔로우하고, 양쪽 친구들에게 사이드 이야기를 꺼내지 말아달라고 부탁하는 등의 행동을 취할 수도 있다. 사이드에게 한계를 정한다는 건 그의 삶을 더 적극적으로 살아나가고, 시간을 보내는 새로운 방법을 찾고, 친구 무리를 만들거나 다시 만드는 일일 수 있다. 자기 자신의 한계를 정하는 과정은 무력감이라는 함정에서 빠져나와 힘을 얻는 길을 찾는 방법이다.

| 연습 | 자유와 마음의 평화를 시각화하기

방해될 만한 요소가 없고 조용한 장소를 찾는다. 편안한 자세를 취한다. 눈을 감고 현재나 과거 상황에서 마음의 평화가 필요했지만 얻지 못했던 상황을 떠올린다. 이제 자신에게 고통을 준 사람과 대면한 자신의 모습을 상상하자. 아무 말 없이 손 흔들어 인사하고 그에게서 등을 돌린다. 그 사람에게서 점점 멀어져 집이나 해변처럼 마음 따뜻하고 기분 좋은 느낌

이 드는 장소를 향해 걷는다. 걸으면서 떠오르는 감정을 느껴보자. 분노, 슬픔, 실망이 느껴지면 의식적으로 그 감정을 안도감, 행복감, 만족감 같은 긍정적인 감정으로 전환하자. 낡은 감정을 새로운 감정으로 바꾸면서 이렇게 혼잣말한다. "나는 받아들인다. 나는 놓아준다. 나는 배운다. 나는 앞으로 나아간다."

몇 번 이상 반복해도 좋다. 종결짓고 싶은 마음이 들 때나 옛 감정이 떠오를 때마다 이 연습을 반복하자. 이 시각화 연습은 이제 그만 떠날 것인지 결정하는 데 도움이 된다. 또한 과거는 우리 뒤에 있고 미래는 우리 앞에 있다는 사실을 상기시킴으로써 떠나기로 한 결정을 긍정적으로 받아들이는 데도 유용하다.

떠나야 할 때가 언제인지는 내가 제일 잘 안다

이 장에서 가장 중요한 메시지는 자신, 그중에서도 특히 자신의 정서적 건강을 우선순위에 두라는 점이다. 가정이나 공동체에서 우리에게 항상 이렇게 이야기하지는 않는다. 오히려 감정은 위험하다거나 나약함의 신호이니 억누르고 부정해야 한다고 배운다. 우리 중에는 불편하거나 어려운 감정에 대처하는 법을 배우지 못한 사람이 많다. 많은 사람이 우리의 감정은 타인이 유발하며, 감정을 없애는 건 그걸 유발한 사람들에게 달렸다고 배워왔다.

    종결은 우리 자신과 관계를 치유하는 데 아주 긍정적인 방법이 될 수 있지만, 때로 종결을 모색하는 일이 마음 건강을 해치고 진이 빠지게 만드는 헛고생에 지나지 않을 때도 있다. 떠나야 할 때가 언제인지는 본인만 안다. 어떻게 알 수 있을까? 내면의 직감에 귀 기울이고, 합리적 마음을 활용하고, 닿을 수 없는 곳에 있다는 걸 알면서도 계속 종결을 향해가다 결국 마음 건강을 해치는 결과를 감수할 가치가 있는지 자문해보자. 만약 대답이 '그렇지 않다'라면 이제 떠날 때가 된 것이다.

12장

수용을 선택하기

지금까지 종결을 모색하는 일의 가치와 그것이 개인과 관계를 어떻게 치유할 수 있는지 알아봤다. 종결 모색이 간단히 말해 헛고생에 지나지 않으며 자기 자신을 무력함과 감정적 자기파괴로 몰아갈 수 있다는 점도 확인했다. 종결이 불가능한 일로 판명되면 그다음은 어떻게 되는 걸까? 영원한 좌절, 분노, 혼란 속에 아픈 가슴을 안고 계속 괴로워하면서 앞으로 나아가야만 할까? 꼭 그렇지는 않다. 우리가 수용하기로 마음먹는다면 그렇게 되지는 않을 것이다.

이 장을 집필하던 가운데 배우 두 명이 50여 년 전 어느 영화사가 자신들에게 저지른 잘못에 대해 영화사를 상대로 소송을 제기했다는 뉴스를 우연히 라디오에서 들었다. 최근 관련법이 제정되면서 이 혐의를 고소할 수 있게 됐으며, 이들은 이 소송에서 천문학적인 액수의 배상금을 요구했다. 뉴스를 전달한 기자는 이제 일흔이 다 된 두 배우가 마침내 이 일을 종결할 기회를 얻을지 모른다고 말했다. 당연하게도 나는 이 뉴스에 관심이 생겼다.

내용을 살펴보니 두 배우가 억울해할 만하다는 생각이 들었다. 자기 자신을 보호하는 법을 몰랐던 젊은 시절에 이들이 존중받지 못한 건 분명해 보였다. 한편으로 이 소송이 그들에게 어떤 의미가 있을지도 생각해봤다. 우선 가족이나 친구들과 즐겁게 보낼 수 있는 몇 년이라는 시간을 변호사와의 회의와 법정 출두에 쏟아부어야 할 가능성이 컸다. 그들의 과거와 현재가 샅샅이 파헤쳐지면서 언론에 알리고 싶지 않았을지 모르는 사적인 정보가 공개되고, 무자비한 추측, 동정, 조롱이 그들에게 쏟아질 수도 있다. 변호사 비용을 제외하면 얼마 안 될지 모르는 합의금을 좇는 동안 수입이 손실될 수 있다는 건 말할 것도 없었다.

무엇보다도 법정에서 승소한다고 해서 사건이 진정으로 종결될 수 있을지 의문스러웠다. 금전적 합의는 그들과 상속인들에게 충분히 혜택이 될 수 있다. 영화사로부터 사과받거나, 같은 처지에 있는 다른 젊은이들의 곤경에 대한 인식을 제고하게 될 수도 있다. 하지만 수십 년간 겪은 고통이 수표

한 장으로 지워질까? 과거 일을 들추다 지난 고통이 되살아나거나 더 심해지는 건 아닐까? 소송에서 이기면 당시 제대로 대접받지 못해서 놓쳤다고 그들이 주장하는 직업적 성공을 마침내 이룰 수 있을까? 이들이 승소하기까지 견뎌야 할 법정에서의 모든 시간과 부정적 여론이 그들이 바라는 종결을 이루는 일만큼의 가치가 있는지 궁금했다. 노력에 대비해 이익을 따졌을 때 공허한 승리가 되는 건 아닐까?

그러고 나서 수용의 관점에서 이 사건을 고려해봤다. 두 배우가 겪은 일이 정당하다는 말은 아니다. 절대 그렇지 않다. 하지만 나는 이들이 좋든 나쁘든 일어난 현실을 받아들임으로써 이득을 얻을 수 있을지 궁금했다. 그렇다고 과거의 사건이 그들에게 아무런 영향도 미치지 않은 것처럼 행동해야 한다는 뜻은 아니다. 적극적인 수용은 언론을 통한 인식 제고, 기금 모금, 청소년을 지원하고 옹호하는 재단 설립과 같은 행동으로 이어질 수 있다. 이렇게 했다면 상황을 종결지을 수 있을까? 그리고 소송과는 다른 방식으로 이들의 사기를 북돋고 이들의 인류애를 고양하는 것이 더 값진 종결의 형태가 될 수도 있을까? 이런 식으로 접근하려면 큰돈으로 보상받는 종결의 개념에서 벗어나야 한다. 그리고 일어난 일은 이미 일어난 일이라는 사실을 인정해야 한다.

지난 장에서는 종결을 포기하고 수용으로 전환할 때를 결정하는 법을 알아보았다. 이번 장에서는 처음에는 어렵더라도 결국 수용하면 어떤 이점이 있는지 살펴보자.

수용은 힘이다

직관에 반하는 것처럼 들릴지 몰라도 수용은 힘이다. 내담자들과 이런 이야기를 나눌 때면 종종 저항에 부딪힌다. 그들은 종결 모색을 그만두면 나약하고, 정서적으로 불안정하며, 원칙 없는 사람으로 비치지 않을까 두려워한다. 자기 목소리를 내지 못하고, 자신을 옹호하지 않으며, 괴롭히는 사람 앞에서 움츠러드는 것처럼 보일지 모른다고 걱정하기도 한다. 그 마음은 나도 충분히 이해한다. 무언가를 포기해서 원하는 걸 얻지 못하게 되는 게 어떻게 힘의 한 형태가 될 수 있겠는가? 이렇게 설명하고 싶다.

인간에게는 자신의 길을 스스로 가로막는 성향이 있다. 우리가 그런 행동을 하는 건 자존심 때문이다. 자존심은 이기고, 옳은 쪽이 되고, 승리하고 싶어 한다. 그리고 우리가 악당과 싸우는 선한 사람이라는, 선과 악의 관점에서 상황을 바라보게 한다. 자존심은 우리가 우월하다는 걸 증명하고, 승자가 되도록 우리를 밀어붙인다. 자존심은 반드시 지켜져야 한다! 나는 내담자들이 종결을 모색하다 벽에 부딪히고도 자존심을 지키려는 욕구 때문에 종결을 다시 시도하는 경우를 종종 본다. 다른 한편으로 종결이 두 사람의 관계에 이로울 수 있는데도 자존심을 지키려는 욕구 때문에 종결을 요구하는 쪽에 협조하지 않는 경우도 매우 자주 목격했다.

여기에는 이런 역설이 있다. 자존심은 우리가 강력하고 통제력 있는 사람이 되기를 갈구하게 하지만 한편으로 자존심의 요구를 따르다가는 행동이 통제를 벗어나고 무력감에 빠질 수 있다. 또 게임을 그만둘 때가 됐다는 신호가 분명히 보이는데도 그만두지 않고 계속하게 된다. 우리가 게임을 그만두는 일을 패배와 동일시하며, 자신이 패배하는 걸 받아들이지 못하기 때문이다. 우리는 승리에 너무 집착한 나머지 이미 졌다는 사실을 깨닫지 못한다.

그렇다고 자존심이 나쁘기만 한 건 아니다. 건강한 자존심은 불가능한 종결을 모색하는 부질없는 행동으로부터 우리를 보호할 수 있다. 자존심은 그만둬야 할 때를 인식하도록 이끌고, 당당하게 그만둘 수 있도록 돕는다. 그리고 추구할 가치가 없거나 필요하지도 않은 종결을 더는 요구하지 않게 한다. 건강한 자존심은 우월감에 기초하지 않는다. 그보다는 자신이 사랑받을 가치가 있고, 친절하게 대접받고 존중받을 자격이 있으며, 삶에 더 이상 절망이 아니라 마음의 평화를 가져다주는 선택을 내릴 수 있는 존재라고 인정하는 데 기초한다. 또한 다른 사람들에게도 마찬가지로 기꺼이 배려하겠다는 의지를 바탕으로 한다.

그렇기 때문에 얼핏 보기에 나약하게 느껴질지라도 종

결 대신 수용을 선택하는 일은 결코 나약함의 표시가 아니다. 사실 종결에서 벗어나 마음의 평화를 우선시하려면, 다시 말해 더는 헛된 고생을 시도해 좌절, 실망, 분노를 더 심하게 느끼고 학대당하는 걸 허용하지 않기로 마음먹으려면 힘이 많이 필요하다.

이 세상에는 우리가 통제할 수 없는 것이 대부분이다. 그런 것들을 통제하기 위해 싸울 때 우리는 자기 자신을 실패와 좌절에 빠뜨린다. 그 싸움을 포기하면 완전히 새로운 삶의 방식을 받아들일 수 있다. 수용은 싸움을 포기하는 일이다. 즉 합리적으로 생각할 때 이제는 기대할 수 없는 걸 기대하지 않는 것이다. 결말을 원하게 만드는 모든 감정에 휩싸여 있어서 아주 힘들겠지만 그럼에도 놓아주고 새롭게 삶을 살아가기로 선택한다. 인생에서 통제할 수 없는 걸 받아들이면 통제할 수 있는 것에 집중할 여력이 생긴다. 얼마나 다행인가!

외면하고 떠난다는 건 다른 사람에게 양도했던 힘을 되찾거나, 자신의 힘을 새롭게 인식하고 마침내 자기 자신에게 이렇게 말하는 일을 뜻할 수도 있다. "나는 이 사람의 이해를 구할 필요가 없다. 그에게 존중받을 필요가 없다. 내게는 그의 사과가 필요하지 않다." 이런 깨달음에 도달하면 자기 자신의 힘이 어떻게 안에서 밖으로 발산되는지 알게 된다. 이건 우리가 지닌 힘이다. 남에게 요구할 필요가 없다. 애교 있게 "부탁해!"라고 말할 필요도 없다. 다른 사람을 설득하거나 강요할 필요도 없다. 이 힘은 이미 우리에게 있다.

수용은 합리적이다

생각과 감정이 '반드시 끝내야 해. 그러지 않으면 살아갈 수 없어'라고 외치고 있을 때 그 마음에서 벗어나기로 결정하는 건 대단히 어려울 수 있다. 이럴 때 합리적인 마음이 우리를 구해준다. 합리적인 마음은 자신의 생각과 그 생각에서 비롯한 감정을 객관적으로 바라보고, 정서적 건강을 위해 무엇이 최선인지 결정할 수 있게 해준다. 그리고 싸움에서 벗어나고, 완벽한 세상에서 자신이 원하는 것이 무엇인지 생각하고, 현실에서 가능한 것이 무엇인지 고려하도록 돕는다. 합리적인 마음은 정서적 건강, 마음의 평화, 자존감에 도움이 되는 선택을 내리기 위한 수용의 토대다. 종결이 불가능할 때는 수용이 합리적인 선택이다.

여기서 잠시 자말과 팀의 사연을 소개하려고 한다. 자말은 10년 동안의 관계를 정리하는 아주 힘든 이별을 겪고 있었다. 그는 자신에게 공감해주지 않고, 좋은 시기에는 괜찮지만 상황이 힘들어지면 대응하지 못하며, 자신을 감정적으로 지지해주지 않고, 불편한 대화를 피하는 데 급급한 사람이라고 전 애인 팀을 묘사했다. 처음에 자말이 이런 문제들에 관해 충분히 이야기해 관계를 회복하려고 시도했을 때 팀은 이렇게 부정했다. "문제라니, 내가 보기에는 아무 문제도 없는걸. 뭐가 문제야?" 결국 자말은 그를 장기적으로 신뢰하기는 힘들다고 판단하고 재빨리 이 관계에서 손 떼기로 마음먹었다. 자말은 아파트를 구해 이사하는 걸로 자기 생각을 명확히 전했다.

자말이 집을 나가자 팀은 분노했다. 자말은 자신이 왜 이런 선택을 했으며 얼마나 열심히 노력했는지, 그리고 팀이 곁에서 함께해준다고 느낀 적이 거의 없다는 사실을 팀에게 알리고 싶었다. 하지만 팀은 자말의 문자메시지를 무시했다. 자말이 전화하자 팀은 자말 쪽에서 사과하고 보상할 준비가 되면 만나서 이야기하자고 말했다. 자말은 자신이 사과할 이유가 없다고 느꼈고, 이런 상황에서 재결합하면 10년 동안 겪었던 일이 반복될 뿐이라고 생각했다. 자말은 대화를 나눌 수 있을지 팀에게 다시 물었고, 똑같이 최후통첩을 받았다.

"선생님이 뭐라고 생각하실지 알아요." 상담 중 자말이 말했다. "'원래 그런 걸 어쩌겠어'라고 계속 혼잣말했어요. 따분하고 상투적인 문구이지만 제 경우에 꼭 들어맞는 말이죠. 전 종결을 원했어요. 제 삶을 계속 살아가는 데 도움이 될 거라고 생각했죠. 그리고 우리 둘 모두에게 도움이 될 거라고 생각했어요. 마땅히 이 답답한 기분을 끝맺어야 하고 저는 그럴 자격이 있다고 생각하지만 원하는 종결을 이룰 수 없다는 걸 인정해야 했어요. 전 그 사실을 받아들여야 해요."

자말이 상황을 그대로 수용할 수 있도록 내가 어떻게 도울 수 있을지 물었다.

"실은 저 스스로 이미 수용하기 시작했어요. 이렇게 말할 수 있어서 뿌듯해요. 오늘 아침에 거울을 보면서 '자말, 놓아주자. 그냥 내버려두자'라고 말했어요."

물론 자말의 마음 한구석에서는 여전히 멋지고 만족스러운 종결의 대화, 혹은 그 어떤 대화라도 나누고 싶어 한다. 하지만 자말은 자신의 합리적인 마음을 발휘해 그런 일이 일어나지 않을 거라는 사실을 인식하고 더는 그걸 좇지 않을 수 있었다.

| 연습 | 그냥 내버려두기 (Let it be)

비틀스의 훌륭한 노래 때문만이 아니라 우리의 경험에 비춰 볼 때 '그냥 내버려둬. 순리에 맡겨'라는 말에는 마법 같은 힘이 있다는 데 동의할 것이다. 내버려두는 건 통제할 수 없는 일에 대한 통제권을 포기하고 통제할 수 있는 것에 집중하는 여유를 갖는 것이다. 시간을 갖고 수용이 개인적으로 어떤 의미인지 생각해보자. 종이 한 장을 들고 혼자 앉아보자. "그냥 내버려둬"라고 말해보자. 무엇이 떠오르는가? 종이에 적어보자. 그리고 다시 말하고, 떠오르는 생각을 또 적는다. 마음을 열

고 삶의 모든 측면을 생각해보자. 가정에서 일어난 일을 그냥 내버려두는 것이 본인이나 다른 가족들에게 이로울까? 직장은 어떤가? 공동체는? 종결짓고 싶은 마음이 간절했던 문제들이 떠오르는가? 이제 그만 순리에 맡길 때가 된 걸까?

수용은 연민이다

종결 욕구에서 벗어나면 더 인정 많은 사람이 될 수 있다. 어떻게 그럴까? 원하는 걸 얻지 못해 무력감이 들면 자신의 고통을 강렬하게 인식하게 된다. 고통에 계속 휘둘리지 않고 거기서 벗어날 수 있다면 이는 자기를 탐구하는 기회가 될 수 있다. 자기 자신에게 이렇게 질문해볼 수 있다. "왜 이것이 내게 그토록 중요했을까? 내가 무력해지는 걸 기꺼이 감수할 정도로 이 사람에게서 절실히 구했던 건 뭘까? 어쩌면 전혀 필요하지 않았을 수도 있는데." 이 질문에 대한 답으로 더 높은 수준의 자기 수용의 문이 열릴지 모른다.

이렇게 되면 자신을 더 잘 돌보고 자신에게 더 친절해질 수 있다. 자기 자신에게 연민을 베푸는 일은 엄청난 힘을 준다. 부끄러움 없이 자신을 있는 그대로 받아들이고, 자기 자신에 대해 사과할 필요를 느끼지 않고, 자신의 불완전함과 재능을 받아들이게 된다. 한마디로 자신을 흔쾌히 수락하게 된다!

게다가 자신이 느끼는 고통의 밑바닥에 무엇이 있는지

알게 되면 타인의 고통을 인식하고 그들에게 더 친절해질 수 있는 특별한 기회가 생긴다. 종결지으려 시도하는 과정에서 상대방이 평생 받아온 고통(혹은 종결지으려는 시도 탓에 그들이 받게 된 고통)을 인식하게 됐다면 자신의 인정 어린 면을 더 많이 보게 될지 모른다. 연민은 안에 있는 것을 밖으로 드러내 보이는 일이기에 자기 자신에게 연민을 느끼면 다른 사람에게도 연민을 보일 가능성이 커진다.

인생의 숨은 교훈

이상적으로 생각할 때, 우리는 종결을 이루면 자신에 대해 새로운 인식이 생기고, 자존감이 올라가며, 목소리를 내고 자신이 마땅히 받아야 할 것을 요구하는 능력이 향상될 거라고 생각한다. 때로 종결을 통해 실제로 그런 결과를 얻는다. 힘을 얻고, 정당성을 인정받고, 이해받은 기분을 느낀다. 그리고 이것은 인생의 소중한 교훈이다.

하지만 인간으로서 성장하려면 인생이 우리에게 가르쳐 줄 수 있는 모든 잠재적 교훈, 즉 축하할 만한 일과 참고 견뎌야 할 일을 모두 열린 마음으로 수용해야 한다. 인생은 우리에게 많은 도전을 가져다주고 그 과정에서 감정적 충돌과 상처가 남지만 이런 도전은 인간으로서 성장하는 데 도움이 되는 교훈을 주기 때문에 어떤 의미에서는 선물이다. 그리고 선물을 받았을 때 해야 할 정중한 대응은 그것을 받아들이는 것이다. 내 경우, 인생에서 가장 중요한 교훈 중 일부는 경험으로 힘들게 얻은 것들이다. 종결짓지 못해 많이 힘들기는 했어도 삶에서 소중한 가르침을 받았다고 생각한다. 편지를 보냈다가 나중에 상대방이나 자신의 평판에 손상을 입어 그걸 후회한 일, 집단적으로 사람들에게 모욕당해 수치심과 굴욕감을 느낀 일 등 모든 경험이 잠재적으로 우리에게 무언가를 가르쳐줄 수 있다.

내가 의도성이 중요하다고 강조한 이유 중 하나는 의도성을 통해 왜 종결이 필요한지, 상대방에게 무엇을 기대하는지를 스스로 명확히 파악해 상대방의 그런 반응을 아무렇지 않게 받아들일 수 있게 하기 때문이다. 의도성을 파악하는 과정에서 감정적으로 준비되지 않았거나, 종결에 대한 욕구가 현실적이지 않다고 판단하거나, 상대방에게 정서적으로 피해를 입힐지 모른다고 생각하게 되기도 한다. 다시 말해, 이 과정에서 자신에 대해 무언가 배우게 되는 것이 바로 인생의 교훈이다.

모든 인생의 교훈 뒤에는 사연이 있기 마련이다. 그 사례를 하나 소개하겠다.

마크는 사람들끼리 서로 다 알고 지내는 작은 마을에서 자랐다. 마크의 아버지는 작은 식당을 운영했다. 마크가 '미화된 핫도그 가판대'라고 부르는 이 식당은 장사가 안 돼서 가족은 궁핍하게 근근이 먹고살았다. 집에 침실이 하나밖에 없어 부모님은 침실에서, 마크와 형은 거실에 있는 간이침대에서 잤다. 부모님이 식당에서 장시간 일했기 때문에 마크와 형은 보살펴주는 사람 없이 모든 걸 알아서 챙겨야 했다. 게다가 부모님은 자주 다퉜다. 어머니는 아버지가 식당을 그만두고 더 높은 보수를 받는 직업을 찾길 원했다. 식당을 "1달러와 꿈으로 지었는데 이젠 그 1달러도 없다"라고 어머니는 말했다. 그의 아버지는 항상 장사가 나아질 거라고 말했지만 실제로는 그렇지 않았다.

마크는 가족의 상황이 부끄러웠다. 학교 친구들은 그가 입은 중고 옷을 보고 놀려댔다. 친구들을 집에 데려온 적 없었지만 친구들은 모두 마크가 어떻게 사는지 알고 있었다.

마크의 형은 고등학교를 졸업하자마자 군에 입대했고, 가끔 전화 통화하는 일 외에는 가족과의 관계를 끊고 지냈다. 마크는 형과 거의 연락하지 않는다. 한편 마크는 장학금을 받고 주립대학에 진학했고, 여름방학에도 집에 돌아가고 싶지 않아 캠퍼스에서 아르바이트 자리를 구했다.

마크는 이제 서른두 살이고, 다른 주에서 교사로 일하면서 1년에 한 번 부모님을 만나러 간다. 부모님은 여전히 식당에서 오랜 시간 일하고 있다. 마크는 어린 시절 느낀 박탈감, 친구들의 조롱, 자신의 선택이 자식에게 미친 영향에 전혀 관심 없는 부모님, 특히 아버지에 대한 서운함 등의 상처를 극복하기까지 상당히 오랜 세월이 걸렸다고 느낀다.

지난여름, 마크는 주말 동안 부모님을 뵈러 고향에 다녀왔다(낡은 침대에서 잘 수 없어 근처 호텔에 머물렀다). 이번에는 부모님을 찾아뵙기로 한 의도가 있었다. 어릴 때 자신의 삶이 얼마나 힘들었는지, 그들의 잘못된 선택으로 인한 가난이 자신에게 어떤 영향을 미쳤는지, 그 때문에 형이 어떻게 떠나가게 됐는지 부모님에게 말하고 싶었다. 그는 자신이 한 인간으로서의 정체성을 형성하기 위해, 항상 주변 사람들보다 자신이 부족하다고 느끼지 않기 위해, 어릴 때 조금 더 보살핌받을 자격이 있었다는 걸 깨닫기 위해 얼마나 애썼는지 부모님이 인정해줬으면 했다. 사과를 기대하지도, 심지어 바라지도 않았다. 다만 아버지의 이기심과 현실 직시 능력 부족, 자식들에게 더 나은 삶을 마련해주기 위해 어머니가 더 열심히 노력하려 하지 않은 데 자신이 느낀 감정을 이해해주기를 바랐다.

하지만 마크가 자신의 어린 시절 이야기를 꺼내자마자 아버지는 그 말을 끊고 식당에 잠재력이 있는데도 지역사회가 자신을 지원해주지 않았으며, 기회를 얻었다면 얼마나 훌륭한 식당이 될 수 있었을지에 관해 이야기했다. 그의 어머니는 자신이 어머니로서 얼마나 훌륭했는지, 아버지와 함께 자식들에게 중요한 가치를 어떻게 가르쳤는지 이야기했다. 마크의 부모는 계속해서 아들의 말을 끊으며 '그들이 이룰 수 있었던 일'에 대한 이야기를 반복했다. 그가 어릴 때 얼마나 불행했는지, 학교에서 얼마나 아웃사이더처럼 느꼈는지 이야기하려 하자 어머니는 이렇게 말했다. "말도 안 돼. 넌 행복한 아이였어. 우리가 일하는 동안 집에서 형하고 재밌게 놀았잖아. 기억 안 나니? 대학 교육이 부모를 나쁜 사람으로 몰아가도록 만드나 보구나."

"알았어요." 마크가 말했다. "알았어요, 엄마 아빠." 그는 계속 다툴 마음도, 에너지도 없었고, 부모님을 다치게 하고 싶지도 않았다. 부모님이 마크의 말을 듣지 않고 이해하려고도 하지 않는다면 말해봐야 입만 아플 터였다.

그는 어머니의 방어적인 태도와 아버지의 침묵에 다소 놀랐지만 자신과 형이 물질적으로나 정서적으로 필요한 것을 모두 갖추고 어린 시절을 행복하게 보냈다는 가상의 이야기를 유지하기 위해 부모님이 얼마나 많이 노력했는지 깨닫기 시작했다. 그들은 자신들이 저지른 실수, 즉 성공하지 못할 식당에 인생을 낭비한 현실을 볼 수 없었다. 어린 시절 마크의 불행을 인정한다는 건 자신이 선택한 인생을 책임져야 한다는 의미일 것이었다. 그랬다면 그들에게 무엇이 남았을까? 그래서 그들은 마크의 기억은 진짜가 아니며, 심리학 수업을 지나치게 많이 들은 데다 시간까지 흘러 만들어진 산물이라며 그를 몰아세웠다. 그들은 마크가 부모님이 준 행복한 삶을 잊었으니 다시 듣고 기억해야 한다고 주장했다. 마크는 이것이 부모님의 한계라는 현실을 받아들임으로써 자신의 삶으로 돌아갈 수 있는 소중한 교훈을 몇 가지 얻고 집을 떠날 수 있었다. 그 교훈 중 하나는 부모님이 가진 데서 최선을 다했다는 사실이었다. 그들은 부모로서나 자신의 삶에서 훌륭한 일을 해내지는 못했지만, 더 잘할 수 있는 정신적·정서적·재정적 자원이 없었다. 마크가 얻은 또 다른 교훈은 진실의 무게에 무너질까 봐 자신의 삶을 객관적으로 바라볼 수 없는 사람도 있으며, 그의 부모가 특히 그랬다는 사실이었다. 이 일에서 가장 중요했던 건 부모에게 인정받았는지 여부에 상관없이 마크가 자신의 운명을 스스로 통제할 수 있는 힘을 가지고 집으로 돌아갔다는 사실이었다. 그는 자신에게 항상 그 힘이 있었고, 그 힘이 자신을 지금의 위치에 올려놓았지만 지금껏 그 힘을 제대로 소유하지 못했다는 사실을 깨달았다. 이제 그는 그 힘을 명확하게 보고 그 잠재력을 최대한 활용할 수 있게 됐다. 마크는 자신이 원했던 부모님과의 종결, 즉 자신에게 필요하다고 생각했던 종결을 이루지는 못했다. 대신 그는 인생의 소중한 교훈을 알아냈다. 이것이 바로 수용의 힘이다.

인생의 모든 걸 이해할 필요는 없다

우리가 애초에 종결을 원하는 주된 이유 중 하나는 상황을 이해하고 싶기 때문이다. 우리는 누군가가 왜 그렇게 행동했는지, 어떤 일이 왜 그런 식으로 전개됐는지 이해하고 싶어 한다. 답이 마음에 들지 않더라도 설명을 아예 못 듣는 것보다는 듣고 납득하고 싶어 한다. 하지만 현실 세계에서 모든 걸 항상 이해할 수는 없다.

우리 삶에서 개인적으로 이해할 수 없기 때문에 믿음으로 받아들이는 게 얼마나 많은지 생각해보라. 만일 일상에서 마주치는 모든 걸 이해해야 한다면 나는 집 밖으로 나가지 않을 것이다. 나는 땅 위에 어떻게 그렇게 높은 빌딩이 지어질 수 있는지 이해 못 하면서도 엘리베이터를 타고 20층으로 올라간다. 날씨가 어떻게 그렇게 빨리 변할 수 있는지 이해되지 않지만 그래도 필요할 때는 우산을 챙긴다. 내게는 대수롭지 않은 대화에 내담자가 왜 그렇게 충격받는지 잘 이해되지 않을 때도 있지만 그 사람이 상황을 헤쳐나갈 길을 찾을 때 나는 여전히 경청하고 감정적으로 뒷받침한다.

나는 내담자들에게 "사람들을 있는 그대로 인정해야 한다"라고 자주 말한다. 이 말을 들으면 사람들은 슬퍼하면서도 동의하거나, 잘 모르겠다는 듯 어깨를 으쓱이고, 불쑥 화내거나, "그럴 수는 없어요!"라고 말하는 등 다양하게 반응한다. 물론 세상이 완벽하다면 사람들은 지금보다 '더 나아야' 하지만 우리가 사는 세계는 완벽하지 않다. 내가 경험한 바로, 사람들이 내 생각대로 행동하기를 기대하는 대신 그들 방식대로 행동하는 걸 받아들이자 삶이 한결 쉬워졌다. 요구하지 않고, 간청하지 않고, 이치에 맞기를 기대하지 않고, 그냥 있는 그대로 받아들였다. 삶이 논리적이거나 공정할 거라는 기대를 버리니 인생이 훨씬 쉬워졌다. 실제로 인생은 논리적이지도, 공정하지도 않을 때가 많으니 말이다.

나는 거의 매주 내담자들에게 이렇게 조언했다. 그 말을 듣고 간 사람들은 종종 내게 찾아와 그 조언이 자신의 인생을 바꿔놓았다고 말한다. 가까운 주변 사람들에게 기대해서는 안 된다는 뜻이 아니라, 완벽한 세상에서 그들이 우리에게 줄 수 있을 거라고 기대하는 것과 실제로 그들이 우리에게 줄 수 있는 건 다르다는 사실을 이해해야 한다는 뜻이다. 이 세상과 그 안에서 사는 사람들이 모두 이치에 맞아야 한다는 요구를 포기하면 자신과 주변의 모든 사람이 있는 그대로의 엉망인 모습으로 살아갈 수 있는 여유가 생긴다. 우리는 그들의 최선이 우리 기준에 부합하는지에 관계없이 그들에게 최선을 다할 수 있는 은혜를 베푼다. 은혜! 아주 단순하지만 대단히 강력한 말이다.

많은 사람이 그렇듯 나도 어깨를 으쓱하는 행동을 부정적으로 바라보도록 길들여져 있다. 배려심 없거나 게으르거나 나약하다는 표시로 말이다. 하지만 상황을 이해할 수 있도록 상대방이 종결에 협조해주기를 바라는 기대를 내려놓을 때 어깨를 으쓱하고 물러날 시기가 됐다는 사실을 깨닫는 건 강인함, 수용, 힘의 신호가 될 수 있다.

떠나려면 떠나기로 결심해야 한다

자, 그럼 중요한 질문에 답할 순간이다. 종결을 원하는 마음이 아주 간절할 때 어떻게 수용을 받아들일 수 있을까? 답은 간단하면서도 어렵다. 떠나려면 떠나기로 결심해야 한다. 분노나 좌절감이 심각해질 때까지 기다린다면 더 큰 분노와 좌절에 빠지게 된다. 영감을 얻거나 마음의 평안을 느끼기를 기다린다면 아주 오래 기다려야 할 것이다. 그러니 대신 합리적인 선택을 내린다. 이렇게 다짐한다. "나는 이 싸움을 계속할 필요가 없다. 인생에는 이해되지 않는 것이 많으며 이것도 그중 하나다. 이건 마음의 평화, 자존감, 나만의 힘을 위해 내가 해야 할 일이다."

여기서 우리에게는 선택권이 있다. 정서적 건강을 우선순위로 삼으면 기분이 서서히 다시 온전해지는 것을 느낄 수 있다. 종결 욕구를 내려놓는 동안 정서적 건강을 챙길 수 있는 몇 가지 도구를 지금부터 살펴보자. 이 도구들에 주제가 있다면 '자기 삶을 받아들임으로써 수용하게 되는 것'일 테다. 자신이 가진 것에 너무 집중해서 얻지 못한 것을 반추할 시간이 없을 정도로 열심히 수용하자.

① 자기 대화에 집중하기
자기 대화self-talk는 깨어 있는 모든 순간에 마음속에서 계속되는 대화로, 보통 자신과 타인에 대한 판단과 비판으로 가득하다. '~할 걸 그랬어, ~했어야 했어'라는 말을 되풀이하는 건 우리를 더욱 불행하게 만들 뿐이다. 이 대신 친절한 자기 대화를 시작한다면 다른 사람들처럼 인간다울 수 있도록 자신을 허락하고, 다른 사람들과 마찬가지로 자신도 최선을 다하고 있다고 스스로 안심시킬 수 있다.

자신에게 인정 많고 다정하게 이야기하는 내면의 목소리를 택하자. 마음에 상처를 입은 친구나 가족에게 말하듯 자신에게 말한다. 자기비판, 이분법적 사고, 암울한 미래에 대한 선언 등에 빠져들 때면 재빨리 알아차리자. 인생은 본질적으로 멋지고, 이 세상에는 선한 의도를 가진 사람들이 많다는 사실을 기억하자.

② 자신의 한계를 정하기

이루지 못한 종결에 집착하고 있다면 그 목표에 계속 관심을 쏟는 일에 득보다 실이 많다는 사실을 조만간 깨달을 것이다. 때로 우리는 자신을 엄한 사랑으로 다스리고 자신의 생각과 행동에 한계를 정해둬야 한다.

잠시라도 생각을 다른 곳에 두자고 의도적으로 결정하자. 가족이나 친구들과 종결을 원하게 만든 요인이 아니라 다른 것에 관해 이야기하려고 노력한다. 또 침대에 누워 주말 오전 시간을 보내거나 혼자서 술집에 가는 일처럼 종결 욕구에 사로잡히기 쉬운 상황을 피하자.

종결을 포기하고 떠난 데는 이유가 있다는 사실을 계속 떠올린다. 물론 왜 이 상황을 종결짓고 싶은지, 종결짓지 못하면 무엇을 포기하게 되는지를 마음속으로 생각하고 또 생각했을 것이다. 하지만 미래에 대해 생각할 수 있는 마음의 여유, 평온하고 안정된 느낌, 다시 기쁨을 느낄 수 있게 되는 일 등등 종결에 대한 욕구를 내려놓음으로써 얻을 수 있는 것이 얼마나 많은지 생각해보라. 이제 자신을 벌주는 일을 멈추고 친절하고 다정하게 대하자. 당신은 그런 대접을 받을 자격이 있다!

③ 주의를 분산시키기

긍정적인 주의 분산은 마음을 안정시키는 데 도움이 되고, 즐거움을 가져다주며, 삶과 연결되는 생각과 활동에 의도적으로 참여하게 해 어두운 마음에 빠지는 일을 막을 수 있다. 자기도 모르는 사이 반복되는 종결에 대한 생각과 감정으로 어려움을 겪고 있다면 취미, 친구와의 만남, 업무처럼 주의를 돌릴 수 있는 건강한 방법을 선택하자. 그러면 삶에 기쁨을 가져다주는 활동에 더 많이 몰두하고, 종결을 이루지 못한 데 따른 좌절, 실망, 분노와 같은 감정을 더 쉽게 넘어설 수 있다. 긍정적인 주의 분산 활동은 인생은 살아볼 만하다는 긍정적인 인식에 이르는 데 도움이 되는 작은 증거다.

생활 속에서 즐거운 활동들을 새로 혹은 다시 시작하자. 이 방법의 원리는 더 긍정적이고 생산적인 방법으로 시간을 보냄으로써 종결에 대한 생각과 그와 연관된 해로운 감정들에 더는 에너지를 쓰지 않는 것이다. 이런 활동으로는 음악 감상, 영화 관람, 산책, 요리, 운동 등이 있다. 참고로 신체 활동을 하면 엔도르핀이 분비되어 부정적인 감정과 스트레스에 더 효과적으로 대응할 수 있다. 이 방향으로 움직이기 시작하면 종결에 대한 욕구로 인해 삶에서 무엇을 희생했는지 더 잘 알게 되어 욕망을 내려놓기 한층 쉬워질 수도 있다.

④ 활동 영역을 넓히기

종결은 대개 원하는 대로 되지 않은 것이나 빼앗긴 것과 관련 있다. 그러니 새로운 것을 삶에 채워 넣어보자. 예를 들면 새로운 취미를 찾거나, 무언가를 배우거나, 여행 계획을 세우거나, 봉사활동에 참여해본다.

자원봉사를 하거나 선한 행동을 베푸는 일은 타인의 문제를 돌보면서 자신의 문제에서 주의를 돌릴 수 있어 특히 유익하다. 다른 사람의 상처가 치유되도록 돕겠다는 의지는 자신이 입은 상처를 치유하는 데도 도움이 된다. 친절을 베풀다 보면 스스로 괴롭히거나, 냉소적인 태도를 취하거나, 패배감에 빠지지 않게 되어 자기 자신의 힘을 확인하게 된다. 이런 힘은 다른 사람이 나를 대하는 방식이나 내가 경험한 실망으로 위축되지 않겠다는 의지를 드러낸다.

⑤ 명상하기

치유에 도움이 되는 추가적인 방법으로 명상이나 영적 수행 활동을 고려해봐도 좋다. 가장 일반적이고 접근하기 쉬운 방법 중 하나는 마음 챙김 명상이다. 인간은 끊임없이 과거를 돌아보며 한탄하거나 미래에 대한 걱정에 빠져 있기 쉽다. 마음 챙김은 우리가 과거와 미래의 걱정 사이에서 맴돌지 않고 현재에 초점을 맞출 수 있게 도와준다. 마음 챙김 명상은 지금 이 순간을 온전히 인식하면서 자신의 삶에 집중하게 한다. 생각과 마음을 차분히 가라앉히고 생각을 집중하는 데 큰 도움이 된다고 많은 사람이 입을 모아 말한다. 무엇부터 시작해야 할지 잘 모르겠다면 명상 앱, 웹사이트, 서적이 이미 많이 나와 있으니 참고해보자.

시각화visioning도 명상과 다소 유사한 기법으로, 수용을 연습하는 데 도움이 될 수 있다. 종결짓지 못한 사람과 이별하는 장면을 이른 아침이나 밤에 몇 분 동안 머릿속으로 그린다. 화내는 장면이 아니라 포옹이나 악수를 하거나 등을 돌려 다른 방향으로 걸어가는 등 상대방에게서 멀어지는 모습을 상상한다. 이렇게 시각화를 꾸준히 연습하면 시간이 지날수록 수용의 힘이 더 강해질 것이다.

⑥ 도움받기

종결 욕구에 매달리느라 최근 혼자 지내는 시간이 부쩍 늘어났을지 모른다. 혹은 친구나 가족들이 지쳐 당신을 피하지는 않을까 걱정될 정도로 남들에게 고민을 털어놓는 데 시간을 많이 썼을지 모른다. 어느 쪽이든 당신이 아끼는 사람들과 새로운 방식으로 관계를 맺기로 선택하자. 모임을 새로 시작하고, 당신이 미련을 내려놓고 새롭게 시작했으며, 새로운 이야기를 나누려고 한다고 의사를 분명히 밝힌다. 만나는 사람들에게 그들에 대해 많이 질문하자. 영화나 콘서트를 보러 가는 일처럼 함께 시간을 보내면서도 말을 적게 할 수 있는 활동도 도움이 된다. 당신의 이야기를 듣느라 친구나 가족이 지친 것 같다면 적극적으로 사과하자.

⑦ 합리적인 마음 수용하기

한 걸음 물러나 자신의 생각과 그에 연관된 감정을 관찰한다. 자신의 추론에 허점이 있다면 그에 대해 명확히 설명한다. 특히 종결과 관련해 무엇을 기대했는지, 지금까지 경험한 것을 고려할 때 앞으로 합리적으로 기대할 수 있는 것이 무엇인지 솔직하게 따져본다. 현실적이지 않고 가능성도 없는 종결을 포기하고 떠나는 데 어떤 이점이 있는지 떠올린다.

합리적인 마음을 활용하는 일이 하나의 과정으로 진행될 수도 있다. 다이어리에 메모하면 진행 상황을 파악하고 나중에 추적하는 데도 도움이 된다. 자리에 앉아 왜 종결을 원했는지, 종결짓기 위해 무엇을 했는지, 종결에 이르지 못한 이유와 그에서 얻은 교훈에 대해 생각을 적는다. 수용한다는 것이 무엇을 의미하는지, 앞으로 이것이 어떤 의미가 있을지, 수용을 통해 어떤 혜택을 얻을 수 있는지 생각한다.

합리적인 마음으로 사고하는 동안 자신에게 선택권이 있다는 사실도 기억하자. 당신은 합리적인 방식으로 생각하고 행동하기로 선택할 수 있으며, 자기 자신을 치유할 수 있다.

| 자기평가 | 무엇이 수용을 방해하는가?

수용이 오르막길을 걷는 일처럼 느껴지는가? 다음 질문으로 수용에 대한 자신의 준비 상태를 평가해보자.

- "그냥 내버려둬"라는 말을 들으면 어떤 생각이 드는가?
- 그런 생각이 들 때 어떤 감정이 드는가?
- 나에게 일어난 일을 받아들이는 동시에 상대방이 부적절하게 행동했다는 것도 받아들일 수 있는가? 아니면 수용이 마치 내가 입은 피해를 용인하는 일처럼 느껴지는가?
- 상대방과 반드시 종결지어야겠다는 생각에 너무 매몰되어 있어 수용하는 일이 나약한 행동처럼 느껴지지는 않는가?

- 수용을 선택하면 나는 무엇을 포기하게 되는가?
- 수용을 선택하면 내가 얻는 것은 무엇인가?
- 일어난 일을 받아들이지 않기로 결정하면 감정적으로나 그 밖의 측면에서 어떤 위험이 있을까?
- 수용하기로 결정하는 과정에서 내 자존심은 어떤 역할을 하는가?
- 내가 상황을 종결지을 수 없다는 사실을 완전히 받아들인다면 내 삶은 어떻게 달라질까?
- 수용이 내 개인적인 성장에 어떻게 기여할 수 있을까?

대답하기 어려운 질문들이지만 시간 내서 진지하게 답해본다면 마음이 한결 평화로워지고 새로운 마음으로 삶을 살아갈 수 있을 것이다. 당신은 그만한 가치가 있다.

자유를 향한 첫걸음

자신에게 큰 고통을 안긴 무언가를 그냥 받아들이는 일이 쉽지 않다는 건 나도 잘 안다. 어쩌면 '대체 어떻게 그냥 내버려두고 넘어갈 수 있어?'라고 생각할지 모른다. 하지만 벽에 부딪혔거나, 더 많은 폭력과 학대에 휘말릴 위험이 있거나, 그 밖의 이유로 종결짓기 불가능하다면 어떤 대안이 있겠는가? 우리는 사람들을 있는 그대로 인정해야 한다. 그저 관계를 더 쉽게 끝내기 위해 상대방에게 우리가 원하는 모습이 되라고 강요할 수는 없다.

수용은 종결이 아니며, 처음에는 그것이 불리한 요소처럼 보일 수 있다. 종결이 아니라는 건 결코 해소하고 끝맺을 수 없는 의문이 남는다는 뜻이다. 그렇지만 수용이 종결이 아니라는 사실은 상대방에게 간청해서 얻은 종결이 아니며, 상대방의 희생으로 얻은 종결도 아니고, 원하지 않지만 어쩔 수 없이 받아들여야 하는 종결이 아니라는 의미이기도 하다. 수용은 자신을 위해 자기 힘으로 하는 일이다. 수용은 합리적이고, 연민 어리며, 우리에게 힘을 주는 선택이다. 우리는 수용을 통해 자신의 삶을 책임지고, 자신감을 가지고 앞으로 나아갈 준비를 할 수 있다. 수용은 자유를 향한 첫걸음이다.

13장

죽음 이후의 종결

일주일에 여러 번은 아니더라도 거의 매주 내담자들과 상실에 관해 이야기를 나눈다. 우리는 어떤 종류든 상실을 겪으면 슬픔을 느낀다. 친구를 잃으면 그 상실을 슬퍼한다. 그 친구와의 우정이 궁극적으로 우리에게 이롭지 않다고 생각한 적 있더라도 말이다. 직장을 잃으면 직장에서 얻을 수 있었던 안정된 소득, 생산적인 사람이 될 기회, 동료들과의 관계를 잃게 된 것을 애석해한다. 그 일자리가 득보다 실이 많다고 여겼거나, 직장에서 밀려나거나 해고당했거나, 더 나은 일터를 위해 떠났다 해도 말이다. 또 누가 먼저 헤어지자고 했는지에 관계없이 연인과 이별했거나, 극복할 수 없는 문제나 의견 차

이로 가족 구성원과 진정으로 소통할 기회를 잃었을 때도 슬퍼한다. 평소 심각한 질환을 앓는 사람들을 상담실에서 자주 만나기 때문에 나는 병을 진단받고 겪는 슬픔에 대해서도 자주 듣는다. 그들은 진단받기 전의 삶으로 돌아갈 수 없으며 계획대로 진행될 거라고 믿었던 미래가 갑자기 틀어져 슬퍼한다.

사랑하는 사람이 죽었을 때도 당연히 깊은 슬픔에 빠진다. 내가 종결에 관해 책을 쓰고 있다고 주변 사람들에게 말했을 때 가족이나 연인의 죽음을 겪은 사람들에 관한 것이냐고 묻는 사람이 많았다. 그만큼 죽음은 종결과 관련이 깊다. 물론 죽음이 우리가 종결을 추구하는 유일한 이유는 아니지만 그에 따른 고통의 강도가 높고, 종결과 연관된 다른 경우와 달리 상황이 영속적이기 때문에 특히 접근하기 까다롭다. 그래서 가족이나 연인을 잃은 슬픔에 대해 이미 이 책 전반에 걸쳐 다뤘지만 이 장에서 상실의 슬픔을 조금 더 구체적으로 살펴보려고 한다.

종결이 고통을 없애줄까?

살아오면서 나는 많은 사람을 잃었다. 당신도 삶에서 상실을 경험했으리라 생각한다. 가족이나 연인의 죽음은 우리에게 말로 표현하기 어려운 고통을 남긴다. 나 자신은 물론 내가 상담한 많은 사람의 경험에 따르면 상실의 고통은 시간이 지나면서 진화한다. 슬픔은 사람마다 다르게 나타나며, 올바른 애도 방법이 따로 있지는 않지만 비명 지르고, 목놓아 울고, 베개를 주먹으로 치고, 문을 발로 걷어차고 싶을 정도로 극심한 고통으로 시작되는 경우가 많다. 정신을 잃을 것 같다는 생각이 들 정도로 고통스러울 수도 있다. 내장을 토해 내는 것처럼 괴롭기도 하다. 때로는 통증이 너무 강렬해서 그 무게에 짓눌려 쓰러질 듯한 두려움에 사로잡힌다. 실제로 실신할 수도 있으며, 한 번이 아니라 여러 차례 그럴 수도 있다. 하지만 우리는 어떻게든 살아나간다.

통증은 극심했다가 시간이 지나면서 점차 가라앉아 생각과 행동에 스며들어 무지근하게 바뀐다. 더 천천히 걷고, 더 천천히 말하게 되며, 인생이 슬로모션처럼 느껴지기도 한다. 떠난 사람에 대한 기억에 둘러싸여 노래, TV 프로그램, 특정한 음식 냄새, 들었던 말 등등 온갖 것에서 추억이 떠오른다. 그러면 무지근했던 통증이 다시 강렬해지려 할 때도 있다. 가끔 그런 일이 생길 때면 그 사람이 죽던 날처럼 생생한 고통에 빠질 수도 있다.

애도할 때는 떠난 사람이 다시는 내 인생에 함께하지 않는다는 사실을 인정하기 힘들다. 합리적 마음은 그가 다시 돌아오지 않는다는 걸 인정해야 한다고 말하지만 떠났다는 사실을 인정하면 그를 포기하는 것 같다. 불안하고, 단절된 기분이 든다. 어두운 안갯속에서 세상을 바라보면서 애써 미소 짓고 밝은 모습을 보이려고 노력해보기도 한다. 그 사람의 죽음을 평온하게 받아들이고 싶지만 마음의 평화를 어떻게 찾아야 할지 막막하다.

이별의 슬픔에 관해 대화할 때 내담자들은 종종 이렇게 말한다. "어떻게 하면 이 고통을 없앨 수 있을까요? 너무 아파서 어쩌면 좋을지 모르겠어요." "제가 다시 행복해질 수 있을까요?" 그리고 당연히 이런 질문도 나온다. "어떻게 하면 이 고통을 종결지을 수 있을까요?"

정신 건강 전문가들은 슬픔을 상담하는 교육을 받을 때 내담자가 이야기하고 느끼도록 격려하는 법을 배운다. 즉 내담자에게 자신의 감정을 말하게 하고, 그가 원한다면 죽음에 관한 이야기를 들려준다. 그리고 기억을 공유하고, 그 사람이 떠난 지금의 삶이 어떤지 이야기하게 한다. 상실에 관해 이야기하고 그 감정을 경험할 때마다 마음은 상실을 통합하기 시작한다. 나는 대화의 힘을 믿고 생각과 감정을 말로 표현하는 일의 잠재력을 믿지만…… 슬픔에 빠진 사람들이 원하는 건 종결이다. 자신을 괴롭히고, 평화로운 순간을 허용하지 않는 상황을 끝맺고 싶어 한다. 그들은 종결이 모든 걸 괜찮게 만드는 마법의 열쇠라고 믿는다.

나도 그 심정을 잘 안다. 나 역시 사랑하는 사람을 잃었을 때 5분만 시간을 더 달라고 우주에 애원했다. 그저 단 한

번만 더 만나 내가 그를 얼마나 사랑했고 지금도 사랑하는지 말해주고 싶었다. 하고 싶었지만 하지 못했던 말을 전하고, 더 친절하게 대하고, 더 든든하게 지지해주고, 더 사랑할 수 있었지만 그러지 못했던 시간에 용서를 구하고 싶어서였을 것이다. "내가 당신을 얼마나 아끼는지 알고 있어요?" 같은 질문에 대답을 듣고 싶어서였을 수도 있다. 어쩌면 떠난 사람에게서 용서를 바랐는지도 모른다. 상실의 슬픔에 잠긴 내담자들도 대체로 이 같은 바람을 이야기한다.

그러면 종결지을 수 있을까? 고통이 사라질까? 그럴 수도 있겠지만 아마도 잠시 안도감이 들 뿐 무겁고 답답한 슬픔의 통증은 다시 돌아올 것이다. 어떤 경우든 고통을 없앨 수는 없다. 그렇다면 기분이 나아지는 데 실제로 도움이 되는 종결 방법은 대체 무엇일까?

내담자들이 상실의 슬픔에 대처하도록 도우면서 나는 슬픔에 대응하기 위해 종결을 모색했던 사례를 많이 듣게 됐다. 그중에는 어느 정도 효과가 있는 방법도 있고 그렇지 않은 방법도 있었다.

한 예로, 법 제도를 이용해 종결지으려 시도한 사례를 몇 차례 접했다. 그중에는 의료 전문가의 실수로 아이를 잃고 큰 충격에 빠진 부모도 있었고, 음주 운전자가 일으킨 교통사고로 사망한 청년의 부모도 있었다. 이들과 상담하면서 간혹 변호사와 회의한 내용과 사건 진행 상황을 전해 듣기도 했다.

이들은 소송 상대측인 대형 병원과 보험회사와 상대하면서 힘들어했다. 상대측 변호사가 피해자들의 고통을 별것 아닌 걸로 치부하려 해서 심리적으로 조종당한 기분이 들었다며 얼굴이 분노로 일그러지기도 했다. 슬픔에 빠진 사람들과 대화할 때면 그들은 종종 같은 목표를 표현했다. '이 사건을 종결짓는 데 상대방이 기필코 협조하게 만들겠다'는 것이었다. 이런 분노로 그들은 잠시나마 활력을 보였다가 다시 슬픔의 깊은 수렁에 빠졌다.

이들이 법적 조치를 취한 일이 잘못됐다고 말하는 게 아니다. 상황에 따라 소송은 재정적으로 중요한 문제일 수 있고, 특정 개인이나 기관이 앞으로 다른 사람에게 해를 끼치는 걸 방지하는 데 도움이 될 수도 있다. 하지만 나와 상담했던 사람들 가운데 소송이 정서적 종결을 이루거나 슬픔에 대응하는 데 도움 된 경우는 없었던 것 같다. 결국 가장 중요한 건 그들이 깊이 사랑했던 사람을 잃었다는 사실은 변함없다는 점이다.

다른 방식으로 종결지은 사람들도 있다. 떠난 사람이 꿈에 찾아와 안심이 되는 말과 필요한 대답을 해주기를 희망하며 죽음 이후의 종결을 색다른 방식으로 모색한 내담자도 있었다. 그런가 하면 길거리에서 어릴 때 일주일 용돈에 해당하는 금액인 1달러를 발견하고 그것이 어머니의 메시지라고 확신하면서 일종의 징조를 기다리는 사람도 있었다. 특히 기억에 남는 한 사람은 배우자를 잃은 뒤 종결할 방법을 간절히 구하다 죽은 자와 대화할 수 있다고 주장하는 영매를 찾아가기로 했다. 그는 자신의 목표를 내게 이렇게 설명했다. "제 아내가 아직 제 곁에 있다는 말을 듣고 싶어요. 그러면 슬픔으로 가득한 이 상황을 정리할 수 있을 것 같아요."

조금 더 전통적인 측면에서 보면 인류의 문화는 장례식이나 추모식 같은 의식을 통해 종결을 이룰 수 있게 한다. 이런 의식에는 종교적·영적 메시지, 추도사, 생각과 추억을 자유롭게 공유하는 시간이 포함된다. 나도 다른 사람들과 마찬가지로 장례식에 참석한 경험이 많다. 장례식은 함께 애도하고 감정적으로 지지받는 시간이 될 수 있으며, 어느 정도의 종결을 향해가는 데 도움이 될 수 있다고 본다. 하지만 떠나보낸 가족이나 연인을 기리는 의식에 참석하는 일은 감정적으로 무척 힘든 경험이 될 수도 있다. 물론 사람들에게 포옹받고 따뜻한 말로 위로받을 수도 있겠지만 당신이 함께 시간을 보내고 싶지 않은(그리고 떠난 가족도 함께하고 싶어 하지 않았을) 사람들을 포함해 조문객이 가득한 방에서 시간을 보내는 동안 그가 떠나고 없다는 사실을 그 자리에 있는 사람들을 통해 상기하고, 그가 없다는 현실을 다시 뼈저리게 느끼며 엄청난 슬픔에 빠진다. "그 사람은 더 좋은 곳으로 갔어", "시간이 지나면 나아질 거야"처럼 사람들이 종결을 위해 건네는 말은 물론 좋은 의도에서 비롯했지만 공허하게 들릴 뿐이다.

이처럼 사랑하는 가족이나 연인을 잃은 슬픔에 사람들은 저마다 다른 방법으로 대처하며, 이를 판단하거나 비판할 수는 없다. 상실의 슬픔은 각자의 개별적인 여정이며, 가까운 사람을 잃을 때마다 우리는 어쩔 수 없이 이 여정에 나서야 한다. 나는 상실 이후 종결을 모색하는 일 이면의 희망, 아픔을 치유하려는 절실한 욕구를 이해한다. 그 고통은 너무 심해서 견딜 수 없다.

나는 죽음 이후 종결을 모색하는 사례들에서 공통된 주제를 하나 발견할 수 있었다. 바로 법률제도, 영매, 의식, 사랑하는 사람들의 포옹과 위로처럼 다른 사람들을 통해 종결을 모색한다는 점이다. 앞 장에서 설명한 바처럼 타인의 행동과 말을 통해 종결을 추구하는 일은 항상 도박과 같다. 가령 보험 회사로부터 거액의 보험금을 받을 수도 있고 받지 못할 수도 있다. 우리가 찾고 있는 신호가 나타날 수도 있고 나타나지 않을 수도 있다. 장례식은 우리 문화가 의도하는 대로 정서적 유대의 시간이 될 수도 있고 그렇지 않을 수도 있다. 그리고 이런 일들이 일어난다 해도 우리가 생각하고 바랐던 방식으로 느끼지 못할 수도 있다.

솔직히 말해 나는 우리가 슬픔의 고통 속에 있을 때 다른 사람들이 진정으로 우리에게 종결을 제공할 수 있을지 확신하지 못한다. 한 걸음 더 나아가 사랑하는 사람의 죽음 이후 종결이 어떤 의미인지도 잘 모르겠다. 우리가 그들이 필요로

했던 사람이었다는 확신일까? 그들이 다음 여정을 떠났고, 우리가 그들과 함께할 순간을 기다리고 있다는 사실을 확인하는 일일까? 우리가 그들에게 고통을 준 시간에 대한 용서일까? 아니면 상실의 고통이 평화, 위로, 기쁨으로 바뀌는 것일까?

죽음 이후의 전통적인 장례 의식은 우리에게 지지받는 느낌과 공동체 의식을 느끼게 할 수 있으며 영적·종교적 신념은 죽음이 이해되지 않을 때 추가적인 의미를 우리에게 전해줄 수 있다. 하지만 모든 걸 고려해볼 때 누군가를 잃는다는 건 복부를 세게 한 방 얻어맞은 일과 같다. 우리는 숨을 헐떡이며 혼란스러워하고, 답을 구할 수 없는 질문을 하게 된다. 인생은 임의적이고 불공평하다. 사람들이 우리 삶에 들어오면 우리는 그들을 사랑하고 아끼고, 때로는 잃는다. 그리고 외로움을 느낀다.

적어도 이론적으로는 상사가 당신을 해고한 이유를 말해줄 수 있다. 남자친구가 당신과 헤어진 이유를 말해줄 수 있다. 여동생이 왜 당신과 연락을 끊었는지 말해줄 수 있다. 하지만 죽음은 영원히 지속되며 깊은 상처를 남긴다. 종결이 각자에게 어떤 의미이든 어느 정도 위안을 줄 수 있을지는 몰라도 그 상처를 치유하지는 못할 것이다.

각자의 애도

나는 애도 과정이 상실의 여정을 헤쳐가는 동안 우리에게 희망을 준다고 확신한다. 애도가 정해진 단계에 따라 진행된다고는 생각하지 않는다. 특정한 기간 안에 끝나거나 예측할 수 있다고도 생각하지 않는다. 나는 사람마다 서로 다른 애도 과정을 거친다고 믿는다. 그리고 상실의 경험이 각기 고유하다고 생각한다. 그래서 A가 세상을 떠났을 때 한 가지 방식으로 애도했다면 B가 세상을 떠났을 때는 그와 완전히 다른 방식으로 애도할 수도 있다.

슬픔을 극복하는 유일하게 확실한 방법은 애도 과정을 거치는 것이다. 그에 관해 이야기 나누고, 슬픔을 억누르지 않고 그대로 느끼고, 떠난 사람을 기릴 수 있는 각자의 방법을 찾고, 추억을 나누고, 그의 유산이 전달되도록 삶을 살아간다.

사랑하는 사람을 잃을 때마다 우리는 인생의 새로운 장, 즉 그 사람이 없는 장을 시작한다. 이것은 배우자를 잃는 것과 같은 큰 변화를 의미할 수도 있고, 동료나 친구를 잃었을 때와 같이 작은 변화를 의미할 수도 있다. 어느 쪽이든 가까운 사람의 죽음은 새로운 장을 뜻한다. 재밌는 일이 생기면 떠난 그 사람과 얘기하고 싶다는 생각이 들었다가 그럴 수 없다는 사실을 상기하게 될 것이다. 문제가 생겨 조언이 필요할 때면 가장 먼저 그 사람이 떠올랐다가 이제는 그에게 도움받을 수 없다는 사실을 자각할 것이다. 명절과 생일이 다가오면 그 사람과 함께 시간을 보내고 싶지만 더 이상 그럴 수 없다는 사실을 깨닫게 될 것이다.

새로운 장을 시작하면서 우리는 상처받은 경험을 열린 마음으로 받아들이고, 필요할 때는 스스로 달래면서 계속 걸어가기로 선택할 수 있다. 이런 방식으로 자신의 애도 과정을 거치는 건 우리가 우리 자신을 위해 이루는 종결이다.

부모님과의 이별

1부에서 내 이야기로 이 책을 시작했다. 여기서 다시 한번 개인적인 이야기를 소개하며 이 장을 마무리하려고 한다. 내 부모님은 모두 돌아가셨다. 아버지가 세상을 떠나고 10년 뒤 어머니가 돌아가시면서 나는 가족의 죽음 이후의 종결에 대해 많이 생각하게 됐다. 그 경험을 당신과 나누고 싶다.

아버지와 나는 생각과 의견이 다를 때가 많았다. 상담하면서 많은 사람의 성장 경험을 듣다 보니 내 경험이 드문 일이 아니며, 실제로 아버지와 복잡한 관계를 맺고 있는 사람이 많다는 걸 알게 됐다. 내 아버지는 1920년대에 태어났다. 많은 남성이 분노라는 한 가지 감정만을 표현하도록 배우며 자랐던 시대다. 아버지 세대 남성들은 분노할 때는 물론 두렵거나 실망하거나 슬플 때도 화냈다. 그렇게 생각해도 내 아버지는 특히 화를 많이 내셨던 것 같다. 아버지와 함께 지내는 일이 쉽지 않을 때도 많았다. 아마 아버지도 나를 키우는 일이 만만치 않다고 생각하셨을 것이다. 아버지로서는 책만 읽던 중학생 아들이 이상해 보였을 것이다. 아버지는 여러모로 내게 도움이 되려고 노력했지만 화내며 말할 때가 많아서 어린 나로서는 아버지를 이해하기 힘들었다. 성인이 되어 어른의 시선으로 어린 시절을 되돌아보니 대부분 부모가 그렇듯 내 아버지도 자신이 아는 대로 자식을 키웠다는 점을 이해하게 됐다. 아버지는 성격이 불같은데도 부모 역할을 하기 위해 최선을 다했다. 하지만 당시 우리는 생각이 너무 달라 서로 이해하지 못할 때가 많았다.

내가 집을 나와 독립한 뒤 아버지는 부자 사이의 거리를 좁혀보려 애썼지만 나는 대체로 별달리 노력하지 않았다. 나는 우리 관계에 감정이 많았고, 그동안 아버지와의 사이에서 있었던 일에 관해 이야기하기가 너무 힘들었다. 아버지에게 너무 힘든 일이 될 거라고 내심 생각했지만 실은 과거의 이야기를 꺼내고 싶지 않아서 내가 만든 핑계라는 걸 당시에도 알았다.

나는 아버지와 언젠가 나누게 될 대화를 머릿속에 그렸다. 아버지와 함께 자라면서 느낀 점, 아버지가 내 성장을 어떻게 돕고 돕지 않았는지 알려드리고 싶었다. 내가 때때로 아버지에게 왜 그렇게 행동했는지 아버지가 알았으면 했다. 아버지가 왜 그런 방식으로 내게 자주 행동했는지 더 잘 이해하고 싶었다. 무엇보다 나는 우리가 서로 용서하길 바랐다. 돌이켜보면 내가 원했던 건 아버지와의 종결이었다는 사실을 이제는 안다.

나이가 들고 아버지 건강이 나빠지기 시작하면서 시간이 얼마 남지 않았다는 생각이 점점 자주 들었다. 그래도 아직 괜찮다고 여겼다. 영화에서처럼 마법과 같이 기회가 찾아올 거라고 생각했다. 아버지가 돌아가시기 전에 우리 관계를 마무리지을 기회가 있을 거라고 믿었다.

어느 해, 결국 아버지 생의 마지막 크리스마스가 된 크리스마스 연휴에 부모님을 뵈러 미시간의 본가로 갔다. 크리스마스이브 날 아버지가 내게 뭔가 얘기하려 한다고 느꼈다. 거실에서 아버지 맞은편에 앉아 아버지와 대화해야겠다고 생각했던 기억이 난다. 아버지는 속엣말을 잘 꺼내지 못하는 사람이었다. 내가 먼저 말할 수도 있었지만 나는 그러지 않았다. 다음에 더 좋은 기회가 있을 거라고 자신에게 말했다. 어려운 이야기는 크리스마스이브가 아니라 다른 날 하는 쪽이 분명히 나을 것 같았다. 그래서 아버지에게 어떤 TV 채널을 보고 싶으시냐는 말로 화제를 돌렸고, 그 순간이 그렇게 그냥 지나갔다.

아버지는 크리스마스를 보내고 난 이듬해 여름에 암으

로 의심되는 병을 앓게 됐다. 아버지와 어머니가 뉴욕에 있는 나를 찾아왔을 때 아버지는 많이 아파 보였으며, 몸을 아주 느리게 움직이고 말도 천천히 했다. 우리는 내가 예약해둔 미드타운의 호텔 방에 앉아 많은 시간을 보냈다. 아버지에 대한 마지막 기억 중 하나는 부모님이 집으로 떠나시던 날 아침 호텔 레스토랑에서 함께 식사한 일이다. 아버지는 자신이 훨씬 젊었을 때 회사에서 며칠 동안 뉴욕으로 출장을 보내준 일을 이야기했다. 어릴 때 여러 번 들은 이야기지만 아버지가 내게 다시 들려주고 싶어 한다는 게 느껴졌다. 그래서 처음 듣는 것처럼 열심히 귀 기울여 들었다. 나는 아주 놀라운 경험이었을 것이 분명하며, 아버지가 회사에 정말 소중한 존재였던 것 같다고 말씀드렸다. 아버지는 아버지로서 자신과 아들인 내가 모두 자랑스러워할 만한 일을 해냈다는 걸 내게 확인받고 싶은 것 같았다. 아버지가 세상에서 중요한 존재라고 말이다. 내가 그걸 확인해드릴 수 있는 마음의 여유가 있어서 감사했다. 뉴욕을 떠나 미시간으로 돌아가기 전에 아버지는 내 어깨에 손을 얹고 "늘 내 이야기를 잘 들어줘서 고맙구나"라고 말씀하셨다. 나는 "아버지 말씀이라면 언제든 환영이에요"라고 대답했다.

몇 달 뒤, 병원에 입원해 임종을 앞두고 계신 아버지를 뵈러 고향을 찾았다. 나는 여전히 아버지와 과거 일에 관해 대화해야 한다고 생각했기 때문에 어느 날 아침 일찍 일어나

형제들과 어머니가 오기 전에 먼저 병원에 도착했다. 병실에 들어가 보니 통증 때문에 진통제를 많이 투여해서인지 아버지는 의식이 없었다. 나는 앉아서 울기 시작했다. 일전에 종결의 순간을 그냥 지나쳤고 다시는 그 기회가 오지 않을 것 같았기 때문이다. 기회는 정말로 다시 오지 않았다. 아버지는 평소 모습으로 돌아오지 못했다.

떠나시던 날 아침, 아버지는 잠결에 웅얼거리면서 조금씩 움직이며 불안해하는 듯했다. 나는 의자에서 일어나 아버지 옆에 섰다. "아버지, 저 왔어요"라고 말하고, 아버지 어깨에 손을 얹고 그 자리를 지켰다. 잠시 뒤 웅얼거림이 멈추고 잠잠해졌다. 잠든 얼굴도 더 평온해 보였다. 아버지는 우리 사이에서 있었던 모든 일이 괜찮다는 걸 알고 계셨던 것 같다. 나도 같은 느낌으로 아버지 어깨에 손을 얹고 아버지가 편히 주무시는 모습을 지켜봤다. 나는 몸을 숙여 아버지 이마에 입을 맞췄다.

그것이 내가 아버지와 이룬 종결이었다. 내가 상상했던 것과는 달랐다. 내가 정말 원했던 종결은 크리스마스이브에 집에 갔을 때나 아버지를 문병했을 때 나누려고 했던 대화였다. 그 대신 병실에서의 마지막 시간이 우리가 찾은 종결이었다. 충분하지 않았지만 그대로 받아들여야 했다.

어머니의 경우는 많이 달랐다. 어머니는 마지막 몇 년 동안 제대로 걷지 못해 사실상 스스로 돌볼 수 없는 상태였다.

나는 어머니 생의 마지막 2년 동안 한 달에 한 번씩 어머니와 주말을 보내며, 몇 시간 동안 함께 앉아 경찰 수사 재방송을 봤다. 그리고 종종 함께 드라이브하며 바람을 쐬었다. 주로 내가 다니던 학교가 있는 동네나 어머니가 자란 동네를 차로 돌아봤다.

 이제 깨달았지만 어머니에게는 나와의 종결이 아니라 자기 삶에 대한 종결이 필요했던 것 같다. 어머니는 드라이브하면서 자신의 어린 시절에 관해 많이 이야기해주셨다. 어릴 때 어떻게 자랐으며, 어린아이였던 어머니를 돌보고 보살펴야 할 어른들이 어머니에게 해준 일뿐 아니라 저지른 일에 대해서도 이야기하셨다. 한 번도 들어본 적 없었고, 솔직히 한편으로는 듣고 싶지 않은 이야기들이었다. 그 어린 소녀가 가난하게 살면서 필요한 걸 갖지 못하고, 힘 있는 사람들에게 학대당하고, 나중에 부모가 되어 자식들에게 만들어줬던 기회를 정작 어린 시절의 어머니는 누리지 못했을 거라는 생각은 하고 싶지 않았기 때문이다. 나는 산수 문제를 이해하지 못했다는 이유로 소녀에게 부모가 싸준 점심을 못 먹게 한 선생님을 저주했다. 밭에서 아버지와 오빠들을 돕고 있는 소녀에게 선글라스를 선물한 농장 주인을 축복했다. 어머니가 아버지의 어린 시절 이야기도 들려준 덕분에 나는 아버지가 겪은 유년의 고통을 더 깊이 이해하게 됐다.

 듣기 힘든 이야기였지만 어머니는 이 이야기를 내게 꼭

들려주고 싶어 했다. 이것이 어머니의 종결이었다. 어머니는 자신의 삶을 돌아보고 나와 공유하면서 슬퍼했고, 나도 어머니와 함께 슬퍼했다. 나는 "그런 일이 있었다니 정말 안됐어요"라고 여러 번 말했다. 내가 할 수 있는 말은 그것뿐이었다. 나는 진심을 다해 말했다. 그렇게 힘든 삶을 살아온 소녀에게 내가 달리 무슨 말을 할 수 있었겠는가? 그래서 좋은 말을 건네는 대신 2년 동안 어머니를 많이 안아드렸다. 아침에 일어나면 안아드리고, 낮에도 수시로 안아드리고, 잠자리에 들기 전에는 뺨에 입 맞춰드렸다. 어머니를 안아드릴 때면 세상에서 자신의 자리를 찾기 위해 고군분투하고, 결국에는 자식들을 맹렬히 보호하는 어머니가 된 소녀와도 따뜻한 포옹을 나눴다. 어머니는 나를 얼마나 사랑하는지 이야기했고, 나도 어머니를 많이 사랑한다고 말했다(아버지에게도 자주 그렇게 말씀드렸다면 좋았을 거라는 아쉬움이 남는다).

어머니와 마지막으로 함께한 내 생일에 여동생이 케이크를 가져와 촛불을 밝혔다. 어머니는 내게 생일 축하 노래를 불러주시려 하는 것 같았다. 그것이 어머니가 내게 불러주는 마지막 생일 축하 노래가 될 것임을 알았다. 나는 어머니와 아버지가 함께 축하해준 내 모든 생일에 감사했다. 두 분은 어릴 때 생일 선물을 거의 못 받았을 텐데도 내 생일마다 선물과 케이크를 챙기며 특별한 날이 되도록 항상 신경 써주셨다. 부모님이 나름의 방식으로 선행을 나눈 거라고 볼 수도 있을 것이다. 나는 두 분의 이런 사랑에 영원히 감사한다.

어머니 장례식장에 가는 길에 형이 운전하는 차를 탔던 기억이 생생하다. 어린 시절 가장 큰 두려움 중 하나는 엄마를 잃고 장례식에 가야 하는 것이었다. 이제 나는 그 순간을 살고 있었다. 어릴 때 어머니가 방을 청소하라고 해서 화낸 적이 있다. 그때 내가 하늘을 올려다보며 "준비되면 알려주세요"라고 말한 일이 떠올랐다. 어른이 되어 어머니에게 이 이야기를 하자 어머니는 하느님이 누구를 맞이할 준비를 했어야 하는 것이냐고 물었고, 나는 아마도 어머니일 거라고 대답했다. 그러고서 우리는 함께 껄껄 웃었다. 내 소원을 들어주지 않아서, 내가 부모님과 함께 성인이 되고 중년이 될 수 있게 해주셔서 하느님께 감사했다. 정말 큰 선물이었다.

묘소에 도착했을 때 나는 형, 여동생, 남동생을 둘러보았다. 어릴 때 우리가 서로 어떻게 응원했는지, 어떻게 다퉜는지, 부모님이 우리에게 어떻게 서로 돌보도록 가르쳤는지에 대해 기억이 떠올랐다. 이제 우리는 각자 인생에서 제각기 자리를 찾은 성인이 되어 어머니의 관을 들고 마지막 안식처로 가는 길에 함께했다. 아버지가 간절히 바랐지만 이루지 못한 교육을 모두 마쳤거나 곧 마치게 될 네 명의 자녀가 함께했다. 아동 심리학자에게 칭찬받을 만한 방식으로 표현되지는 않았지만 자신이 아는 최선의 방법으로 자식에게 최선을 다한 부모님의 깊은 사랑을 느낄 수 있었다.

티슈 상자를 품에 안고서 세상을 떠난 가족에게 한 번만 더 말할 기회가 있었으면 좋겠다고 말하며 울먹이는 내담자들과 함께 서 있는 기분이 한동안 들었다. 그들과 같은 아픔을 느꼈다. 인생은 덧없어서 사랑하는 사람과 함께하는 매 순간이 소중하다는 사실을 상기했다.

어머니를 묘지로 떠나보내기 전에 나는 관을 토닥토닥 두드렸다.

"어머니, 고맙습니다. 아버지께도 감사해요."

내가 어머니와 이룬 종결은 이야기를 들어드리는 일에서 시작해 내가 할 수 있는 모든 사랑을 어머니에게 보여주는 것이었다. 귀 기울여 들어주는 일은 우리가 인간으로서 다른 사람에게 줄 수 있는 가장 큰 선물 중 하나다. 그리고 나는 어머니를 많이 안아드리고, 함께 있어드렸다. 그것이 어머니가 원한 전부였다.

어머니가 돌아가신 뒤 몇 년 동안 나는 명절을 챙기지 않았다. 기억이 너무 고통스럽고 상처가 여전했기 때문이다. 하지만 몇 년이 지난 뒤부터 다시 명절을 제대로 축하하며 보내기 시작했다. 크리스마스는 부모님에게 1년 중 가장 즐거운 시간이었고, 어머니는 자신과 남편이 어릴 때 누리지 못한 크리스마스를 자식들에게 선물하기 위해 일주일에 몇 달러씩 저축하며 1년 내내 계획을 세우셨다. 부모님은 내가 명절을 지나치지 않기를 바랐다. 요즘 나는 친구들과 모여 명절 분위기를 함께 나눈다. 그리고 매년 아이들에게 크리스마스 선물을 사줄 경제적 여유가 없는 사람들에게 내가 할 수 있는 걸 나누려고 노력한다. 이렇게 친구들과 시간을 보내는 일은 내 기쁨이자 부모님의 유산이다.

부모님의 죽음에 관해 쓰면서 눈물이 흘렀다. 하지만 슬픔의 과정에서 한 단계 더 나아가 내 이야기를 당신에게 들려주면서 조금 더 확실히 마무리되는 걸 느꼈다. 내 이야기가 각자의 슬픔을 이해하는 데 도움이 되길 바란다.

한 장이 끝나야 새로운 장이 시작된다

죽음은 삶이 우리의 통제를 벗어난다는 사실을 궁극적으로 알려준다. 누군가를 잃었을 때 느끼는 고통은 견딜 수 없을 정도로 크다. 이럴 때 종결을 찾게 되는 건 인간의 본성이다. 나는 우리가 다양한 방법으로 종결을 찾을 수 있다고 생각한다. 하지만 다른 사람들이 종결을 찾아줄 수는 없다고 믿는다. 그들은 우리를 위로할 수는 있어도 우리 일을 종결지어주지는 못한다.

한편으로는 사랑하는 사람을 잃었을 때 우리가 생각하는 것만큼 종결이 많이 필요한 건 아니라고 생각하고 느낀다. 종결이 마음을 안정시키고 지지받는 느낌을 얻는 데 유용할 수는 있지만 우리가 바라는 만큼 상실의 고통을 없애주지는 못한다. 내 경험상 상실의 고통에 대처하는 방법은 그 감정을 받아들이고, 함께 살아가는 법을 배우며, 그렇게 느낄 수 있는 이유이자 우리 인간성의 핵심인 각자의 약한 부분과 계속 접촉할 수 있다는 사실에 감사하는 것이다. 상실과 고통은 사라지지 않기에 고통을 없애기 위한 싸움은 담대하게 포기해야 한다. 상실과 고통이 삶의 일부라는 사실을 받아들임으로써 우리는 더 사랑하고, 더 베풀고, 더 받아들일 수 있는 힘을 얻게 된다. 우리 자신과 사랑하는 사람들의 유산을 우리 삶과 주변 사람들의 삶에서 이어갈 수 있도록 온 마음으로 자신을 보살피는 것, 이것이 우리에게는 치유이자 종결이다.

앞으로 나아가기

이 책을 통해 우리는 종결이란 무엇인지, 우리가 왜 그걸 원하고 어떻게 얻을 수 있는지, 그리고 얻지 못할 때는 어떻게 해야 하는지 다양한 관점에서 생각해봤다. 이제 각자 삶에서 종결을 탐색하는 데 도움이 되도록 내가 정신 건강 전문가로 일하면서 얻은 몇 가지 내용을 공유하며 이 책을 마무리하려고 한다.

종결의 필요성 줄이기

건강한 의사소통을 습관으로 만들면 종결이 필요한 상

황이 생기는 빈도를 줄일 수 있다. 매 순간에 집중해 충실히 소통할 기회를 놓치지 않으면 종결을 모색하게 되는 원인인 해결되지 않은 문제가 생기는 일을 피할 수 있다. 그렇다고 갈등을 아예 피해야 한다는 말은 절대 아니다. 갈등을 피하면 나쁜 감정이 곪아 터져 나중에 종결이 더 많이 필요해진다. 그보다는 소통을 잘하면 갈등이 자연스럽게 줄어들고 갈등이 발생하더라도 더 쉽게 해결할 수 있다는 뜻이다. 이와 관련해 기억해야 할 가장 중요한 원칙은 다음과 같다.

- 의도를 품고 소통한다: 8장에서 자세히 다뤘듯 의도성은 효과적인 의사소통의 핵심 요소이다. 대화를 통해 무엇을 달성하려 하는지 파악하고, 자신의 뜻을 가장 사려 깊게 표현할 방법을 알아둔다. 그리고 상대방에게 자신의 의도를 명확히 전달한다.
- 집은 감정을 안전하게 표현할 수 있는 공간이 되어야 한다: 자신이나 가족 구성원이 살얼음판 위를 걷듯 서로 조심해야 한다면 진실되고 효과적인 의사소통을 할 수 없다. 감정을 열린 마음으로 받아들이고 비난이나 분노 폭발에 대한 두려움 없이 나눌 수 있도록 서로 노력하자. 자녀에게도 감정을 담아두지 말고 자유롭게 표현해도 괜찮다고 가르치자.
- 초심자의 마음을 갖는다: 머릿속으로 대화를 미리 연습하거나 "이 대화가 어떻게 흘러갈지 알아"와 같은 말을 하고 있다면

틀에 박힌 대화를 강요하게 된다. 그러면 이전의 다른 대화들과 마찬가지로 똑같이 시작하고 똑같이 끝나 관계에 아무런 진전이 없을 것이다. 모든 대화는 새로운 대화라는 생각으로 마음을 열고 의견을 표현하고, 상대방의 말을 경청할 준비가 된 상태에서 이야기를 시작하자.

- 방 안의 코끼리를 파악한다: 우리가 말한 내용뿐 아니라 말하지 않은 것도 추후 종결이 필요한 상황을 유발할 수 있다. 분노, 두려움, 무력감 같은 감정을 옆으로 밀어두고 모른 척하지 말자. 당신은 물론 대화를 시도하는 상대방도 그런 감정을 느끼고 있는데 그렇지 않은 척할 이유가 어디 있는가?
- 일상에서 미진한 점을 바로 해결한다: 마음에 걸리는 일이 있으면 바로 말하고 풀어서 문제로 곪아 원한이 되지 않게 하자. 친절을 베풀고, 고맙다고 말하고, 감사를 표현할 기회를 놓치지 말자. 마음을 괴롭히는 작은 일이 있다면 되짚어본 다음 정리하고 넘어가자.

나의 힘을 내 것으로 인정하기

종결을 원하는 일은 무력해지는 경험이 될 수 있으며, 힘을 잃은 상태에서 종결을 추구하면 필연적으로 더 큰 고통이 생겨 종결이 더 많이 필요해질지 모른다. 따라서 힘을 갖춘 상태에서 종결에 접근하는 것이 중요하다.

나는 자신의 힘을 자기 것으로 인정한다는 건 있는 모습 그대로의 자기 자신이 될 자유를 얻는 일이라 생각한다. 다시 말해 자신의 개인적 가치에 충실하는 자유를 누리고, 자신의 생각, 인식, 의견을 타당한 것으로 받아들이고, 감정을 느끼는 일이다. 나아가 자신을 존중하고 다른 사람에게서 존중받기를 기대하는 동시에 다른 사람에게도 똑같이 존중하는 일을 뜻하기도 한다. 자신의 힘을 인정한다는 건 공격적으로 대응하거나 까다롭게 군다는 말이 아니라 자신감과 자존감을 품고 자신과 타인을 연민할 수 있다는 뜻이다. 이상적으로 생각할 때 자신의 힘을 자기 것으로 인정하는 데는 책임이 따르며, 그 안에는 상대방의 말을 열린 마음으로 귀 기울여 듣는 일도 포함된다. 다음은 자신의 힘을 인정하는 데 도움이 되는 몇 가지 참고 사항이다.

- 자신을 인정한다: 인정받는다고 느끼려면 다른 사람의 인정도 필요하지만 스스로도 자신을 인정해야 한다. 즉, 스스로 격려하고, 자기비판의 목소리에 굴복하지 않으며, 타인을 돌보면서도 자신의 필요를 우선시하고, 계속 성장할 수 있도록 자신의 관심사를 추구하고, 건강을 잘 돌봐야 한다. 자신을 인정하지 않으면 다른 사람에게서 인정받으려고 애쓰게 되어 스스로 무력한 상태에 빠질 수 있다.
- 자신의 본모습에 대해 사과하지 않는다: 자신의 힘을 자기 것으로

인정한다는 건 사과하지 않고 자신을 있는 그대로 인정하는 일이다. 이는 다른 사람에게 고통을 줄 자유가 있다는 게 아니라 다른 사람들이 바라는 모습과 상관없이 있는 그대로의 나로 진정성 있게 살아간다는 뜻이다. 상대방이 나를 받아들이거나 인정하게 만들려고 종결을 모색하는 일은 실패할 수밖에 없는 계획이다. 자신의 본모습으로 살아가기 위해 다른 사람에게 허락받을 필요는 없다.

○ 사람들을 본모습 그대로 받아들인다: 다른 사람을 변화시키거나 통제하려 하지 않고 받아들이면 모두 자유를 얻는다. 상대방의 생각, 감정, 행동을 변화시키려는 목표에서 종결을 모색하면 무력해질 뿐이다.

○ 마음을 솔직하고 친절하게 말한다: 정직함은 당장 상처를 주더라도 결국에는 인정받게 된다. 상대방이 우리가 어떤 일을 괜찮게 여긴다고 생각하도록 내버려뒀다가 결국에는 동의하지 않는다고 그에게 말하게 되는 경우처럼 우리가 진실하지 않을 때 상대는 훨씬 더 크게 고통받는다. 그러니 처음부터 솔직하게 말해야 한다. 자신이 어떤 상황에 있는지 상대방에게 알리되 공격적이지 않고 친절하게, 배려하는 마음으로 전달한다.

타인의 경계를 존중하기

대중문화뿐 아니라 정신 건강 분야에서도 경계boundary라는 개념을 많이 다룬다. 경계를 존중할 때 우리는 다른 사람들을 본모습 그대로 허용하고 동시에 우리 자신도 본모습 그대로 받아들이게 된다. 건강한 경계를 정하면 언제 상대방을 도와줘야 하고 언제 그가 스스로 해결하도록 내버려둬야 하는지 인식할 수 있으며, 상대방이 뭔가 할 수 있게 만들어주는 대신 뒤에서 지원할 수 있다. 경계를 인식하면 종결을 시도하면서 한쪽이나 양쪽이 감정적으로 조작되고 권한을 박탈당하는 결과를 피할 수 있다. 어떻게 하면 상대방의 경계를 존중할 수 있을까? 이에 도움이 되는 조언을 몇 가지 살펴보자.

- 통제하려는 욕구를 내려놓는다: 자신의 삶을 통제하려는 건 인간의 본성이다. 인간에게는 불확실성을 피하려는 본능이 있다. 하지만 상황을 통제하려는 욕구 때문에 상대방을 통제하려 하는 경우가 너무 많다. 종결을 모색하는 것이 다른 사람이나 관계를 통제해 자신은 그런대로 괜찮지만 상대방은 받아들이기 힘든 방식으로 문제를 해결하려는 수단이 될 수도 있으니 다른 사람을 통제하려는 욕구를 주의해야 한다. 종결을 모색할 때는 통제욕이 개입하지 않도록 자신의 의도를 신중하게 고려하자.
- 권한 부여enabling는 권한 박탈disempowering이라는 점을 기억한다: 다른 사람이 파괴적으로 행동하도록 허용하는 건 그 행동이 당신에게 해롭든, 관계에 해롭든, 상대방에게 해롭든 결국 두

사람의 권한을 모두 박탈하는 행동이다. 나아가 상대방에게 도움이 필요한 상태를 유지하면서 보호자로서 상대방에 대한 통제권을 주장하는 방법이 되기도 한다. 이때 종결을 추구하는 일이 상대방에게 권한을 부여할 수 있다. 예컨대 당신이 마음속으로는 잘못했다고 생각하지 않지만 상대방의 나쁜 행동을 수용하는 '더 의연한 사람이 되려고' 용서를 구한다면 동정심과 친절함은 느낄지 몰라도 궁극적으로 해로운 행동이 아무런 저지 없이 계속될 수 있다.

○ 자신을 위한 경계를 만들어둔다: 비정하게 들릴지 모르지만 우리가 인생에서 만나는 모든 사람이 우리에게 최선의 이익이 무엇인지 생각하지는 않는다. 걱정이 너무 많거나, 자신과 관련된 일에만 몰두해 있거나, 세상으로부터 상처를 너무 많이 받아 다른 사람들을 존중하고 친절하게 대하지 못하는 사람들도 있다. 그런 사람들과 친분을 쌓는 일이 자신에게 더 큰 상처를 줄 위험이 있다면 자신을 위한 경계를 정하고 거리를 둘 권리가 있다.

도움이 필요한지 파악하기

종결짓는 일은 정신 건강에 크게 이로울 수 있지만 이 책 내용이나 삶의 경험으로 이미 알고 있듯 완벽한 종결을 이루는 건 상당히 힘든 일이 될 수 있으며 불가능한 경우도 종종 있다. 게다가 애초에 어떤 문제로 종결을 원하게 됐든 마음 건강도 상할 수 있다. 본래 사람은 심적으로 힘든 상황을 혼자 해결하기 어렵다. 관련 단체나 정신 건강 전문가에게 도움을 요청할 때 알아둬야 할 사항을 몇 가지 소개한다.

- 자기 인식을 갖춘다: 자신의 생각과 감정을 잘 살피자. 종결을 원하는 의도가 진정으로 정신적으로 건강한 것인지, 아니면 충족되지 않은 욕구, 끊임없이 반복되는 내면의 이야기, 혹은 다른 사람에게 상처를 주고 싶은 욕구에서 비롯된 것은 아닌지 스스로 어려운 질문을 던져보자. 자기 인식은 종결을 모색하는 것이 얼마나 중요한지 인식하고, 종결을 이루기 위해 할 수 있는 일을 하겠다고 다짐하는 걸 의미할 수도 있다. 아니면 내려놓기로 결정하는 것이 아주 고통스럽지만 그래도 그만두고 수용을 받아들일 때라고 인식하는 걸 뜻할 수도 있다. 자기 인식은 자기 자신과 상대방을 정서적 피해로부터 보호하는 열쇠이므로 우리에게 힘이 된다.
- 도움을 요청하는 건 용감한 행동이다: 나는 상담실을 찾아온 사람들에게서 도움을 요청하는 일이 얼마나 힘들었는지, 도움을 요청하면서 자신이 얼마나 약한 존재로 느껴졌는지, 사람들에게 나약한 사람이라고 비난받을까 봐 두려웠다는 이야기를 자주 듣는다. 내가 과거에 나 자신에게 했던 말이자 친구, 가족, 내담자에게 자주 하는 말을 당신에게도 들려주고 싶

다. 도움을 요청하는 건 당신이 할 수 있는 가장 용감한 일 중 하나다. 겁날지 몰라도 도움을 요청하는 건 자신을 위해 옳은 일이다. 혼자서 감당하지 않아도 된다. 필요할 때는 도움을 구하자.

○ 자존심을 세우느라 도움받을 기회를 놓쳐서는 안 된다: 도움을 요청하는 건 어렵고도 간단한 일이다. 이 일이 어려운 이유는 사람은 본성적으로 도움이 필요하다는 사실을 인정하는 걸 좋아하지 않기 때문이고, 이 일이 간단한 이유는 '도움이 필요하다'는 단 몇 마디 말이면 충분하기 때문이다. 도움을 구할 때 자존심 때문에 주저하는 일이 없도록 하자.

마지막으로 덧붙이고 싶은 몇 가지 조언

이 책의 마지막 장을 끝맺으면서 앞으로 종결이 어떤 의미인지 고려할 때 도움 될 만한 몇 가지 사항을 마지막으로 전하고 싶다.

○ 매일 종결을 달성한다: 일상에서 사소한 오해가 쌓이면 종결을 이루기가 점점 더 어려워진다. '작은 종결'의 기회를 회피하면 결국 해결하기가 훨씬 더 어려운 방 안의 코끼리 같은 문제로 발전할 수 있다. 일상에서 의도적으로 소통하고 종결짓는 일을 습관화하자. 웃으며 감사 인사를 건네고, 사랑하는 사람들

에게 그들이 자신에게 얼마나 소중한지 이야기하자. 상대방에게 오해받거나, 존중받지 못하거나, 인정받지 못한다고 느낄 때는 자신의 생각을 확실히 전달하자. 작은 문제가 쌓여 관계를 위협하기 전에 그때그때 정리하자.

- 종결을 요청해도 된다: 마음을 괴롭히는 상황을 종결짓지 못하면 답답함이 쌓여 원망과 분노, 보류의 행동을 유발하는 등 피폐해질 수 있다. 필요할 때는 종결을 요청할 권한을 스스로 허용하자. 이는 자신뿐 아니라 관계에도 도움이 된다. 솔직한 대화를 위해 기꺼이 취약한 위치에 놓이고, 위험을 감수하기로 마음먹고, 자신의 건강과 자존감을 위해 필요한 일을 실행하자.

- 종결을 요청하지 않거나 요청하는 일을 중단해도 괜찮다: 다른 사람에게 기대할 수 있는 점과 기대하지 않는 점에 대해 스스로 솔직해지자. 나에게 필요한 종결에 상대방이 협조하지 않을 거라는 점을 충분히 알고 있다면 아예 요청하지 않아도 괜찮다. 사소한 사안이든 중대한 사안이든 종결지으려는 당신의 시도를 상대방이 받아들이지 않는다면 내려놓고 떠날 권한을 스스로 허용하자. 이런 상황에서 벗어나기로 결정하는 일은 주저하는 행동이 아니라 이렇게 말하는 것이다. '나는 중요하다. 내 마음 건강을 지키는 일은 중요하다.' 자신과 타인을 위해 옳은 일을 하는 건 나약한 행동이 아니라 용감한 행동이다.

- 항상 연민하고 배려하며 행동한다: 이 책에 네온사인 기능이 있다면 이 글귀는 아마 선명한 색으로 번쩍거릴 것이다. 연민,

친절, 존중, 열린 마음으로 다른 사람들을 대하도록 매일 노력하자. 연민은 가정에서, 그리고 자신의 마음과 정신에서 시작된다. 자신에 대한 부정적인 의도는 세상을 향해 밖으로 투사된다. 그러니 먼저 자신에게 연민을 품고 대하자. 자기비판과 자기 판단의 목소리를 끄면 다른 사람에게 친절하게 대하기가 훨씬 쉬워질 것이다. 불친절하고 대립적인 태도를 취하는 것보다 에너지가 덜 든다는 점은 내가 확실히 보장할 수 있다. 때에 따라 잘할 때도 있고, 실패해서 내일은 더 잘해야겠다고 다짐할 때도 있을 것이다. 그저 할 수 있는 만큼 최선을 다하면 된다.

- 열린 마음으로 경청한다: 우리가 다른 사람에게 줄 수 있는 가장 큰 선물 중 하나는 경청하는 것이다. 종결을 모색할 때 상대방의 말을 경청함으로써 상대방을 기꺼이 존중하자. 귀 기울여 듣다 보면 상대방과의 관계에서 미처 몰랐던 사실을 알게 될 수도 있다. 자신에게 잘못한 것처럼 느껴졌던 행동이 상대방이 겪은 피해의 결과였다는 점을 알게 될 수도 있다. 이별을 예상하고 있던 관계에서 종결을 이루게 되면서 앞으로 나아갈 길을 발견하거나 예상치 못한 성장을 경험할 수도 있다.

요약하자면 이렇다. 종결을 원하는 건 인간의 본능적인 욕구다. 종결을 추구하는 건강한 방법과 그렇지 않은 방법이 있고, 종결을 포기하고 떠나는 건강한 방법과 그렇지 않은 방법이 있다. 종결 욕구를 일으키는 문제가 항상 최선의 행동을 이끌어내는 건 아니다. 하지만 자신이 화가 난다고 상대방에게 고통을 겪게 해서는 안 되며, 반대로 좋은 사람이 되려고 상대방의 행동으로 피해를 입는 상황에 자신을 내던져서도 안 된다. 종결을 모색할 때는 의도성과 연민을 품고 행동하자. 종결이 불가능하다면 욕구를 내려놓고 그 상황을 받아들이자. 종결을 추구할 때 가장 중요한 건 자신과 타인 모두 존중하는 마음으로 친절하게 대하는 것이다. 자기 자신을 사랑하고, 자신의 마음을 보호하자.

과거는 당신을 해칠 수 없다.
당신이 허락하지 않는 한.

앨런 무어

옮긴이 신동숙

고려대학교 영문과 대학원을 졸업하고 바른번역 소속 번역가로 활동하며 다양한 분야의 책을 번역하고 있다.『듀얼 브레인』,『맥스웰 몰츠 성공의 법칙』,『인간은 필요 없다』,『지식의 탄생』,『내면 해독』,『분노하는 사람들을 상대하는 법』,『예민함이라는 선물』등을 번역했다.

끝맺음에 서툰 당신을 위한 심리학

초판 1쇄 인쇄 2025년 9월 5일
초판 1쇄 발행 2025년 9월 17일

지은이 게리 매클레인
옮긴이 신동숙
펴낸이 최순영

출판1본부장 한수미
라이프 팀장 곽지희
편집 곽지희
디자인 함지현

펴낸곳 ㈜위즈덤하우스 **출판등록** 2000년 5월 23일 제13-1071호
주소 서울특별시 마포구 양화로 19 합정오피스빌딩 17층
전화 02) 2179-5600 **홈페이지** www.wisdomhouse.co.kr

ISBN 979-11-7171-488-9 03180

- 이 책의 전부 또는 일부 내용을 재사용하려면 반드시 사전에 저작권자와 ㈜위즈덤하우스의 동의를 받아야 합니다.
- 인쇄·제작 및 유통상의 파본 도서는 구입하신 서점에서 바꿔드립니다.
- 책값은 뒤표지에 있습니다.